ブリーフセラピーの技法を越えて

情動と治療関係を活用する解決志向アプローチ

イブ・リプチック 著
Eve Lipchik

宮田敬一・窪田文子・河野梨香 監訳
Miyata Keiichi　Kubota Noriko　Kouno Rika

金剛出版

BEYOND TECHNIQUE
In Solution-Focused Therapy

by

Eve Lipchik

Copyright © 2002 by The Guilford Press, a division of Guilford Publications, Inc.
Japanese translation rights arranged with Guilford Publications, Inc.
through Japan UNI Agency, Inc., Tokyo.

序　文

　もしイブ・リプチックが自分の教えた無数のセラピストの一人を覚えているなら，それは驚きだろう。しかし私は，はっきりと彼女との最初の出会いを思い出すことができる。それは，1983年5月のブリーフ・ファミリーセラピー・センター（Brief Family Therapy Center：以下BFTCとする）での集中トレーニング・プログラムに参加した時だった。トレーニングではスティーブ・ディ・シェイザー（Steve de Shazer），インスー・バーグ（Insoo Berg）らのチームによって，1週間にわたる集中講座が行われた。ある午後，イブのセラピーを見て話し合ったのが最も印象深かった。私は彼女の理論の把握力，教師としての技術，そして卓越した臨床の手腕にとても感動したので彼女の臨床に関心を持ち始めた。そして数年かけて，ブリーフ・ファミリーセラピーと解決志向に関する彼女の論文を読んだ。機会があるたびに彼女のセミナーやワークショップに参加し，彼女の奥深い思考と，非常に複雑な概念を実際的な臨床実践の中に生かす能力に，毎回刺激を受けた。

　本書では，解決志向セラピー（solution-focused therapy：以下SFTとする）の発展についての内部の者から見た歴史に始まり，理論，そしてその実践内容が明瞭に論説されている。SFTについての単純な理解に基づいた型どおりの解説を不快に感じたことから彼女の探求が始まり，やがて彼女独自のSFTが発展した。私はそれを**情動中心の解決志向ブリーフセラピー**（emotion-centered solution-focused brief therapy）と呼ぶことにする。

　本書の主要な貢献は，セラピーを実践する上での理論を導入したことである。特に対人関係志向心理療法から出てきた本質的な概念を，著者が再統合したことである。彼女は効果的で効率的，そして**人間的な**ブリーフセラピーを**行う**ため，最も基本となる原理を提示している。

　過去が無視され，また，難解な質問に対して，より単純で複雑でない解答を絶え間なく求めて，「新しい」ものとして提示されるものなら何でも過大評価しがちな時代において，イブはその流れとは全く逆のことを行った。つまり彼女は，すでにある知識の数々の要素を吟味しかつ再生する一方で，「新しい」ものを切り開き，取り入れている。ハリー・スタック・サリヴァン（Harry Stack Sullivan），グレゴリー・ベイトソン（Gregory Bateson），ドン・D・ジャクソン（Don D. Jackson），ミルトン・エリクソン（Milton Erickson），ジェイ・ヘイ

リー（Jay Haley），ジョン・ウィークランド（John Weakland），リチャード・フィッシュ（Richard Fisch），ポール・ワツラウィック（Paul Watzlawick）らの研究を基に，メンタル・リサーチ・インスティチュート（Mental Research Institute：以下MRIとする）のブリーフセラピー・モデルとSFTの両方の基礎となっている理論的な枠組みを概説し，それらに命を吹き込んだ。

イブはこのような土台の上に，さらに生理学，言語学，サイバネティクス，構築主義（constructionism），人類学，社会構築主義（social constructivism）といった広い学問分野から，アイデアを組み込んでいる。特に価値があり，時宜にかなっていることは，マトゥラナ（Maturana, H.R.）とヴァレラ（Varela, F.J.）の洗練された功績について，彼女が明晰な解釈をしたことである。

本書で用いられている例示は適切である。イブの努力により，マトゥラナとサリヴァンの愛の定義を並列させる中に，新鮮で新しいものと時代を経て証明されたものとが，素晴らしく有用に融合している。イブが引用しているマトゥラナの文献によると，愛は「自己との共存において，他者を受けいれることを認める」行動であり，「その他者を見たり聞いたりすることの可能性を拡げる」。サリヴァンはそれを次のように表現している。「相手の満足と安全とが自分にとって自分自身の満足感や安全と同じ重要性を持つようになった時，愛という状態が存在する」（1953a, p.42-43）。近年の心理療法の世界は，直線的な因果論や永続的なデカルトの心身二元論によって理解されがちであるが，メンタルヘルスを考える場合，特に愛のような厄介なものや，人間関係が演じる重要な役割については軽視してきた。さらに，人間の苦悩を理解するにあたって，基本的情動の関連や，心理療法の価値を認めない読者は，一様に耳に蓋をして居眠りをし続けているだろう。なぜなら，私たちは単純に同じ感じ方をしていないからだ[注1]。

イブ・リプチックが開拓したもうひとつの進歩は，クライエントに動揺を与えるような質問方法，あるいは，私なりの表現では，介入である。私の知るかぎり，これはセラピーの領域で起きた最も意義深い進歩のひとつである。私の知るかぎりでは，イブ・リプチック，ギアンフランコ・チェキン（Gianfranco Cecchin），リチャード・フィッシュだけが，個別に業績を積み上げながら研究や実践を行い，この目を見張るような前進にさらに磨きをかけている。

本書の主要な貢献は，介入としての質問と，今日の先端的な考えと過去に発展した主要な仮説を関連付けていることである。しかし私が指摘したいのは，

注1）この鮮烈な表現を最初に用いたのはジャクソン（Jackson, 1963）であることをお断りするとともに彼に敬意を表する。

それが群を抜いて最高の意味をもっているということではない。イブのアプローチが広い領域を統合し，論理や微妙な意味合いの肉付けを行っており，彼女は臨床実践に画期的な貢献をした。つまりブリーフセラピーの実践に，人間の情動を再導入したことである（私が再導入と表現している理由は，サリヴァン，ジャクソン，そしてエリクソンのような初期の開拓者の研究では，情動は中核であったからである）。

サリヴァンが亡くなる年（1949年）より少し前に，彼はワシントン精神医学校での研修医むけの講義で，次のように予言をした。

> 精神医学の中で私以外の人の間違いやすいところは私にもやはり間違いやすいところであり，私も実によく外見に欺かれてしまう。しかし誰にしても，不安の起こした症状や不安を避けて通るために起こった症状を処理しにかかるよりも，まず第一に，対人関係の中で不安に対して本質的な脆弱さを露呈する箇所がどこにあるかを探るようにするほうが，ずっと実践的効率の高い精神療法が実施できると思われる。（1953b, p.11）

巧みに執筆され，しかも実用的に書かれた本書において，イブ・リプチックは，苦痛を伴う情動は，対人関係の現象に対する独自な適応であり，それはまぎれもなく不安を喚起するものだとして，あえて取り組むことによって，サリヴァンの予言の実現に向かい，この分野をさらにもう一歩進めたのである。

メンタル・リサーチ・インスティチュート（カリフォルニア州パロアルト）所長
ルイジアナ・モンロー大学家族療法教授

ウェンデル・A・レイ（Wendel. A. Ray, Ph.D.）

はじめに

　解決志向セラピー（SFT）は，クライエントの強さに基づいたブリーフセラピーモデルの一つとして見事に発展してきた。しかし，マネージド・ケア（管理治療）へのアピールや効果に関する報告をもってしても，SFTは恒久的な変化を促進し，クライエントの情動的なニーズを扱うことができないのではないかという疑いを晴らすことはできなかった。本書の目的は，SFTの考え方と実践を提示して，これらの疑いを払拭し，その深さと広さを提示することである。

　SFTは全く新しいものから作り出されたのではない。グレゴリー・ベイトソン，ミルトン・エリクソン，ドン・ジャクソン，ジョン・ウィークランド，ジェイ・ヘイリー，ポール・ワツラウィック，そして他のシステム論の発展に功績のあった人たちの仕事をもとに作り上げられている。SFTは，約25年前ミルウォーキー州にあるBFTCに集まり，どのように人を変化させるかということについての新しい考え方に対する強い興味をもって取り組んだグループの努力の賜物である。そのグループの中心メンバーは，スティーヴ・ディ・シェイザー，インスー・バーグ，ジム・ダークス（Jim Derks），エラム・ナナリー（Elam Nunnally），マリリン・ラコート（Marilyn LaCourt），そして私だった。時が経過するにつれそのグループは，ジョン・ウォルター（John Walter），ジェイン・ペラー（Jane Peller），アレックス・モルナー（Alex Molnar），ケイト・コワルスキー（Kate Kowalski），ミシェル・ワイナー-デイビス（Michele Weiner-Davis）などの同僚となった研修生や，ゲイル・ミラー（Gale Miller），ウォーリー・ギングリッチ（Wally Gingerich）のような学者によって育まれるようになった。ブリーフ・ファミリーセラピーと呼ばれたモデルとして始まったものが，SFTへと発展した。徐々にグループメンバーは離れていき，そして他のメンバーが加わった。私は1988年に脱退し，マリリン・ボンジャン（Marilyn Bonjean）とミルウォーキー州でICFのコンサルタントを開業した。私はブリーフ・ファミリーセラピーで議論に加わった全ての人がSFTのために貢献し，そこでの経験から多くを学んだと言えると思う。たくさんの解決志向の文献は，彼らの経験の豊富さと多様性を反映している。

　今日ではSFTは世界的に有名であるが，しばしば誤解され，価値が低いものとさえ見られている。私の見解では，この原因は技法が強調され，理論的枠組みが失われたことにある。技法だけが先走ったやり方は，劇的な短期間の変化

は生み出すが，長期的には大きな差異をもたらさない。

　本書で掲示されているSFTの理論と実践は，技法の中に相互作用的コンテクストを再び取り入れている。その技法はMRIのセラピストが，クライエントの関係で「自己を位置づける」と呼び，また，BFTCのセラピストが「クライエントの協力の仕方に応じて協力する」と呼んでいるものを基本としている。言語が相互に影響し合う行動であると考えられるのなら，この概念はいまだに，構築主義の影響を受けた実践と関連していると考えることができる。

　私は，セラピーのミニマリズムやポストモダンの知性化にある程度影響を受けて，今日の臨床アプローチを発展させてきた。私も常に洗練され，良く的を絞った介入を目指してきたが，その介入がセラピストとクライエントの信頼関係が成立している文脈の中で最も功を奏すると信じるようになった。この私の信念は，1988年にBFTCでデイビット・カイザー（David Kiser）が行った研究により裏付けられた。その研究によると，数多くのセッションを受けたクライエントほど，より高い成功率が報告されていたのである。

　同様に，私はポストモダンが強調している一人一人に合ったセラピーを重視する点に大いに賛成である。とはいえ，その実践や，スーパービジョンや，教授法に関するガイドラインが全般的に欠落していることを私は懸念している。

　結局私は，人間生命システムから言語を切り離すことに賛成することができなかったので，言語と情動についての生理学的側面に関心を持った。

　私が持っているいくつかの相反する考え方を統合する取り組みは，人間相互の精神医学におけるH・S・サリヴァンの対人関係論や，より最近ではH・R・マトゥラナとF・J・ヴァレラの認知理論，そして神経科学研究の発展の影響を受けてきた。

　情動の問題は，これまでもSFTにおいては好ましくないテーマであった。私は数年間，同僚と同様，信仰するかのごとく「情動的な会話」を避けていたが，困り果てたと感じているクライエントに情動について語らせると症状がさらに容易に好転することに気づいた。それと同時に，私のセラピスト－クライエント関係への関心が，クライエントと彼らの情動について話をしていると安心するという肯定的な効果をもたらした。

　他者の考えを発展させる手助けをするために，教えたり，スーパービジョンやコンサルティング，そしてワークショップをしたりすることによって，私は独自の考えの理解に常に挑戦してきた。何をするにしても，関係性が重要になった。したがって本書は，クライエントとの関係性の中でセラピストが重要であることを強調する。また，クライエントに利益があるように，私的な自己

と専門家としての自己をどのようにして両方用いるのか，あるいは別々のものにするのか，についての質問に答えようと努めるものである。

　BFTCの訓練でいつも行うアプローチは，研修生にいくつかの基本的な質問のみを習得させ，クライエントと一緒に面接室の中に入れてしまうことであった。ワンウェイミラーの背後にいるスーパーバイザーやチームの支えが，研修生の不安を鎮め，クライエントのために質の高いサービスを保証するものと信じていた。しかし，初回面接の後，多くのクライエントは戻ってこなかった。これは，スーパーバイザーやチームで作成され，よく組み立てられたと思っていたメッセージが，明らかにクライエントが面接中に抱いた不満の埋め合わせになっていなかったからである。結局，クライエントに対してより効果的なのは，誰かに自分が話そうとしていることに耳を傾けてもらっていて，それが理解されているという知覚を彼らがもつことであるとわかった。このアプローチは，経験の浅いセラピストにも恩恵があった。というのは，彼らが文脈に合わない技法を使うことが少なくなったからである。

　二つの個人的な経験が本書の考えを形成する助けとなった。その一つは，ジョン・ウィークランドが1980年代後半にBFTCを訪ねた時のことであった。彼は定期的に来訪し，ミルウォーキー州でのワークショップを指導し，私たちのチームのコンサルテーションをしてくれた。彼がワンウェイミラーの前でクライエントの面接を行ったあるワークショップの後，一本のビデオテープを見たいかどうかを尋ねた。それはパロアルトで彼が行った面接のビデオテープだった。もちろん私たちはそれを望んだ。私たちはこれまで「達人」の仕事を十分に観察することがなかったからである。そのテープの内容で今思い出せることは，クライエントは年老いており，彼の問題は子どもたちとの関係ということだけだが，私は，その時の驚きを決して忘れることができない。私はその時まで，ジョンの面接方法をミニマリストとして紹介していた。しかしながら，そのテープでは彼は意図的に優しい態度をとり，ひときわクライエントの感情に反応し，注意を払っていた。彼は，面接の終わりでメッセージを作るための休憩をとらずに，繊細でかつ明瞭な介入をわずかな時間で思いついた。私たちが彼のやり方の相違点について質問した時，彼はこの面接は個人開業している時のもので「ただセラピーをするだけ」という感じのものだと言った。彼は，MRIクリニックやワークショップではブリーフモデルを実演して見せなければならないと思っていた。意図的にセラピーにとって本質的でない微妙なところが取り除かれた面接は，MRIの技法をさらに強調したかもしれないが，私はこのビデオテープの面接は，MRIモデルの優れた実演だと思った。これは私にとって，SFTの中に

技法そのものと人間性の両面を統合する方法を考える刺激となった。

　二つ目の経験は，1996年にドイツ，ハイデルベルクでの学会のことである。その学会は「サイエンス／フィクション：科学とセラピーにおけるファンダメンタリズムと恣意性」という会議名で，ハイデルベルク・システミック研究所と国際システミックセラピー学会が主催していた。マトゥラナはこの招待講演のスピーカーであった。彼は，彼がロマンチックに「愛」と呼んでいる情動こそが，私たちを人間たらしめていると指摘した。この愛するということは，他の人々を「私たちと共にこの世に存在する真の他者として」私たちに受け入れさせ，それによって，他者がどのような人なのかを理解するためにその人のことを見たりその人の言っていることを聞くように行動させる。彼はさらに続けて，ここに「内容が生まれたり，セラピストの仕事がなされたり，また人間関係の諸問題が解決される場」があると述べている。彼の発言によって，私の考えは具体的になった。つまりクライエントの利益のためには，私たちは真っ先に人間としての自分を考えるべきであり，次にセラピストとしての自分，そして最後に，一つのモデルを実践するセラピストとしての自分を考えるべきであると思った。

　本書の主要な目標は，さまざまな経験歴をもつ解決志向セラピストから最も頻繁に聞かれる質問に答えることである。例えば「自分が解決志向に沿っているのか否かをどのようにして知ることができるのか？」「どのようにクライエントと共にいて，同時に肯定的なことに焦点を向けることができるのか？」「何に反応し，何を無視するのか？」「長期間扱わないといけない患者にSFTを行うことができるのか？」などの質問である。本書は，どのようにして解決志向の仮説が意思決定過程を導くかを考えるための論理的方法を，臨床家に与えるように書かれている。どのようにしてセラピスト―クライエント関係を導くか，どのようにして解決を導く目標を決めるために問題内容を明確にするか，どのようにサメーション・メッセージ（summation message）を作り，個人に応じた示唆が与えられるかについて記述されている。このようなセラピストとクライエントの相互作用は，両者の観点から検討されており，臨床家はそのためセラピストがクライエントとの関係の中で自分の過程に関する意識とその効果を発達させることができる。情動を利用する点については，一つの章で取り上げて述べるだけでなく，この本全体にわたっておりおりに述べられている。カップル，家族，自らの意志で来たのではないクライエント，そして危機介入への応用も含まれている。

　本書は第一に臨床に関する本である。したがって多くの注釈つきの事例が含まれている。これは後の章よりも始めの章に意図的に長く，しかも詳細に掲示してあるので読者は基本的な原理をより良く理解できるだろう。

謝　辞

　本書を書くきっかけは，私がニューヨーク州ロチェスターのプライマリー・メンタルヘルス・プロジェクトの精神保健分野で受けた素晴らしい経験にある。まず，そのプロジェクトの全員，とりわけ大変熱心なスーパーバイザーであるエリー・エクステン（Ellie Eksten）に感謝したい。そのプロジェクトでの素晴らしい経験は，ロチェスター大学の大学院生時代にも，ヘレン・クリスタル（Helen Kristal）の指導の下で活かされ続けた。私を指導し，より高い水準の研究をさせて下さったことをヘレンに感謝したい。ミルウォーキー州ウィスコンシン大学における私の専門分野のスーパーバイザーであるジョン・ジェンデューサ（John Jendusa）に対しても同様に感謝したい。上記の3名の素晴らしい専門家たちは，臨床のスーパーバイザーはスーパーバイジーの指導に非常に大きな責任を担っているということを教えて下さった。

　また，私は，BFTCにおいて，SFTの理論と実践の発展に関与できたことにも深く感謝する。これは，私の人生において最大の転機となる経験の一つであった。

　シャロン・ストッフェル（Sharon Stoffel）とパット・オハーン（Pat O'Hearn）には，数年間にわたって大変誠実にコンサルテーションをしてくれたことを感謝したい。彼らは，良心的な専門家としてのモデルであり，私を大いに向上させてくれた。過去十年以上にわたり，私はジュウィッシュ・ファミリー・サービスや，ミッドウエスト・クリニカル・サービスや，エイメリアン・レイクサイドなどの地域機関の職員にSFTを教えてきた。そこで私は異なる理論学派の人々と，長期間働くことができた。私は，彼らにとって役立つように，自分の考えを彼らの考えと結びつけさせてくれたことを彼らに感謝する。この本の多くの考えは，彼らの質問と思慮深い応答に刺激されて書かれたものである。

　また，アメリカから見て地球の反対側にあたるオーストラリアのパースで解決志向セラピーを実践する機会を与えてくれた，センターケア・ファミリー・エイジェンシー（Centrecare Family Agency）のミッシェル・ウィルソン（Michelle Wilson），アンドリュー・ターネル（Andrew Turnell），スティーヴ・エドワーズ（Steve Edwards）に感謝したい。彼らの同僚やクライエント，とりわけアボリジニ文化に属する人々との出会いは，真に私を成長させてくれる経験となった。

この本を書くための直接の着想は，1997年の夏にオーストリアのウィーンで行われた夫婦・家族療法の9日間の集中トレーニングにおいて生まれたものである。さまざまな領域から参加したメンバーは熱心な実践家であり，システム論や構築主義の考え方によく精通していた。彼らの多くは，すでにSFTの訓練を受けていた。メンバーの最初の出会いで，このトレーニングの目標を表すような一連の問題が提起された。そしてこれらの問題は，多くの実践家が苦心している課題であることがわかった。この期間中に，これらの問題に答えられるような本を執筆しようという考えが私の中に浮かんだのである。このようなトレーニングを実施する機会を作っていただいた責任者のホアキン・ヒンチ（Joachim Hinsch）に感謝の意を表したい。また，コリーナ・アラース（Corina Alhlers），ヒディ・ワグナー（Hedi Wagner），アンドレア・ブランドル－ネベヘイ（Andrea Brandl-Nebehay），そして非常に深い考えを示してくれた参加者のみなさんにも感謝したい。

　私がこの本を執筆し始めてから，仕事上のパートナーでもあり友人でもあるマリリン・ボンジャンが，普段よりもまして私を支えてくれた。彼女が完璧な協力体制を作ってくれたことに感謝したい。さらに，執筆過程の全ての期間にわたって計り知れない助力をいただいたマーク・ベッカー（Mark Becker），ブレット・ブラシャー（Brett Brasher），ジム・ダークス（Jim Derks），マリリン・ラコート（Marilyn LaCourt），ジェーン・フォークマン（Jane Volkman）には，言葉では言い尽くせないほど感謝している。彼らは忙しいスケジュールの中で快く時間を割いてくれ，執筆にあたる私の心の支えとなったのはもちろんのこと，本の編集に関して，親切で，刺激的な，また思慮深いコメントを提供してくれた。また，注意深く編集作業を行ってくれたマイク・ニコルス（Mike Nichols）にも，同様に深く感謝したい。ジリアン・デナビット（Gillian Denavit）にも感謝しなくてはならない。彼女はSFTを真摯に学びながらも臨床実践を始めようとしており，私に初心者の観点を教えてくれた。彼女からの質問や意見は有益なものであった。そしてケイト・コワルスキー（Kate Kowalski）には，彼女の友情とサポート，そして編集上のコメントをいただいたことに対して，特別な感謝を表したい。

　最後に，たくさんの愛情で私を支えてくれた夫や子どもたちとそのパートナーに，そして，微笑みとキスでいつも私を元気づけてくれた孫たちに，最大の感謝を贈りたいと思う。

目　次

序　文 ……………………………………………………………… 3
はじめに …………………………………………………………… 7
謝　辞 ……………………………………………………………… 11

第Ⅰ部　理論と実践

第1章　SFTの理論 …………………………………………… 17
技法を越えて理論へ…23／ブリーフセラピーの歴史的概観…24／解決志向の理論…28／解決志向の仮説…29／結論…37

第2章　セラピスト－クライエント関係 …………………… 39
研究結果…40／解決志向のセラピスト－クライエント関係…40／情動的風土…41／クライエントのポジション…41／セラピストのポジション…44／二重軌道思考…47／事例：ローラ…49

第3章　クライエントを理解する …………………………… 61
「聞く」と「聴く」…61／意味…62／「問題トーク」と「解決トーク」…64／内容とプロセス…66／事例：マリー…69

第4章　解決志向セラピーにおける情動 …………………… 81
「情動」と「行動」…83／解決を容易にするために情動を利用する…84／事例：ベティ…84／事例：ニール…90／クライエントが解決を見つけるためにセラピスト自身の情動を用いる…92／事例：サンドラと娘たち…92／情動とサメーション・メッセージ…95／結論…96

第5章　目標の明確化のプロセス …………………………… 97
「目標」と「解決」…98／目標の明確化という課題…98／目標の明確化：そのプロセス…99／目標と情動…101／事例：マリリン…102／意思決定の目標…116／クライエントの目標が他者の行動を変えたい場合…118／結論…119

第6章　ワンウェイミラーの背後にいるチームとコンサルテーションのための休憩 ……………… 121
セラピストにとっての利益…122／クライエントにとっての利益…123／チームと休憩の導入…124／チームワークと休憩の実用性…125／チームのプロセス…126／クライエントに関する二重の視点…127／チームワークと情動的風土…128

第7章　サメーション・メッセージと提案 …………………… 131
　　サメーション・メッセージ…131／提案…136／結論…145

第Ⅱ部　応用編

第8章　カップルセラピー ……………………………………… 151
　　査定…153／セラピー…157／結論…170

第9章　ファミリーセラピー …………………………………… 171
　　査定…171／児童や思春期の子どもがいる家族…172／会話を組み立てる…172／事例：家族T…174／参加したがらない親…178／子どもだけに会う場合…179／事例：トロイ…180／子どもと親の仲立ちをする場合…183／年老いた親や，成人したきょうだいがいる家族の場合…184／結論…185

第10章　自らの意思で来たのではないクライエントへの
　　　　 カウンセリング ……………………………………… 186
　　自らの意思で来たのではないクライエントの定義とは？…190／セラピストークライエント関係…191／クライエントとの協力…193／情動…194／技法の使用…194／セラピーシステム…195／事例：ビーのコンサルテーション…198／結論…205

第11章　長期のケース …………………………………………… 207
　　終結：クライエントの問題…209／終結：セラピストの問題…210／事例：ジョーへのコンサルテーション…210／終結に向けてのセラピストの自己評価…214／慢性的な問題を抱えるクライエント…215／事例：ヴァージニア…215／事例：声が聞こえる男性…220／障害への適応…226／事例：キャロル…226／結論…229

第12章　危機に対する解決志向アプローチ…231
　　危機に対するさまざまな反応…231／危機とは何か？…232／二つの役割をとることの必要性…233／事例：ランディ…234／緊急性…240／傾聴…241／危機的状況における時間枠…241／事例：フィリップ…241／結論…245

おわりに ……………………………………………………………… 247

監訳者あとがき …………………………………………………… 249
文　　献 …………………………………………………………… 251
索　　引 …………………………………………………………… 260

第Ⅰ部
理論と実践

第1章
SFTの理論

　解決志向のセラピストがある事例で行き詰まりを感じて助けを求めてきた。そのセラピーは4回面接をして最初に改善の報告があったものの解決がおぼつかなくなっていた。クライエントは二人の十代の娘を持つ46歳の既婚の弁護士ジョンである。ジョンはセラピーに来た理由を「独り身となった父親とのいざこざを，もうおしまいにしたい」と述べていた。ジョンの義理の兄弟の内科医は，かかりつけの医師に薬を処方してもらうように彼に勧めたが，ジョンは薬を松葉杖のようなものに過ぎないと考えていた。

　ジョンは初回面接の間，とても動揺していた。彼は赤面し，爪の根元を絶えずほじくっており，あまりに息せききって話すので，時々話を止めて息継ぎをしなくてはならなかった。彼は母親が5カ月前に75歳で亡くなり，51年間母と連れ添った78歳の父が独り残されたことを話した。

　ジョンは4人きょうだいで，両親と同じ町に住んでいるのは彼だけであった。母親が亡くなってから，ジョンの家族は父親を支えるために特に努力していた。この努力は初めは感謝されたが，時が経つにつれ父はだんだん敵対的になり，ちょっとやそっとでは満足しなくなっていった。ジョンの妻は父のふるまいをあまり正面から受け取らないようにと助言していたが，ジョンはそれを真に受けてしまっていた。最後の一撃は，父がジョンの姉妹の家を訪れたときに，「ジョンは私の声なんか聞きたくないのだ」と言ってジョンと話すのを拒んだことだった。このとき以来，ジョンは眠れなくなり，仕事に集中できなくなってしまった。

　母が死ぬまでは，ジョンは両親との関係を何とか受け入れていた。ジョンの家族は少なくとも週に一度は両親と会い，長期休暇や誕生日には必ず一緒に過ごしていた。いつも父親は人を誉めないで批判したが，母親の暖かさと涵養はそれを補って余りあるものだった。

　セラピストはジョンに問題と目標を行動面から定義してもらおうとしたが，ジョンは父のやり方への対処を学んで良き息子になりたいと言うのが精一杯だった。ジョンは年老いた父を変えることはできないことはわかっ

ていた。ジョンは父の自分に対する行いを「私のはらわたを食いちぎる」と述べた。「父の言葉が片方の耳から入ってもう一方の耳から出ていってくれたら」少しはましになるということを彼は知っていた。仮にそういうことが起こり始めたとしたら，彼自身の行動はどんなふうに変わっているだろうかという質問にジョンは答えられなかった。セラピストはその目標に関連して例外の質問をした。「お父様の言葉が片方の耳から入ってもう一方の耳から出ている時がもうすでにありますか」ジョンは一つだけ例を挙げることができた。それは母が死んですぐ後，父のことをとてもあわれに感じたときのことだった。そこで，セラピストは例外を広げようとして尋ねた。「その時は，何が違っていましたか。ほんの少しでもそれを起こすには今，何をしたらいいでしょうか」しかし，ジョンは答えられなかった。

そこで，セラピストは別の技法に切り替えた。ミラクル・クエスチョンである。「今夜，寝床に入り，眠っている間に奇跡が起きて，朝，目が覚めた時には問題が解決しているとしたら，物事はどのように違っているでしょうか」ジョンは父の行動を無視するだろうと答えた。「それはもうすでに起きていますか」とセラピストは尋ねた。ジョンは今は起きていないと答えた。「それを起こすには何をしたらいいでしょうか。それを起こすために他の人ができることは何かないでしょうか」ジョンは現時点では，何かを変えるために自分でコントロールできることは何もないと感じていると答えた。

初回面接の終わりにセラピストは，ジョンが父の行いに対処することを学ぼうとしていることや，良き息子になろうと望んでいることをコンプリメントする介入メッセージを作成した。それは母を亡くしたことを嘆きつつも，同時に父の拒絶的なふるまいに対処していかなければならない難しい立場に共感を示すものだった。ジョンの反応が強すぎることは，家族への並々ならぬ強いかかわりによるものであるとされた。セラピストはジョンにコントロール感を再び持たせるための課題も設定した。その課題は，3日間，父と会わず，父をジョンの妹の所で世話してもらうという提案であった。その間，彼が父に電話するのが嫌ではなく，かつ父を喜ばせるためでなく自分自身がよい気持ちになるために電話したいというのであれば電話をかけてもいい。けれども，電話するかどうか迷うなら4日目までは電話しないで，4日目に妹に電話をかけて，父のことを尋ねるために電話してきたのだと，妹から父に伝言してもらうというものであった。

ジョンが1週間後に来たとき，セラピストはスケーリング・クエスチョンを用いて変化を測った。「1から10の間で，10が最も強いストレスを感じているとし，1が完全にリラックスしているとしたら，今日のあなたはどれくらいですか」（de Shazer, 1991a, p.148）ジョンはストレスのレベルが10から7に減ったと報告した。彼は2日目に父に電話していた。父はそっけなく冷たいだろうと予測していたが不快感はなかった。それから，彼はもう一度電話したが，そのときはさらに上手に耐えることができた。

　2回目の面接で，セラピストはジョンの心地よさと忍耐をさらに強めようとした。そのために，「それがもっと起きるには何が起きなくてはならないでしょうか。そのために，あなたは何ができるでしょうか。他の人はあなたを助けるために何ができるでしょうか」という質問をしながら話を進めた。セラピストは「あなたは今までストレスフルな人間関係にどのように対処してきましたか」と尋ねることで，現在のジョンを助けることのできる過去のリソースも探した。面接の終わりにセラピストは，ジョンが父との関係をいくらかコントロールできていることをコンプリメントし，すでにしていることをし続けるようにとジョンに伝えた。

　3回目の面接で，ジョンは父が家に戻ってきたことを報告した。ジョンは父を空港に出迎えたのだが，父は待ち合わせ場所が出口か手荷物受取所かはっきりしなかったことをすかさず非難した。その後も，電話での不快なやりとりが5，6回あって，ジョンは8だったストレス・レベルをまたもや10と感じるようになった。ジョンは薬を使わないで解決策を見つけたいと繰り返した。

　問題から離れて解決の方向を見ていくという努力として，セラピストは1回目と2回目の面接の間に起きた例外に再び目を向けた。そのとき何が違っていたのだろうか。ジョンは父が別の町にいたことかもしれないと考えた。父が妹といると，ジョンは負担が軽くなったように感じた。面接の終わりにジョンに与えられた課題は，電話で父と話すときには父が別の町にいるかのように思ってみるというものだった。同様に，父と実際に会うときも，部屋に妹や弟がいると想像するという課題も与えられた。しかし，ジョンはこの課題では何の改善も見られず，進展しないことに気落ちしている様子だった。

　なぜこの事例は進展していかなかったのだろうか。セラピストは一般に理解されているようなSFTを行っていたのは明らかだった。セラピストはクライエ

ントに問題を詳述させ，行動水準での目標を定義させた。

　ジョンが問題を述べると，セラピストは例外の質問（de Shazer, 1985, Lipchik, 1988a）とミラクル・クエスチョン（de Shazer, 1988, Friedman, 1988a, Lipchik, 1988a, Nau & Shilts, 2000）を用いた。そして，セラピストはジョンから有益な反応が何も得られなかったときに「どんなふうにしてそのことはもっと悪くならずにすんでいるのですか。そのことがもっと悪くならないようにしておくために何をしてきているのですか」というコーピング・クエスチョン（Lipchik, 1988a）を一度用いた。この質問はしばしばクライエントが前進するいくばくかの強さを生み出すのだが，この状況ではうまくいかなかった。セラピストは変化を計るためにスケーリング・クエスチョン（de Shazer, 1991a）を用いた。

　面接の最後にセラピストはよく考えられた介入メッセージと課題を与えている。うまくいっていることを広げ，クライエントの体験様式を活用するものであった。例えば，それはジョンがコントロールを望んでいることや，彼の特有の言い回しなどである。では，なぜどの技法もクライエントに解決をもたらさなかったのだろうか。

　答えは簡単である。というのは，SFTは単によく知られている代表的な技法にとどまらないからである。SFTは，以下のようなさまざまな状況に適用されてきている洗練された治療モデルである。養子縁組（Shaffer & Lindstorm, 1989），加齢（Bonjean, 1989, 1996 ; Dahl, Bathel, & Carreon, 2000），アルコール乱用（Berg & Miller, 1992 ; Brasher, Campbell, & Moen, 1993），児童保護サービス（Berg & Kelly, 2000 ; Turnell & Edwards, 1999），ドメスティック・バイオレンス（Lipchik, 1991 ; Lipchik & Kubicki, 1996 ; Lipchik, Sirles, & Kubicki, 1997; Tucker, Stith, Howell, MaCollum, & Rosen, 2000），家族を基本とするサービス（Berg, 1994），解離性同一性障害（多重人格障害）（Barker & Herlache, 1997），身体に障害のあるクライエント（Ahlers, 1992），療養施設における治療（Booker & Blymer, 1994 ; Durrant,1993），性的虐待（Dolan, 1991; Kowalski, 1987），学校問題（Durrant, 1995 ; Kral, 1992 ; Metcalf, 1995 ; Molnar & Lindquist, 1989 ; Murphy, 1996），スピリチュアリティ（Simon, 1996），子どもの問題（Selekman, 1997）等々である。SFTは他の治療的アプローチと同様に，習得するのに時間と経験を要する。

　一般にSFTは最小限の介入手法であるとか，実用主義的な問題解決法（de Shazer, 1982, 1985, 1988a, 1994）だと誤解されている。ミニマリズムは，質問をすることがセラピストのすべきことのすべてであるという意味にとられてい

ることもある。もちろん,そういったことは決して意図してはいない。BFTCの研修生の必要条件は精神保健領域における修士号と2年間の臨床経験である。私たちのモデルを学ぼうとする人々には,治療同盟を確立し維持する技能があることが期待されている。不幸にして,私たちはそのことを著作の中で強調せずに,新しいアイデアを説明することに集中してきた。ある研修会で,介入としての質問の仕方を示すためにビデオを見せるまで,私はずっとこの誤解に気づかなかった。何分かビデオを見てから,ある著名な同僚は安堵の溜め息をついて「ああ,質問は文脈に沿っているのですね」と言ったのだった。

　ミニマリズムは実践において誤解されているかもしれないが,理論的基礎と仮説を持っており,それは質問と並んで指針を提供するものである。けれども,ポストモダニズムの影響で,理論は個別対応にそぐわないものとして捨てられてしまった (Held, 1996, 2000)。この新しい方向性はSFTをして「言語にすぎない」(de Shazer, 1994 ; Miller, de Shazer, 1998) というところまで簡素化し,誤解を招くことになるもう一つの記述となったのである。しかし,ポストモダニズムの理論における言語は広い意味では次のように使われている。

　　　言語とは人と人の「精神」の内側のことではなく,人と人との間で合意された行動の相互作用として位置づけられる。それは抽象的コミュニケーションを乗せて個人と個人の精神を行き来する貨車というより,社会集団の各成員の具体的状態を調整するものであり,社会集団とその各成員の構造的な統合を保つものである (Griffith & Griffith, 1994, p.312)。

　言語とは人々が話す言葉だけを意味しているわけではない。しかし,言語の意味をいかに広げても,セラピストが言語を用いることで,クライエントが解決を見いだす道しるべにはならない。解決志向の質問がとても魅力的に見えるのは当然である。それは具体的に使えるものだからである。問題は,臨床の実体よりも質問の形式を重視することは,往々にして良い結果をもたらさないということである (Cecchin, Lane, & Ray, 1992)。

　前述したジョンの事例は,この指摘を説明するものである。セラピストは初回面接で基本的技法を用いていくらかの肯定的結果を得た。2回目の面接以降で変化を持続できなくなったとき,セラピストは解決志向のやり方とされることを行い続けた。彼はスケーリングやコーピング・クエスチョンも試したが役には立たなかった。

　行き詰まったセラピストを助けるために,コンサルタントは「ジョンとセラピストとの間に起きていることは何か。そのことが袋小路をもたらしているか

もしれない」ということを考えるようにとセラピストに伝えた。セラピストは「私は質問をし，課題を与えているが，それは違いを生んでいない。私は何か違うことをしなければならない」と答えた。けれども，彼は正しい技法をすべて使い果たして，どうしたらいいのか困惑していた。

コンサルタントからの次の提案は以下の仮説を考えることであった。「**セラピストはクライエントを変えることはできない。クライエントだけがクライエント自身を変えることができる**」これは有益だったであろうか。それはジョンに何が起きているか，とりわけ，ジョンの母親の死についてさらに考えさせてくれたとセラピストは答えた。初回面接の最後におけるセラピストからのメッセージは，ジョンが母に対する深い悲しみを抱いていることにセラピストが気づいている証拠であった。だが，セラピストはそれについてクライエントと話すべきではないと思っていた。なぜなら，第一に，それは肯定的なことや未来について語ることからそれることになり，第二に，それはジョンの情動を取り扱うことになり，第三に，それは問題や目標にはされていないことだったからであった。セラピストがジョンに喪失感に注意を向けるように促すと，それが解決への鍵であることがわかった。ジョンは泣きだし，母がいなくてどれほど寂しい思いをしているかについて堰を切ったように話し始めた。どれほど母が父の性格の埋め合わせをしてくれていたか，自分は全く気づいていなかったこと，そして，これから母がいなくてどうやっていったらいいのかまるで見当がつかないとジョンは語った。このように情動があふれ出てきたので，セラピストはその時点で，介入しようとする考えを脇に置いて，ただ支持的な態度に徹した。面接の終わりに近づいてジョンはある告白をした。彼は母ではなく父が死んでくれたらいいのにとずっと望んでいたので，父に対しては怒りよりも罪悪感から心労を感じていたと話した。

セラピストが力点をSFTの公式的概念から，情動と理論に基づく方法へと変えたことで，より深い信頼関係がもたらされたことに注目してもらいたい。ジョンは安心して恥ずかしい感情を告白した。このような気持ちが裁かれずに，理解され，ごく当然のこととされたとき，ジョンは安堵感を表わした。そして，セラピストはジョンの罪悪感が父の行動に対する耐性にいかに影響していたかに驚いた。ジョンは父に敵意を持てば持つほど罪悪感を感じ，罪悪感を感じれば感じるほど父からの敵意に耐えられなくなるという連鎖を作っていたのだった。

ジョンはこの新たな理解を得て，セラピーに何を望むかを再定義した。つまり，恥ずかしい感情についての罪悪感を現在の10点から5点以下に減らすことができれば，心地よさを感じるだろうと彼は述べたのだった。一旦目標がはっ

きりすると，彼は自分の助けとなる行動を見つけ始めた。自分の気持ちを妻に語り，妻や子どもたちも似たような考えを抱いていたことを発見した。ジョンは教会にも以前より定期的に通い始めた。彼は牧師に告白し，牧師は裁かずに慰めてくれた。罪悪感が少なくなるにつれて悲しみが増し，徐々に失ったものを受け入れるようになった。このことで，父に対しても多少は共感を抱く余裕が出てきて，母への愛情あふれる思い出も出てきた。6カ月後の治療終結時には，父の態度が柔らかくなってきている兆候に驚いているとジョンは報告した。「真に敬意を払う態度をとることで，技法そのものは不要になり，必要とされることに注意を払うという単純な行いによって，その状況への適切な行動が生まれる」(Simon, 1996, p.53)

　すべてのよいセラピーは信頼関係の文脈の中で行われる。セラピストがその関係を作っていく特定のやり方は，セラピストの理論的方向性で決まる。したがって，クライエントは変化のためには洞察をしなければならないという仮説の力動的セラピストと，行動の変化を新しい学習や再条件付けの結果として考えている行動主義のセラピストとでは，クライエントとの会話において異なる選択をするだろう。もしも解決志向のセラピストが，変化は言語を通して生じると仮定し，それは質問をするだけだと理解しているなら，たぶん結果は期待はずれとなるだろう（Fraser, 1995）。

技法を越えて理論へ

　ミニマリスト・モデルをさらにうまく用いる方法は，理論で裏打ちすることであるという提案は，ある読者にはまぎれもなく逆説的に聞こえるだろう。臨床技能の改善に熱心な多くの臨床家は，クライエントに「なぜ」話すかではなく「どのように」話すかについてもっとアイデアがないか探している。ワークショプの参加者は講師の面接ビデオやデモンストレーションには興味津々だが，理論の説明になるととたんに落ち着きがなくなって飽きてしまう。理論は一つの抽象概念であり，ときとしてクライエントと交わしている実際の会話とかけ離れてしまうように見える。けれども，理論こそが多くのセラピストが苦労しながらも，それを認めたがらない問題，すなわち，しばしば，面接で次に何をすればいいかわからないでいること，に対する唯一の解決である。

　理論は，私たちが人生でうまく行っているすべてのことの一部であるとわかると，そう手に負えないものではなくなってくる。自動車を安全に運転するには何らかの理論がいるが，それは交通信号に従う以上のものである。テニス，ゴルフ，ヨットなどのスポーツは，肉体と空気抵抗についての理論的

仮説を要する。上手な調理はレシピに沿うだけではない。それはある食材を火にかけたり，他の物と混ぜたりしたときに起こることについての仮説を要する。もちろん，基礎となる理論をわかっていなくてもこういうことはできるが，今以上に，技法を超えて達人になることはできない。セラピーは他の人間に対して大きな責任がある専門的職務なので，セラピストは最善の努力を払うべきである。

　この本の目的は，解決志向セラピーのための理論と基礎仮説を提案し，それによって，解決志向セラピーは形式的で機械的だという頻繁になされる批判に反論することである。それは強調点を技法ではなく，効果に大きく影響するセラピスト－クライエント関係（Bachelor & Horvath, 1999 ; Beyebach, Morejon, Palenzuela, & Rodriguez-Arias, 1996 ; Hubble, Duncan, & Miller, 1999）や，情動を用いることに方向転換するものである。技法に払う注意を少なくすることは，よくある二つの落とし穴をセラピストが避ける助けとなる。それは何を質問しようかと思いあぐねているうちにクライエントに注意が向かなくなってしまうことと，不適切なときに質問をするということである。

ブリーフセラピーの歴史的概観

　もともと解決志向セラピーは1970年代後期にウイスコンシン州のミルウォーキーでブリーフ・ファミリーセラピーとして始まった（de Shazer, 1982）。それ自体はカリフォルニア州のパロ・アルトにあるMRIで開発されたブリーフセラピー・モデルの弟分として考えられる（Fisch, Weakland, & Seagal, 1982 ; Ray, 2000 ; Watzlawick, 1977 ; Watzlawick, Weakland, & Fisch, 1974）。MRIモデルはグレゴリー・ベイトソンに率いられた逆説と人間のコミュニケーションについての研究（Bateson, Jackson, Haley, & Weakland, 1956 ; Jackson, 1959）と，催眠療法における抵抗の迂回についてのミルトン・エリクソンのアイデア（Erickson, 1977 ; Erickson & Rossi, 1977）に起源がある。MRIの介入手法は，クライエントによる特定の相互作用のパターンを「解決のための誤った試み」であるとして，セラピストがそれに介入するものである。これに対して，BFTCのエコシステム・アプローチ（de Shazer, 1982 ; Kenny, 1979）はさらに協働的で，「解決は家族の中にある」という仮説に基づいている（Norum, 2000）。クライエントとセラピストはともに治療的上位システムで，それは家族システムのために新しい問題のない相互作用パターンを生むと考えられる。この考え方はポストモダン領域のものである。その中に，ファミリーセラピーの分野で主流となった構築主義[注1]（Constructivism）と社会構築

主義（Social Constructionism）がある。
　問題志向のブリーフ・ファミリーセラピーからソリューション・フォーカスト・セラピーへの転換は1982年に偶然のことから起こった。私はその出来事を憶えている。そこでは中心となるグループのメンバーがマジックミラーの向こうで介入メッセージを作っていた。それは反抗的な十代の娘と一緒にやって来た家族についてのもので，2,3回目の面接の終わりになっても全く進展がなかった。父親と母親は娘の間違いを報告するばかりで，例外についての質問はことごとくかわしてしまっていた。娘はむっつりしたままであった。その日，鏡のこちら側にいた私たちの内の一人——それが誰だったかについては複数の意見が対立している——がこう言った。「次回までに彼らに変えたくないことの一覧を作るように言ったらどうだろうか」。私たちは皆それに同意した。そして，両親と娘がお互いに認め合っていることの一覧をたくさん持って戻ってきたのは喜ばしい驚きだった。しかし，もっと驚いたのは，家族3人ともが肯定的変化を報告したことであった。家庭の緊張が少なくなってきていることに全員が同意した。両親は娘の態度が良い方に変わったと感じており，娘は両親が非難がましくなくなったと感じていた。この課題を次の何人かのクライエントの初回面接の終わりに出すと同様な結果が得られたので，調査研究が計画された（de Shazer, 1985, p.147）。その結果，一般的に2回目の面接でクライエントが報告した具体的な変化は，初回面接で述べられた問題や不満とはほとんど関係がないということが示された。さらに，これらの変化はしばしば問題解決となるように増幅することができた。この発見で私たちは介入を行う場として面接に注意を向けるようになった（Lipchik, 1988a, 1988b ; Lipchik & de Shazer, 1986 ; Penn, 1982, 1985 ; Tomm, 1987a, 1987b）。面接の終わりのメッセージと課題は，面談の中で生まれた流れを強めるものとなった。しかし，この未来志向や解決志向の質問群は，徐々に，よいセラピーのための本質的なことを覆い隠すようになってしまった。特に，クライエントの協力の仕方にセラピストが協働することは強調されなくなってしまった。協力は以下のように定義さ

注1）「構築主義（Constructivism）」はここでは「現実に対する主観的構造を強調する相対主義的視点である。（それは）私たちが家族の内に見るものは，実際に起きていることよりも，私たちの前提条件により多く基づいていることを示唆している」（Nichols & Schwez, 1995, p.590）。それはポール・ワツラウィック（Watzlawick, 1984），フンベルト・マトゥラナ（Maturana, 1980），ハインツ・フォン・フェルスター（von Foerster, 1981），エルンスト・フォン・グラッサーフェルト（von Glasserfield, 1984）などの理論家に代表される。人は言語を通して現実とは何かという自分のイメージを構成する（Anderson, 1997）。構築主義とよく混同される「社会構築主義（Social Constructionism）」（Gergen, 1982, 1991, 1994）は，そのさらにその先に進んで，個人が構築するものはすべて他者との会話を通して形成されると主張する。

れている。「それぞれの家族（個人あるいは夫婦）は独特の仕方で協力しようとする。だからセラピストの仕事は，まずその家族が示している独特の方法を記述し，それからその家族のやり方と協働することである」（de Shazer, 1982, pp.9-10）

技法にとっての関係論的，相互作用的な文脈を理論的にしっかりと保つために（Lipchik, 1993），私は精神科医ハリー・スタック・サリヴァン（Chapman, 1973 ; Sullivan, 1953c, 1953d）の対人関係理論を再考した。サリヴァンの考えは構築主義者の枠組みと適合する（Cushman, 1995）。なぜなら，それは「対人関係（治療関係）の文脈において（現時点において）直接観察される」（Chapman, 1973, p.70）ことのできるものを除いて，セラピーにおける客観的現実を否定するものだからである。結果的に，サリヴァンはセラピストの役割を「関与しながらの観察（participant observation）」（1953d, p.18）として定義している。セラピストの仕事は，静かに座って単に解釈するのではなく，患者とともに，より機能的な対人関係への行動を引き起こすための過程に携わることであった。診断的なレッテルもサリヴァンの考えには合わなかった。対人関係における問題と解決は，個人の情緒的不快感（「不安」）もしくは心地よさ（「安全感」）の度合い以上でも以下でもない。ずっと後のマトゥラナやヴァレラ（Maturana & Varela, 1987）のようにサリヴァン（Sullivan, 1953d）は，人間関係を環境とともに生きている有機体の相互依存と生物学的見地から考えていた。

1984年にBFTCは，「ブリーファー」という人工知能によって初回面接の課題を作るコンピューター・プログラムである「専門家システム」を開発するプロジェクトに着手していた（Goodman, 1986 ; Goodman, Gingerich, & de Shazer, 1989）。その目的のために私たちは，面接者とマジック・ミラーの向こうにいるチームメンバーの両面から，クライエントとの関係で私たちがいかに決断をしていくかの分析を一歩一歩行っていた。この作業は，質問と答えをつなぎ，またその文脈となる非音声言語と情動の重要性に光を当てた。それでも，それは解決の理論の開発を刺激し（de Shazer, 1988），解決志向のセラピー過程のための意思決定のフローチャートとなっていった。振り返れば，解決志向セラピーの行き過ぎた非人間化のために，私はこの流れに対抗することになったのであった（Lipchik, 1993, 1994, 1997, 1999 ; Lipchik & Kubicki, 1996）。そのため，理論的に正しい手法に向けての私の研究は，1988年に私がBFTCを去り，ミルウォーキーでマリリン・ボンジャンとともにICFコンサルタントを始めた後も続けられている。

チリの生物学者フンベルト・マトゥラナとフランシスコ・ヴァレラ（Maturana & Varela, 1980, 1987 ; Varela, 1989）が発展させた認識論は，1980年代初頭のファミリーセラピーの領域を刺激し（Dell, 1982, 1985 ; Efran & Lukens, 1985 ; Efran, Lukens, & Lukens, 1990; Ludewing, 1992 ; Parry, 1984 ; Simon, 1985），やがてそれに沿った枠組みを提供した。マトゥラナ自身はこの理論を「メタ理論」と記している。それはファミリーセラピーのすべての異なる理論学派を統一する道を提供している（Simon, 1985, p.4）。
　1950年代のカエルの目の網膜の研究において，フンベルト・マトゥラナは，ハエを視覚化しているときにカエルの脳が受けているイメージは，外の世界のハエの客観的表象ではなく，カエルの目の構造の結果であることを発見した。この発見は知覚の理解について大きな衝撃を与え，結局，一つの認知理論となっていった（Maturana, 1980, 1987）。それは私たちの現実や，もしくは，私たちが知っていることは，私たちの他者との相互作用と同様に，私たちの構造という点からみて私たちが何者であるのかに依存していることを示すものであった。
　マトゥラナとヴァレラの理論は，生きているシステムを「オートポイエーシス（自己創出性）」であると記述している。それは生存と自己の再創造のための有機的構造である。この生存と再創造は「構造的カップリング」に依存している。構造的カップリングとは，環境と他の生きているシステムとの相互依存の状態である。相互生存は相互の外的動揺と同様に内的動揺によっても絶え間なく挑戦され，相互の適応力にも依存している。動揺は他の生きているシステムを変えることはできない。それは変化の可能性の引き金となるだけである。変化はそのシステム独自の構造に依存している（構造決定論）。だから，もしも二つ以上の相互依存的システムが，互いに相互作用において基本的な生存欲求を保つことができなければ，両者の関係は終わることになる。例えば，もしも心臓が止まれば，それは呼吸システム，血管システム，腎臓システムを破壊し，その人は死ぬことになるのである。
　この理論によれば，言語の発達は生きているシステムの進化では後から発生し，言語が人類と他の生命機構とを区別している。言語は個人的構造の一部と見なされているが，そうではなく，相互の依存的行為である。つまり，「言語的相互作用の循環において起こる現象」（Maturana & Varela, 1987, p.211）である。言い換えるなら，人間は閉鎖された神経ネットワークを持っており，それは自分自身の情報を生むが（Efran et al., 1990, p.67），言語は相互適応の行為であり，あるいは，人々と社会集団の間の意味についての合意なのである。

もし私がレストランに行ってトーストしたパンのサンドイッチを注文するなら，言語的相互作用に先立って，私は私のシステムの中にトーストしたパンが何を意味するかについての情報をすでに持っている。私は子どものとき，母から「パン」や「トースト」が何を意味するのかを学んでいる。もしも現在の状況でウエイターがトーストしたパンが何を意味するかを理解していなかったら，私たちはその意味を調整しなければならない。別の言い方をするなら，私たちの関係が生き残るようにお互いに適応していかなければならない。つまり，ウエイターはある程度私を満足させてくれるように私の注文を取ることができる。そうすることで，彼は解雇されないように，自分の仕事をやり遂げることができるのである。トーストしたパンの意味の調整は，私たち両者が同じ言語を話すかどうかにかかっている。もしそうでなければ，他の何らかの方法，たぶん，身振りや非言語的手懸りによって理解し合うだろう。もし両者が同じ言語を話すとしても，ウエイターがトーストしたパンになじみがなかったら，私はそれを説明することができるだろうし，彼は私の説明を理解する能力をもっているだろうから，私たちは互いに有益なつながりを維持できるだろう。

　マトゥラナとヴァレラの業績には二つの側面があり，それは解決志向のセラピストとしての私にとって特に魅力的である。一つは，生存と適応は生きているシステム同士の相互依存の過程であるという考えである。これは相互依存している生きているシステムは個々に生存の必要があるということに基づいている。別の言い方をするなら，うまくいっていることの上に築き上げることが最も重要である。もう一つの点は，私たちが情動と呼んでいる生物学的原動力なしに，私たちは知ったり動いたりすることはできないということである。特に，マトゥラナとヴァレラ（Maturana & Varela, 1987）が「愛」と呼ぶ情動，もしくは，日常生活で隣人を受け入れることは，社会生活のための生物学的基礎と考えられる。それは関係と生命それ自体の継続を可能にするものである。この長所に基づく考えはハリー・スタック・サリヴァンの「合意による確認」の考えにとてもよく似ている。それは人々が「互いの感情状態に気を配って，何が適切で何が不適切か，何が不安を起こしたり落ち着かせたりするのかに関する信号化された情報を交換することである」（Cushman, 1995, p.178）。

解決志向の理論

　以下のものは，解決志向セラピーにおいて役立った私の個人的経験から派生した理論である。私は構築主義者としてその理論を考えており，それは何らかの相互作用的・戦略的概念を持ち，それに情動を含む生物学的見地を統合する

ものである。

　　人間はその遺伝的財産と社会的発達において独特な存在である。人間の変化する能力は，それらの要因と他者との相互作用によって決定される。問題とは，自分自身において，そして，他者との関係において情動的不快感として体験される現在の生活状況である。変化は言語を通して例外に気づくときや，新しい行動を創り出す力を認識するときに起こる。

　上記の記述に基づく仮説は，セラピストがクライエントに向かう態度を形成し，セラピスト－クライエント関係を方向づける。これらの仮説は異なる点を指摘しているが，しばしば重なりあったり，互いに混ざりあっていることに留意されたい。したがって，それらは相互に補強しあうようになっている。

解決志向の仮説

1．すべてのクライエントはユニークである

　これは生きているシステム（クライエント）は構造によって決定されるという理論と関連している。解決志向のセラピストがこのことを心に刻めば，類似事例やセラピストの私的生活において有効であったからといって，クライエントの問題についての解決をわかっていると思い込まなくてすむ。すべてのクライエントはユニークなので，すべての関係はユニークである。第一子の誕生後の夫婦関係の問題は，妻が夫にもっと子育てに参加してもらうようにすることで解決されるかもしれないし，夫と妻がそれぞれ週に1度，夜に外出することが解決になるかもしれない。

　SFTは構築主義のモデルである。毎回同じ介入を用いることは，因果関係を示唆する直線的因果論であり，過程よりも内容に焦点を合わせる。クライエントに最短最適の解決をもたらすには，クライエントをユニークなものとして扱い，「好奇心」（Cecchin, 1987）を持ち続けることである。

　もちろん，これはセラピストの個人的もしくは専門的な経験の出る幕がないというわけではない。けれども，それはクライエントが自分自身の情報を用いるよう助けるためにあらゆることを試みた後にのみ用いられるべきである。そして，それは「……が助けとなったと言う人もいるのですが」とか「もしも……を考えてみるとしたら，それは助けになりそうだと思いますか」などのような控え目な感じでなされるべきである。

2．クライエントは自助のための固有の力とリソースを持っている

この仮説は解決志向哲学の真髄であり，おそらく，セラピストが心に留めるのが最も難しいものの一つである。援助職の一員として，クライエントの痛みをできる限り素早く和らげるべきであると私たちは考えている。しかし，子どもが自分で自分のことができるように本人のリソースを使う手助けをせず，子どもが傷つくのを防ごうとして指図しすぎる過保護な親のようにはなりたくないものである。このような子育てはエンパワーメントではないし，信頼を築くものでもない。

　「何がセラピーの目的か」という質問に対するマトゥラナの答えは，この仮説と同様な見地を提供している。彼は構造的カップリングに言及して，セラピーは相互作用の働きを生むべきであると語っている。相互作用によって，人に対してと同様に，自分の中に何か（自尊心，愛，正統性）を回復するのである（Maturana, 1996）。セラピストの立場からすると，それはクライエントに対する私たちの受容，共感，尊敬のリソースを探したり強めたりすることを示している。

　さらに実践的な見地からすると，この仮説は，クライエントが生きていて，私たちの面接室にやってきたという単純な行為が，クライエントの固有の力を物語るものであることを思い出させてくれる。クライエントはそれまで，身体的にも情動的にも生き抜いてきた。セラピーにおいて私たちは，クライエントが力の及ぶ限り人生を歩み続けるために，関わり合わなければならない。けれども，生き抜いてきたことについての物語はしばしば困難と痛みに満ちているので，私たちは打ちのめされるように感じたり，希望が持てないような気持ちにさせられる。そのときの「これはひどい」「これは助けられない」「どこから手をつけていいかわからない」という思いは，クライエントが自分に役立つ強さとリソースを持っているという仮説に真っ向から反するものである。この仮説の考え方は「あなたは今，本当にたくさんのことをしていますね。こういうことすべてをどのようにしてこなしてきているのですか」というような反応を自ずと生み出すことになる。この応答は即座にリソースに焦点を当て，理解と肯定的関心のメッセージによってセラピストとクライエントの関係をより良いものにする。

3．すべて否定的なものはない

　この仮説は保存されるものがなければ変化も起きないというマトゥラナとヴァレラの考えに支えられている。たいがいクライエントは，自分の状況は100％悪いと認識し，例外とリソースには気づいていない。彼らは「私は不安

を追い出さなければならない」というようなことを言うが，多くの状況である種の不安は利点であるということには気づいていない。セラピストとして私たちもまた，時にはこの「これか，あれのどちらか」という考え方をしがちである。時々あることだが，クライエントが個人的損失や不健康や経済的トラブルや法的問題などをすべて抱えている状況を呈示してくるとき，この仮説は「そうですね。けれども，どうやって続けてこられたのでしょうか。そして，私たちはどのようにそれを維持し，さらにその上に積み重ねていくことができるでしょうか」という考え方に向けて私たちを導いてくれる。この考え方はコーピング・クエスチョンへと私たちを導く。それは何もないように見える厳しい状況で「生活の中でまだ大丈夫なことは何ですか」と尋ねるよりももっと共感的で繊細である。

4．抵抗といわれるものはない

どのように変わるべきかというセラピストの視点を受け入れないクライエントのことをセラピストは「抵抗する人」と呼ぶ。しかしクライエントの行動にレッテルを貼るすべての概念は，一般的にSFTやポストモダンの思考と合わない。つまりクライエントは抵抗者になることはできない。それはクライエントが適応するための変化の引き金をいかに引くかをセラピストが単に理解していないだけである。したがって，セラピストは，クライエントには何が効を奏するかをより良く理解するためには，クライエントを見続けなくてはならない。

マトゥラナは治療過程を記述するのに「直交する相互作用」という語句を使っている。それは新しい，もしくは，普通は用いない反応をさせるように人と関わることを意味している。この相互作用が新しいパターンの出現を押し進めるのである（Efren & Blumberg, 1994）。

抵抗は解決志向の概念には合わないのだが，「抵抗」という言葉は依然として，解決志向のセラピストがクライエントとの相互作用でしばしば感じることをうまく言い表している。話し合う毎にことごとく「ええ。しかし！」とクライエントが応えると，こちらの体がこわばってくるのだが，そういうことに私たちはとても不慣れである。いつものリラックスした姿勢で椅子に寄りかかっているのではなく，クライエントに向かって硬くなり，にじり寄っていることに気づいたりする。声はいつもより大きく，のどは硬く感じているかもしれない。がんばりすぎているように感じている。そういうときに，この仮説を思い出すことができれば，椅子の背にもたれかかり，ゆっくりと息をして，クライエントに向かって「現時点であなたにとって物事が良くなるとしたら，何が最

善だと思いますか」と尋ねるだろう。これは，情動的風土に良い影響を与えるため，クライエントにとってだけでなく，私たちにとっても助けとなる。

5．セラピストはクライエントを変えることはできない。クライエントだけがクライエント自身を変えることができる

まれにではあるが，解決志向のセラピストもクライエントと権力争いをしていると感じたり，対立する考えを受け入れさせようと必死になっていると感じる。生きているシステムは「情報的に閉鎖」されており，外からは変えることができないという信念は，この仮説とつながるもので，それはセラピストが上記のような過ちを犯すのを防いだり正したりしてくれる。

妹を性的に虐待したために収容施設送りになった息子を持つある母親のことが思い起こされる。その母親は息子との再会のためにファミリーセラピーを受けるように命じられていた。その息子はめざましい進歩を示していて，サービスを提供している相談機関は，費用のかさむ収容施設処分から少年を釈放させたいと考えていた。ファミリー・セラピストは解決志向の技法を用いたが，母親の意向に沿って家庭と母親自身に必要な変化を起こすことはできなかった。そのような変化が起これば，家は妹にとって安全だと公に宣告されるはずであった。相談を受けた同僚たちは，母親を変えるために，そのセラピストが「解決志向」であることを止めて，息子を失うことへの母親の不安に集中することを勧めた。そうする代わりにこのセラピストは1980年代末からの解決志向のいくつかの文献を読み返し，偶然この仮説を見つけた。その結果，セラピストは変化を生むために自分自身が変わる決心をした。そして，母親が他の人たちからの期待にこたえるためにセラピストは十分な助けになっていなかったことを母親に謝った。そして，自分に何ができるかを自分がもっと理解できるように助けてしてほしいと母親に頼んだのだった。その反応として，母親はとても情動的になり，息子との再会に対する両価的感情を表わした。母親は息子とかかわる機会がほとんどないと思っていたので，自分を変えようと思ってこなかったことについて罪悪感を告白した。この告白は母親が罪悪感を感じ，希望をもたらす未来に向けた選択肢に取り組んでいくのをセラピストが助ける機会へと扉を開くものであった。その少年は家族が再会に向けて取り組み続けている間，里子に出されていた。非難ではなくサポートのある環境によって次第に本人は，家族との再会が許されるほどの変化を遂げたのであった。

クライエントが打ちのめされているように見えるとき，セラピストがクライエントの気持ちをわかっていることを伝えることはしばしば助けとなる。下地

となっている情動に関してのお互いの合意を経ずに，論理的手段でクライエントを変えようとすることにマトゥラナは警告を発している。なぜなら，情動が行動を決めるからである（Maturana, 1988, p.17）。

6．SFTはゆっくり進む

　SFTはブリーフ・モデルであり，MRIのブリーフセラピー・クリニックで開発されたものと似ている。私は誤ったイメージを払拭するために，あえて「ブリーフ」という言葉を使わないようにしている。「ブリーフ」が「早い」を意味するという信念に対抗するためにこの仮説は作られた。ブリーフセラピー・モデルは，たいてい他のセラピー・モデルよりも，長引いている治療を短期間で効果的に済ませられる。けれども，短くすむことはクライエントに最も良く合った介入をした結果であって，技法の迅速な適用ではない。技法の未熟な使用は治療を長引かせる。なぜなら，クライエントが本当にセラピーに望んでいることとは関係ない不満に焦点を当てるかもしれないからである。

　いく年にもわたる治療的サポートを要する事例には，SFTもゆっくりとしたペースで用いられる。それはクライエントが定めた小さな目標に焦点をしぼり，安全な情動的風土の中で行われる。危機的状況における強烈な出来事も，柔らかな継続的サポートで和らげられ，時間をかけていくことで大きな機能改善がもたらされる。

　この仮説はまず，セラピストは忍耐強くあるべきことに気づかせてくれる。クライエントが変わるために必要な環境に気を配っているだけでも，私たちはSFTを行っているといえるのである。

7．原因や結果というものはない

　原因と結果という概念は構築主義者の世界には存在しない。なぜなら，それは何らかの客観的真実があるということを意味することになるからである。それに代わるものとして，問題と解決は，生きていく上で予測できずに起こる出来事とみなされる。したがって，私たちは「なぜこの問題が存在しているのか」という考え方に吸い込まれていくクライエントに引きずられずに，「未来は何が違っていたらいいだろうか」ということに向かって努力を重ねなくてはならない。一方で，もしもクライエントが解決について考えることのできる唯一の方法が，原因と結果という考え方しかないならば，クライエントがそれについて話すのに合わせる心の余裕もできていなくてはならない。

　たとえば，何カ月も落ち込んだ気分だったクライエントが，自己啓発の本を

先週読んだおかげで，突然，昔の自分のような感じが再び戻ってきたと報告したとする。セラピストは，クライエントは改善の兆しを徐々に報告するようになってきてはいるものの，そのことを認めるのを渋っていると感じていた。ここで大切なことは，クライエントは変化する方法を見つけたということである。もしクライエントが自分の変化の原因はセラピーよりも一冊の本であると思いたいのなら，その因果論的思考はクライエントの変化の方法であり，セラピストはそれを受け入れる必要がある。このクライエントにとって，セラピストとの関係は変化の手段ではなかったのである。

精神保健の分野では，性的虐待や身体的虐待は後の人生に情緒的問題を直接引き起こすという強い信念がある。疑いもなく，そのような悲惨な出来事は犠牲者の人生に衝撃を与える。けれども，その直接的関連を断定することは不可能である。なぜなら，虐待されていなくても同様な症状を呈するクライエントはいつも見られるからである。精神保健の専門家たちが医師の使う画像診断や血液検査のような診断機器を持たない限り，因果律思考はSFTがたどる道ではない。

クライエントが原因にこだわっているときは，問題解決のために原因を知ることがどれくらい役立つのかを尋ねることが有益である。「もしも原因を理解することなしに問題を解決することができるとしたら，それでもいいですか」という質問は，往々にして多くのクライエントが考えてもみなかった別の観点を提供してくれる。

8．解決は必ずしも問題と関連することではない

この仮説は1982年にBFTCで開発された。それは前述のように問題から解決に焦点化が移った結果であった。そのとき，「起きている状況で変わってほしくないことは何ですか」という質問は，問題を語ることとは別の次元で肯定的側面を生み出すことが発見された。それは変えたいと思うことについて考えていても変えられなかったクライエントが，創造的行動を起こす引き金になったのであった。

もう一度，私たちは原因と結果について考えないことを思い出す。人生において変化はセラピーのように予測できず避けられない。例えば，仕事に飽きた人はだんだんと無気力で非効率的になっていくことがある。趣味やスポーツや新しい人間関係のような仕事以外の予期せぬ刺激は，その人の態度に変化をもたらし，それは同様に仕事のとらえ方や仕事の出来に影響していく。問題との関わりにおいてのみ解決を追求することは，進歩を著しく制限する。

9. 情動はすべての問題と解決にかかわっている

理論的かつ実践的理由からMRIと解決志向モデルは認知行動的な志向をもつこととなり，ジョイニングを除いて感情について話すのを避けてきた。けれども，言語は情動と分離できない行動であると考えるならば，クライエントの情動は思考や行動と同様にセラピーのれっきとした対象といえる。このように考えると，クライエントの気持ちについて話さないことや，気持ちのレベルでクライエントとつながらないことは，クライエントに対する理解や，クライエントの自分自身に対する理解や，解決への可能性を制限しかねない。

この仮説は，情動は言語の一部であり，クライエントの決断過程にとって本質的なものであることを私たちに思い起こさせる（Damasio, 1994；Maturana & Varela, 1987）。この仮説は，クライエントとの関係が生じる場である情動的風土に注目することも思い起こさせる（第2章参照）。その理由として，第一に，人々が求める情動状態は不安でなく安心であり（Sullivan, 1953d），最もリラックスできるのは安心しているときだからである。また第二に，リラクセーション状態になると，人はリソースや新しい情報にさらにオープンになっていくからである（Erickson, 1977）。

もしあるクライエントが時間，空間，家庭の務め，コンピュータ問題の点から，工学の博士論文に行き詰っていることを述べたなら，クライエントと協働する最善の方法は，おそらく，クライエントの具体的世界観に合った言葉や概念を使うことだろう。それでも，クライエントに変化が起きなければ，問題に対するクライエントの情動的状態についての話にもっていくのが生産的だろう。

私たちは非言語的にも人と情動的つながりを持つ。自分の情動に気づいてはいるだろうが，それについて話さない方が快適なクライエントもいる。クライエントの心地よさの水準に敏感で，それを尊重するのがセラピストとしての責任である。けれども，大切な点はクライエントが語っていることを私たちは理解しているということをできる限り深いレベルで伝えることである。

10. 変化は継続的で不可避である。小さな変化は，より大きな変化をもたらす

MRIとSFTは常に，問題とは，人生において避けることのできない上り下りであると捉えてきた。ある人は問題をセラピーに通うことで克服し，他の人は自然に回復する（Bergin & Lambert, 1978）。クライエントの40％は治療外要因によって回復したと考えられている（Lambert, 1992）。助けを求めてくる人が，助けなしには良くならないという証拠はどこにもない。

私たちの生活は，複雑な関係のネットワークの中で継続的変化にさらされている。それは家族から始まって，戦争，天候，天体現象のような地球や環境を巡る領域にわたるのもので，その多くは私たちの手の及ばない，あずかり知らないものである。これらのどの変化も私たちの生活に影響を及ぼす可能性がある。

　クライエントの困難が大きくても，変化が不可避であるということに気づけば，それはクライエントがもっているリソースへの信頼と相まって，解決志向のセラピストが希望をもった態度を保つ助けとなる。だから，私たちがクライエントの物語に圧倒されるように感じたり，クライエントと同じように，どうしたらいいか行き詰っているように感じたりするときの第一歩は，変化は不可避だということに気づくことである。次の一歩は，クライエントが何かすることに関わることである。それが小さなことでも，クライエントが考えることは違いを生むからである。希望がないようだったり，打ちのめされているように見える状況においても，小さな一歩は失われていたコントロールの感覚を与えてくれる。行動を起こすことはどんなに小さなことでも，行き詰まりから脱する動きのように感じることができ，それゆえ希望を生む。クライエントの小さな一歩に対して期待し過ぎないこと，クライエントが期待を持ちすぎないようにすることはセラピストによるところが大きい。例えば，違った髪型にしたり，昔の友人に電話したり，一人ではなく誰かと食事をしたりすることなど，さほど重要ではなさそうなことでも，より大きな変化につながるからである。

　私たちの誰もが，取り組むには難し過ぎるように思えるたくさんの仕事に圧倒された経験をもっている。たいてい，最善の解決は一覧表を作り，優先順位を決め，仕事を始めることである。すると突然，仕事量全体が扱いやすく思えてくる。小さな変化はより大きな変化につながるのである。

11. 過去は変えられないのだから，未来に集中するべきである

　この仮説は全く自明のことであるが，いつも心に留められているわけではない。言語は現在における行動であるという仮説を受け入れることは，変化も現在においてのみ起こるという信念をもつことに繋がる。

　クライエントはよく，問題をもたらした過去の行いを理解できたら，もうセラピーに来る必要がなくなったことがわかると言う。彼らは，洞察は解決に必要だと信じているようだ。クライエントによっては目標を達したのちも「なぜなのか」を理解することに固執する人もいる。

　カップルのセラピーでは，両者が別れたくないと思っていても，片方もしく

は両方が過去の傷ついた出来事をくどくどと訴えるがために，前進できなくなっていることがしばしばある。解決志向のセラピストは，この無駄な過程に捕われることを避け，もし忘れられないのなら，二人の未来のために相手を許す方法を見出す助けをしなくてはならない。

　セラピーで頻繁に起こる別の袋小路は，クライエントが子どものときに親にされたと思っている過ちに対する思いに執着することである。これらの過ちは変えることができないばかりか，幼年時代を認識する記憶となり，後々の人生で形を変えて体験されている。

　過去のことに固執するクライエントに対処する有益な方法はこう言ってみることである。「過去（痛み，失望等々）を忘れる（または，許す）ことは，あなたにとって難しいことが私にはわかりました。けれども，今あるいはこれから，そのことが起こったという事実を受け入れ，それを過去のものとすることが必要だとは思いませんか」

　仮説はクライエントに対するセラピストの態度を形作り，それゆえ，クライエントとセラピストの関係を形成する。仮説は何をするか決める助けとなる。クライエントが強さをもっているという仮説は，強さについての質問を促す。すべての問題と解決は情動と関連しているという仮説は，共感的で勇気づけることを思い起こさせてくれる。調子の良い数週間の後に，再び悪化したことをクライエントが報告すると，セラピストはクライエントと一緒になって，なぜそうなったかの理由を探りたくなるものである。しかし，解決志向の仮説はセラピストやクライエントに肯定的態度をもたらすので，すかさずセラピストはこう尋ねる。「ここに来ることとなった問題を初めて述べられたときから，あなたは何がしかの進歩を遂げてこられました。このことは現在に何らかの影響を与えないわけにはいかないのです。最初に来られたときと今の状況とでは何が違っていますか」理論と仮説と実践のこのような関連は，この本全体を通して取り上げていく。

結　　論

　SFTはどんどん非理論的になってきたので，疑問，とくにどのように実践しているのかという疑問，が膨らんでいった（Efron & Veenendaal, 1993 ; Kleckner, Frank, Bland, Amendt, & Bryant, 1992 ; Lipchik, 1994 ; S.D. Miller, 1994 ; Nylund & Corsiglia, 1994）。この章で述べた理論はSFTの概念化と実践のためにこれまでのものに代わるものとして新たに開発されたもので，その正当性と価値に対する疑問は少ないものである（Cecchin, Lane, & Ray, 1994）。

すでにあるものを保ちながら変化していくという概念に沿って，ここで述べるSFTは，SFTのよく知られている側面を改めて紹介しつつ，それを従来は関係がなかったものと統合する。生物学的な知識は，われわれがクライエントを援助する手助けとなる神経科学や他の医学領域における知見を統合する可能性を開く。

　私はSFTの理論的変化に関する誤解を論じてきているが，マネージド・ケアも非難を免れるものではないことを強調しておきたい（Hoyt & Friedman, 1998）。マネージド・ケアは早く済む対処法としてSFTを推奨している。そのため，すぐに持ち帰って実践で使えるようなお手頃なものを提供するように計画された1日か2日間のワークショップが乱立することになっている。このような状況では技法が先行し，理論的文脈はただ物事を厄介にするものとしか扱われない。このような訓練が激増したので，SFTはそういうものだと思われてしまっている。

　セラピストとして私たちは仕事が平坦な道のりになることを期待すべきではない。だからこそ，私たちはクライエントと私たち自身の道のりにとって厳しさを和らげる方法を探し続けなくてはならない。

第2章
セラピスト―クライエント関係

　10年ほど前，仕事のパートナーのマリリン・ボンジャンと私は，クライエントにとって何が最も助けとなるのかについて関心をふくらませていた。私たちはその目的のために非公式の研究を行うことにした。そして，2回目の面接の初めと，それ以降の面接ごとにクライエントに答えてもらう短い質問を作った。その質問はクライエントに，前回の面接以降に良くなったか，同じだったか，悪くなったか，そして，その経験は前回の面接で起きた何らかのことの結果であるかどうかを評価してもらうものであった。クライエントに，何かしらの変化をもたらしていると思うことはどんなことでも簡潔に述べてもらった。セラピストもそれと平行して，初回面接から各面接の終わりごとに質問に答えていった。それはクライエントが良くなったか，同じだったか，悪くなったかのどれを報告するかを予測するものであり，その理由も簡潔に述べなくてはならなかった。私たちはこの資料を1年ほど蓄積した。私たちは事例が終結するまでは記入された回答用紙に目を通さなかった。

　その結果に私たちは驚いた。クライエントの報告は，面接の内容よりもはるかに面接の過程を重視することを示していた。クライエントは理解され，支持され，受け入れられ，聞いてもらっているという感覚と自分たちの進歩を例外なく結びつけていた。一方，セラピストは面接で話し合われていることやクライエントが話したことに基づいて変化を予測していた。例えば，新しいこと，異なること，自宅での課題というようなものであった。私たちの結果評定はソリューション・フォーカスト・セラピーのために行われた研究で得られた結果（Benebach et al., 2000；DeJong & Hopwood, 1996；Gingerich & Eisengart, 2000; Keiser, 1998；Keiser & Nunnally, 1990；McKeel, 1996；Metcalf, Thomas, Duncan, Miller, & Hubble, 1996）と合致した。クライエントの80％がセラピーで顕著な改善が得られたと述べたのだった。

　この章では，クライエントが適応したり変化していく間に，支持されたと感じてもらえるような関係をどのように築き，維持していくかについて述べる。その過程はセラピストと同様にクライエントの視点からも検証していく。

研究結果

　私たちのクリニックで行われた非公式研究は，セラピーでのセラピスト－クライエント関係の重要性についての近年の考えと同一線上にある（Benebach et al., 1996 ; Horvath & Symonds, 1991 ; Hubble et al., 1999 ; Orlinsky, Grawe, & Parks, 1994 ; Patterson, 1984 ; Turnell & Lipchik, 1999）。ハブルとその共同研究者（Hubble et al., 1996）はランバート（Lambert, 1992）を引用しつつ，セラピーの結果における主要な決定因（40％）はセラピー外要因で，それはクライエントがセラピーに持ち込んでくる内的外的要因であること，結果の30％はいたわり，受容，励ましのようなセラピスト－クライエント関係に関連した要因によって決定されること，そして，わずか15％が治療モデルと技法の要因で決まり，残りの15％はプラセボ効果であると推定している。

解決志向のセラピスト－クライエント関係

　第1章で示した理論の文脈から言えば，セラピスト－クライエント関係とは，相補的役割をとる二人の独自な人間の間の構造的カップリングということになる。それは専門的援助者と，自分自身では問題を解決できないという体験をしているクライエントである。セラピストとクライエントのそれぞれ異なる知識や期待が関係性を築き上げる。しかし，どのような治療関係にするのかはセラピストの責任である。

　解決志向のセラピスト－クライエント関係は，クライエントの解決に向けた手を携えての旅路のようなものだと私は考えている。どこに行くかを決める主導権はクライエントにある。どのくらい協力するか，変化に備えるか，期待するかはクライエントによる。セラピストはクライエントがより適切な目標に向かっていくために，クライエントが方向を明確にしたり，方向を変えたりするのを助けるために，注意深く選んだ質問と反応を用いて導き手として行動する。

　セラピー理論にかかわりなく，セラピスト－クライエント関係の支柱は信頼である。セラピストがクライエントを傷つけずに，助けようとしているということを，クライエントは信頼しなくてはならない。ソリューション・フォーカスト・セラピーの長所に基づく哲学からすると，それは，私たちは，クライエントが自分自身を信頼し手伝いをしていることを，クライエントに信じさせることを意味する。これはいつ介入し，いつ介入しないのかを見極めなくてはならない微妙なバランスをとることである。かなり昔（Lipchik & Vega, 1984），

私はその過程を自転車に乗るのを教えることになぞらえた。倒れないように必死に自転車をこいでいる人の背後で伴走して安全を確保するのだが，いつ手を離して本人のバランス感覚に依拠させるか，いつまで後ろで支えて自転車を安定させるのか，を注意深く見極めなくてはならないのである。

情動的風土

　理想的には，セラピスト－クライエント関係はセラピーができるだけ円滑に進むような情動的風土を創り出すべきである。ほとんどのクライエントは，問題を感情と関連した言葉と行為で表現する。それゆえ，解決志向セラピストが情動レベルに触れる第一歩は，自宅で来客といるようなリラックスした親しい間柄を思い描くことである。面接に来るまでの交通機関のこと，面接室の場所のわかりにくさ，天候の影響についての質問は常に有益である。次に，クライエントに生活歴や過去について尋ねる前に，セラピーに対する気持ちについて語ってもらうといいだろう。例えば，「セラピーは今回が初めてですか」もし，そうなら，「居心地が悪く思われる方もときにはおられます」「私たちが行っていくことについて知りたいことは何かありませんか」と尋ねる。もしクライエントが不安そうに見えたら，「お困りのことを見ず知らずの人に話すのは大変ではありませんか。もっと居心地良く感じていただくために何かできることはありませんか」などと語りかけてみる。

　私はクライエントに関する情報を尋ねる前に，クライエントが私や相談所に関して知りたいことはないかを尋ねることにしている。これはたいてい驚いて喜んでもらえるが，それに乗ってくる人もいれば，そうでない人もいる。これらの段階は受容，理解，相互尊敬の関係を作り始めるもので，情動的に心地良いものである。エリクソンが私たちに見事に教えてくれたように，自分に挑んでこない人と一緒にいるとリラックスするのは自然なことである。

　図1と図2は情動的風土を生むセラピスト－クライエントの相互作用を描いている。二つの図はセラピスト－クライエントが出会った時から始まり，その関係が維持する限り続く過程であることを示すものである。情動的風土がひとたびクライエントにとって安全で心地良いものとして提供されたとしても，セラピー全体を通して安定したものであるとは言いきれない。情動的風土は常にモニターされ，進歩を阻害しないように維持しなくてはならない。

クライエントのポジション

　クライエントは傷つきやすく，無力感をもちながらセラピー関係に入ってく

セラピストの —— 「わからないという姿勢」
スタンス   (Anderson, 1979)
               非審判的
               非直面的
               理解
               忍耐

        ―― 受容 ―― 裁かれること ―― クライエントの
                    あるいは   スタンス
                    わかってもらえない
                    恐れ

                    無力
                    絶望
                    不安
                    防衛的
                    自分あるいは
                    他者への怒り

         （情動的風土）

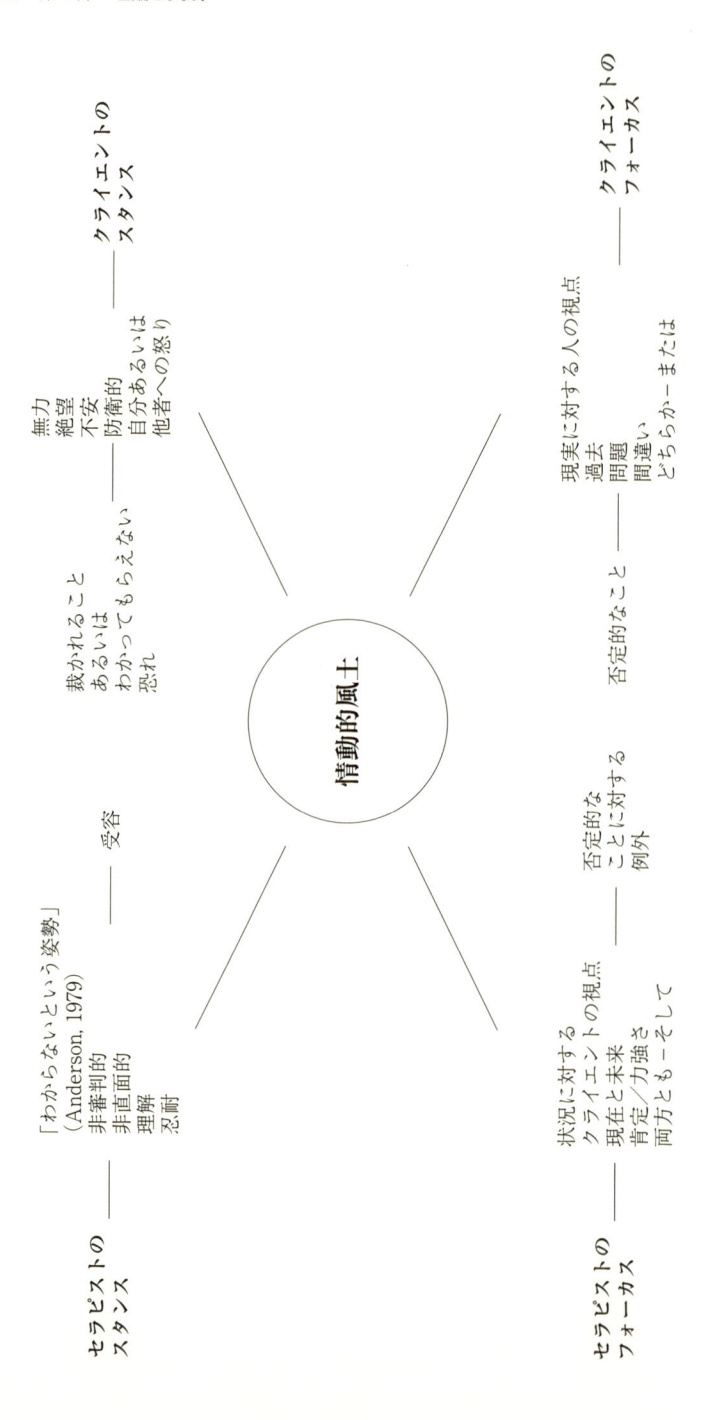

                    現実に対する人の視点 ―― クライエントの
                    過去   フォーカス
                    問題
                    間違い
                    どちらか一または

        ―― 否定的な
             ことに対する
             例外

セラピストの ―― 状況に対する
フォーカス   クライエントの視点
               現在と未来
               肯定／力強さ
               両方とも――そして

図 1　セラピストークライエント相互作用

不満

セラピスト　　　　　　クライエント

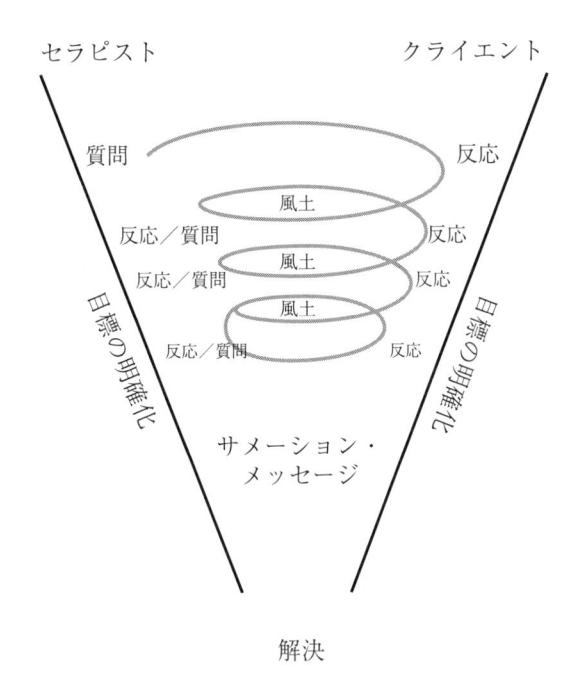

質問　　　　　　　　　　反応
　　　　　風土
反応／質問　　　　　　　反応
　　　　　風土
反応／質問　　　　　　　反応
　　　　　風土
反応／質問　　　　　　　反応

目標の明確化　　　　　　目標の明確化

サメーション・
メッセージ

解決

図2　セラピー中のセラピスト−クライエントの交流

る。クライエントは自分の記憶，知覚，怖れ，期待が，価値あるリソースであること，そして，解決の鍵を握っていることにまだ気づいてはいない。クライエントが必要としていたり望んでいるものをはっきりさせようとして，その情報にアクセスしたり，用いたりすることは進歩をもたらす。第1章冒頭のジョンのケースがその例である。ジョンは罪悪感について充分にセラピストに話すことで安心を感じ，それは解決への新たな目標と自己主導的な歩みへの道を開いたのであった。

　セラピーに来るほとんどのクライエントは，人生をコントロールできないものと感じ，絶望の下向きの螺旋に捕らえられている。そして図1に示されているように，裁かれることや，わかってもらえないことを恐れて，セラピストとの関係において守りの姿勢になる。また，自分もしくは他者が過去において間違ってしまった問題に焦点化し，自分の状況は「すべて悪い」か「すべて良い」のどちらかとして捉えているのである。

往々にしてクライエントは最初にセラピーに入るとき，どのように振る舞ったらいいかはっきりとわからない。また，あるクライエントはセラピストに「自分を変えるために何かしてくれること」を期待している。クライエントは，たとえ変化を望んでいても脅威を感じるかもしれない。変化は，また，認めたり暴露したくない欠点の存在を暗示している。セラピストとして，私たちは変化や変化への可能性は何かしらの不安を引き起こすかもしれないことがわかっていることを伝え，セラピー全てを通してその徴候を見守らなくてはならない。このような不安の証拠を見つけたときの解決志向的援助法は，それを当然のこととみなして（ノーマライズ），クライエントが不安と戦うよりも受け入れるのを助けることである。たとえば，「あなたが（混乱，不確かさ，心地悪さ，不安）を感じるのはもっともなことです。それは実は良い目的のためなのかもしれないのです。なぜなら，それはスピードを落とし，できそうな（もしくは起きている）変化を使って，自分はどのように進んで行きたいかについて注意深く考える時間をもつようにと語っているからです。ゆっくりと歩むことはいつでも良いことです」

セラピストのポジション

クライエントは希望を失った恐れのポジションにいるが，セラピストはそれとは対称的に，クライエントが持っていない専門的技術を持つ解決志向のポジションにいる。セラピストはコントロールしたり，影響を与えたり，助言したりしないように注意を払っていなければならない。考えられる最良の姿勢は，「わからないという姿勢（not knowing）」（Anderson, 1997）の類である。これは「知るということについての謙虚な構えである。その結果として，セラピストは自らの知識や自分の頭にあることを追求したり，話したり，裏付けたり，押し進めたりするよりも，クライエントが言うことを学ぶことに関心を寄せるのである」(Anderson, 1997, p.136)。セラピストは不明瞭に聞こえることを明確化するのをしぶるべきではない。クライエントが思っている違いはわずかかもしれないが，それはクライエントが本当に望んでいることに焦点を合わせるために重要である。タイミングも大切である。質問したり，新しい考えを紹介したりして，クライエントの話を中断させることは，尊敬を欠いているとか拒否しているとか受け取られないように注意深く行わなくてはならない。

理解，非評価的，非直面化的なスタンスを通して伝えられる解決志向的な受容のポジションを，クライエントの言うことに決して異議を唱えないという意味に誤解してはならない。多くの場合，解決志向のセラピストは受容的な姿勢

で耳を傾けることからセラピーを始めるが，徐々にクライエントがしたいと言っていることに焦点を合わせていく。けれども，時には，理論的立場にかかわらず，第三者に通報する職業的義務のある幼児虐待や殺人，自殺のような命にかかわることについてクライエントが語ることもある。これらの事柄は解決志向の哲学に合わせたやり方と，情動的風土を維持する視点をもって扱うことができる。その一例として，身体的虐待が開示されたものをあげよう。

　「あなたがどれほど良い親になろうと思い，どれほど娘さんをしつけようとしているか，また，娘さんが言うことを聞いてくれないのでどれほどいらされているかわかります。けれども，ベルトで彼女をぶつのは法に反するということはご存知だと思います。それは児童相談所にあなたご自身が報告しない限り，私に報告する義務があります。もしご自身でそうなさるなら，それは責任を取り，変わりたいと思っている印として見なされるでしょう。それは彼らがあなたの状況をどう取り扱うかを決める際に，あなたにとって有利になるでしょう。そして，私は，娘さんが言う事をきくために別のやり方で，あなたのためにできることを何でもしましょう」

　公的機関への通報においてのセラピスト－クライエント関係は，一般的にセラピストが公的機関に報告するよりも，クライエントが報告した方が安定を保ちやすい。

　のちにセラピーの行程でさらなる信頼が確立されたときには，一般的には情動的風土が壊される危険性は少なくなる。とはいえ，私たちはクライエントに起っていることへの注意を決してゆるめてはならない。そうすることで，肯定的な情動的風土を維持するように反応できるのである。クライエントが予約した時間に来なかったり，面接で前より硬くなっているように見えるときは，クライエントを非難するよりも，良い方向にもっていくために**私たちが**できることは何かないだろうかと尋ねるのが最も良いだろう。あるクライエントはあまり変化がないのでがっかりしたとか，自分が本当に話したいことが話題にされないと言うかもしれない。こういう反応にはお詫びして，何が状況の改善になるのかというクライエントの視点に立ち戻る必要がある。この相互変化はセラピーを前進させると同様に，クライエントが主張する練習の機会となりうる。

　クライエントとセラピストの会話は，好ましい情動的風土の中では，解決のためのさらなる情報を生む可能性がある。クライエントはたいてい最初は用心深く打ち明ける。防衛的にならない方がクライエントは多くの情報をもたらしてくれる。図2はセラピーの全過程とともに1回の面接の間のセラピストとク

ライエントの情報交換を描いている。セラピストが質問することで，クライエントとセラピストにとって新しい，または古い情報に関する反応を引き出し，次にする質問にセラピストを導いていく。この円環的パターンの中で，セラピストはクライエントを情緒的に心地よく保つことができるかどうかの判断に基づいて，繰り返すか，うなずくか，明確化を求めるか，技法を使用するかを選択していかなくてはならない。

　たとえば，タマラが夫のもとを去るかどうかの決断をしに来たとする。夫は夫婦カウンセリングには関心がなかった。感受性がなく，怠惰で，無責任だという不満と一緒に，自分に相談することなく二人の限られた共同収入を浪費してしまうということが語られた。セラピストは「ご主人があなたに相談せずに新しい電気のおもちゃを買いに行くときにはどうなさいますか」と尋ねた。「私はとても動揺します」とタマラは答えた。セラピストはうなずいてそれを受け入れ，さらなる情報を求めた。セラピストは「動揺するときはどのようになるのですか」と尋ねた。タマラは自分が本当にがっかりし，時には泣いて，なぜそんなことをするのかと夫に言うのだと答えた。セラピストは事の次第がわかってきて，この状況ではクライエントの行動はしごくもっともなものであると伝えた。

　次の面接でセラピストとタマラは，タマラの決断を促すために，夫とタマラとの関係の現在と未来の良い点と問題点について話し続けた。セラピストは夫の行動に対するタマラのさまざまな反応を引き続き受け入れた。3回目の面接の終わり近くで，タマラは夫の別の強迫的浪費の出来事を報告し，セラピストは「それはあなたにとってとてもつらいですね」と応答すると，タマラは「そうですが，そんなにひどく自制心を失わなかったらよかったのになあ，と思います」と答えた。セラピストはこの言葉に驚いた。「そんなにひどく自制心を失わないとはどういうことですか」とセラピストは尋ねた。タマラは自分がよく激怒して，夫が家に持ってきたものは何であっても壊して，家の外に放り投げてしまうということを告白した。時には，夫に向かって物を投げて夫に当たったこともあった。自分のかんしゃくが夫婦の関係に影響していると思うかどうかというセラピストの質問に答えて，タマラは夫の行動はかんしゃくを募らせはするが，それは自分が子どものときからの問題であると語った。

　この相互作用は，情動的風土という文脈において，クライエントが情報を提供してくれるようになる様子を描いている。それはさらに明確に焦点化された解決への道につながるものである。

二重軌道思考

　クライエントの「ユニークな協力の仕方」を理解し，それを最大限に利用しようとする際には，クライエントの言葉と行動に対するセラピスト自身の経験と，それらについてのクライエント自身の記述や表出とを分けて考えることが大切である（Rober, 1999）。この過程は思考だけでなく身体的な反応への気づきを必要とする（Anderson, 1995 ; Johnson, 1987）。このようなクライエントに関連した反応への気づきは累積的効果をもつ。それは実践すればするほど感知できるようになる。イボンヌ・ドラン（Dolan, 1991）は，それは「一人の人として，また，セラピストとして成長を続けていること」（p.271）を意味すると語っている。

　そのようにする一つの方法は，心の中で同時並行的に二つの軌道を走らせることである。一つはクライエントをモニターし，もう一つは自分自身の反応をモニターする。クライエントをモニターする軌道は，いかにクライエントと協力していくかについての情報を取り上げる（たとえば，話し方，世界観，信条，セラピストや他の人との相互作用のスタイル，特有な語りやたとえの用い方など）。セラピスト自身をモニターする軌道は，セラピストの思い，感情，情動的反応，勘，知識を取り上げる。まだ関係ができていない新しいクライエントとの事例における，クライエントをモニターする軌道は，例えば以下のごとくである。

　　「その男性は事務所内と私を本当にじろじろと見つめている。顔の表情はとても硬く，ほほえみはない。実によく身なりを整えている。とても値の張る服を着ている。彼は最小限の情報しか提供せず，いつも皮肉な感じで顔を歪めている。『私のスタッフ』『私の秘書』『私の従業員』のような表現をいつも使っている」

　セラピスト自身をモニターする軌道は，同時に以下のように記すことができる。

　　「彼があのような表情を顔に浮かべて事務所内と私をじろじろと見る仕草は，あらゆるものを見下しているように見える。土曜日の朝なのにこんなにフォーマルな服装をしているのは少々不適切である。彼は自分が重要な地位にいることを私に知らしめたいのだ。この男性は私に居心地を悪く感じさせる。私は彼に試されているように感じる。私は萎縮するように感じる」

セラピスト自身をモニターする軌道から得た反応と判断は，どれほど否定的なものであっても抑制すべきではない。それは貴重なものである。なぜなら，それはセラピストに注意深く反応するように警告しているからである。そのような警告がないと，クライエントに繊細に反応する機会を逸してしまう。不適切な否定的反応はクライエントにとって恥や疎外となる可能性があり，情動的風土にとって有害である。したがって以下のような場合には，セラピストはクライエントに対する自分の反応に対して，心の内で次のように応答することができよう。

「私はセラピストだ。クライエントはおそらく脅かされている。彼の物腰と外見は襲いくる不安への対処だろう。彼は自分の結婚問題のせいで私が彼に批判的になると思っているかもしれない。夫婦関係のことで妻に言われて来たのだから，彼は傷ついている。私は彼がもっと心地よく感じられるようにしてあげなくてはならない」

クライエントに対するセラピストの感情と距離を置く最善の方法は，理論的仮説を思い出すことである。例えば，この事例において，「**すべてのクライエントはユニークである**」という仮説は，クライエントの個別性というものに焦点化し，クライエントの仕事とその重要性について慎重に質問する助けとなりうる。これはクライエントの不安と過度な立ち居振る舞いをする欲求を減らすことになるだろう。同様に「**情動はすべての問題と解決にかかわっている**」という仮説は，このクライエントは今の状況では居心地が悪いという認識をもたらし，セラピストが自分の情動に距離を置くのに役立つ。

二重軌道思考が有益な他の状況は，セラピストが本当に承認し難い何らかのことをクライエントがしていたり，しようとしていると告げたときだろう。このような場合，セラピストの軌道があることで，不承認を見せたり表明したりするのを控え，私たちの仕事は人々が彼ら自身にとって良い決断をするのを助けることであることを思い出させてくれる。たとえば，「**セラピストはクライエントを変えることはできない。クライエントだけがクライエント自身を変えることができる**」という仮説は，クライエントが自分自身の決断の利点と不利な点を天秤にかけるのを手伝うような質問へと私たちを導く。

二重軌道思考は私たちの否定的な反応や応答の過程を進めるのに用いるのと同様に，クライエントへの肯定的な反応や応答の過程を進めるためにも大切である。不適切な肯定的応答はクライエントに恩着せがましさを感じさせたりもする。もしもセラピストの軌道がコンプリメントやポジティブ・リフレーミン

グにはほど違いと認識するなら，それは行わない方がよい。

　二重軌道思考はサメーション・メッセージを作成するのにも重要な情報を提供する。このことは第6章で論じる。

事例：ローラ

　以下の事例はこれまで論じてきたセラピスト－クライエント関係のさまざまな局面を描いている。それは，どうしたらクライエントとともにいて，なおかつ肯定的でいることができるかということが特に強調されている。

　ローラは45歳のフリーのグラフィック・アーティストである。彼女が私に会いにきた当時，離婚してから10年が経っていた。彼女には18歳と22歳の二人の娘がいた。長女は家を出ていた。ローラには8年来の同居人であるサムもいた。彼女は私と初対面のあいさつを交わすと，腰をかけるなり自分の問題を話し始めた。不安が強いクライエントはしばしばこうなので，情動的風土のためには，クライエントに合わせるのが最善である。聞き逃した情報はあとで入手すればよい。

ローラ： 私が問題だと思うのは……えーと，最近，私はブラッドショウ（Bradshow）の『あなたにこびりついた恥かしさを癒す（Healing the Shame That Binds You）』（Bradshow, 1988）という本を読みました。作者が述べているいくつかのことが本当に私に当てはまるのです。私は人生で新しい段階の問題に立ち向かっているように感じています。このような説明が，今の私にはぴったりだと思うのです。私の中には本当に怖がりの小さな子どもがいて，その子がこなせる以上のことが起こってきているのです……（泣き始める）。本当に悲しいんです。〔私は理解していることを伝えるために，クライエントに対して，怖がっているし，おびえているように聞こえますと言った。彼女はうなずいて話を続けた〕前の秋からうつ状態です。そんなには長くはなく，重くもないのですが，24時間から36時間続きますし怖いのです。私は人生でたくさん癒されてきていますが，こんなことが起こるとは思ってもみなかったのです。こんなにも無力感をもつとは思わなかったのです。トラウマ的です。学問的に言う自殺念慮を持つことさえあるのです。

　私はこの劇的な報告にいくぶん圧倒されるように感じたのだが，自殺念慮を明確にするために介入しなくてはならなかった。私は「学問的にいう自殺念慮（academically suicidal thoughts）」が何を意味するのかを尋ねると，ローラはそ

れは「人々が常にこのように感じるとき，自殺したくなるのはなぜかが，私にはわかるのです」というような考えだと説明した。けれども，彼女は輪廻転生を信じているので自殺は実際にはできないと言った。

　にもかかわらず，ローラが次のように語っている間に，私は彼女の自殺の可能性を査定した。「私は銃を自分の頭に向けたり，薬を飲んだり，自分の体を切ったりするのは想像できません。そういうことは全くしたことがありません。私は血液や血のりの類いは大嫌いです。ただ，そういうことをするために，体と距離を置くことができないかということを考えているのです」

　私が理解したことを確かめるために，再び私は「体と距離を置く（getting detached from her body）」という表現を明確にしようとして尋ねた。ローラは恐れていることが正確には何なのかについてはっきりした考えをもっているようには見えなかった。彼女は定期的に瞑想していたのだがその時でさえ，ごくわずかでも解離もしくは引き離されているように感じたという体験の記憶はなかった。私は，コントロールできないと感じることは怖いでしょうと応答して面接を続け，現時点で，彼女が自分自身を傷つける危険はなさそうだと判断した。

　ローラはしばらく散漫に気持ちを語った。彼女にはプレッシャーがかかり，さらに動揺していくように見えた。こういうことを続けるよりも，彼女自身が心地良く感じることができる方法を明確にする方が彼女の助けとなるに違いないと思った。

ローラ：人生に熱中しているときは気持ち良く感じるのです。……それをいくぶんかでも感じるのは働くことより楽しいです。私はとても辛くてストレスが溜まっています。〔この答えはまたしても私にとって曖昧なものだった〕

セラピスト：特に生活のどういう領域ですか。

ローラ：ほとんど社会生活と仕事の関係で，家族関係や親しい関係のことではありません。

セラピスト：社会生活（socializing）とは友人のことですか。〔意味することがはっきりするまで私は先には進みたくなかった〕

ローラ：そうです。おわかりでしょう。人生においてうまくいっているなと思えるとき，より良いとわかるのです。それは簡単で楽しいことです。手間がかかること，うまくいかないことは見切りをつけます。

セラピスト：普段，簡単で楽しいことは何ですか。〔クライエントの話の肯定的側面に焦点を当てているのに注目〕

ローラは同居人や長女との関係を挙げた。また彼女は物質的には欲しいものはないこと，新進のグラフィック・デザインの仕事を楽しんでいると語った。

私はさらに焦点化を続けようと思い，人生における良いことと悪いことの関係を評価するためにスケーリング・クエスチョンを用いた。しかし，彼女はそれを無視し，職業的にうまくいくほど，怖くなることについて不満をこぼすようになっていった。

これは二重軌道思考のもたらす恩恵の一例である。私のセラピストとしての軌道は，ローラは解決に取り組むよりも不満を述べたがっており，それゆえ肯定的例外についてさらに尋ねるのは得策ではないと認識していた。けれども，私自身の個人的な軌道において，彼女の拡散した不満はたぶん助けとなるより害となるだろうと私は考えていた。なぜなら，それは彼女の不安を増しているように思えたからであった。そのため，私はスケーリング・クエスチョンの客観的な視点がローラの助けとなることを願いつつ，それを用いることにした。

セラピスト：では，全体として，一日の生活の中でストレスでなくて居心地がよいのは何％位ですか。
ローラ：70％はストレスです。〔彼女の協力の仕方は否定的になることだった〕
セラピスト：毎日？
ローラ：そうです。
セラピスト：仕事と社会生活……あるいは社会生活だけ？〔これが先にローラが述べたことと合致するかを私は確かめた〕
ローラ：いいえ……ただ，いかに生活をこなすかについてだけです。家を掃除し，買物に行くとか。〔このことは彼女が先に述べたこととは一貫していなかったが，私はそれは取り上げないことにした。なぜなら，そうしても焦点からそれていくだけだからである〕
セラピスト：では，物事がストレスでない30％の間は何が違いますか。
ローラ：（質問を無視して）私にはたくさんの選択肢があって，どれが私にとって良いのか悪いのか決められません。

私の個人的な軌道では，ローラは否定的でありたいのだ，情動的風土に注目した方がいいと私は考えていた。私は**「セラピストはクライエントを変えることはできない。クライエントだけがクライエント自身を変えることができる」**という仮説を心に留めた。それゆえ，私はもっと注意深く耳を傾けるようにした。見捨てられることへの恐れは若い頃の不適切な人間関係の縛りと関連しており，それは後の生活の適切な自制の形成を妨げることになるとブラッドショ

ウは語っている，とローラは説明した。彼女はこのことが多くの機会で自分が決断を下し損ねている理由だとみなしていた。

　一部の解決志向のセラピストがこの時点でのローラの思考回路に乗らないことを選ぶであろう二つの理由は，（1）このような因果論を追求することは理論と一致せず，（2）クライエントが固執している因果論に応じてしまえば，クライエントを過去の否定的な領域に導くことになる，からである。しかし，一方で，ローラと協働していかないと，彼女は再び見捨てられたように感じることになるかもしれない。

　だから，私は不平を聞き続けることにした。

　耳を傾けていると，私は自分が不快感をもっていることに気づいてきた。そのことを自覚したときには，面接は終わりに近づいており，面接でローラが得たものは不平を言う機会であったことに気づいた。それは有益であったかもしれないが，面接が進むにつれて彼女はますます動揺していくように見えた。セラピーの方向性をもう少しはっきりさせた上で面接を終えられれば，彼女にとって治療的になるだろうと私は思った。私は，セラピーの方向性はどうあるべきかという答えを彼女に求めようとしていたが，最初に確かめなくてはならないことは，私が彼女を正しく理解していたかどうかであった。

セラピスト：とても悲しくなったり，混乱させられるようなたくさんのことが心に浮かんでいるようですね。時々，コントロールできないように感じていること，そして，失敗するのを恐れていることを話してくださいました。あなたにはとてもストレスがかかっていて，学問的にいう自殺念慮を持っていらっしゃって，不適切な人間関係の縛りと見捨てられることが問題かもしれないという疑問があります。たくさん取り組むことがありますね。ところで，ちょっとこんなことを考えてみたのですが，もしも私が今ここに魔法の杖を持っていて，あなたが起こってほしいと望んでいることを夜の間に何でも叶えることができるとしたら，明日の朝，目が覚めたときに，あなたはどうなっているでしょうか。〔ミラクル・クエスチョンには多くの変形がある。その目的はクライエントに解決を想像してもらうことである〕

ローラ：私には目標があります。私の人生がどうなるかについてはっきりと思い描いています。

セラピスト：その将来の目標はどのようなものでしょうか。〔この未来時制はあえて発せられたものである。それは変化の可能性についてのセラピスト

の態度を示している〕

ローラ：自分自身に対して心地よく感じることです。自分にできることとできないことがはっきりわかることです。私が誰なのかを教えてくれる統合の感覚を持ち，その状態でいることができることです。〔再びローラは目標についての記述を変えたのだが，今回は主題が展開したことに私は気がついた。それはアイデンティティの探求だった。私は彼女の言葉を使ってその領域における例外を尋ねることにした〕

セラピスト：統合を感じていた時はありますか。

　ローラは仕事の業績と子育ての例を挙げた。その状況で何が統合している感じをもたらすのかを彼女は言えなかった。彼女が自分のために設定した目標に向かい合うために何をすべきかを私は尋ねた。ローラは「ええ，特に長女に関して」と答えた。ローラは長女を世間に送り出し，計画通りに彼女と健全な大人の関係を築いていた（私たちは解決を探しているのだから，私はクライエントにアイデアを提供するのが適当だと考えた。質問はクライエントと相互作用していく唯一の方法ではない。とはいえ，アイデアはいつも控えめに提供する。そうすれば，クライエントは拒否するときもセラピストに同意しなかったという後ろめたさを感じないですむ）。

　長女との肯定的関係について話し始めるとすぐ，ローラは自分とあまりうまくいかずに家を出ようとしている次女についての思いを吐露したのだった。

ローラ：自分自身にプレッシャーを感じます。これは私の子育ての総決算の試験です。だから，恐ろしいです。

セラピスト：次女が家を出ていってしまうのが，成績表をもらうことのように聞こえます。

　ローラは笑ってうなずいた。ローラは自分はいつも次女のことを心配しており，それは何に関しても次女が自分に似ているからだと言った。ローラが次女の年齢だったとき，ローラは「とてもめちゃくちゃ」だったのだが，家族はそのことを知らなかった。ローラの両親は彼女が大学でよくやっていると信じていたのだが，本当のところ，彼女は麻薬と酒に走り，子どもを堕さなくてはならず，それでひどく落ち込んだのだった。

ローラ：私はこの数年間ひどく傷ついています。もし私の娘が同じように傷ついて，私と意思の疎通ができなくなったらどうしたらいいでしょう。

私は再び決断点にいるように感じた。ローラの娘に対する関心に留まるべきか，セラピーの焦点を明確にするために彼女を援助するべきだろうか。面接時間は終わりが近づいていたので，私は両方することを選んだ。

セラピスト：長女については目標に達したのですが，今や次女についてうまくいくかどうかが気になっているのですね。それはわかります。なぜなら，次女はあなたにとてもよく似ていると思っているからです。あなたとご両親とのつながりよりも，あなたは次女とより良いつながりをもちたいという気持ちがありますね。けれども，私の魔法の杖が明日の朝にはどんな違いを生むでしょうか。

ローラ：そうですね。たぶん私は別の所に住み，家を建てるでしょう。そのことを大変なこととしてではなく，夢中になって考えたいのです。

　ローラは夫のもとを去ってからの12年間，セラピーに通ったり，やめたりしてきたと語った。彼女が夫と別れる決心をしたのは，自分自身でないことを強く感じたからであった。その時点で彼女は成長し始めていて，時に山あり谷ありだったが，今感じているような極端な感じとはちがって比較的幸せだった。

セラピスト：そのときの大変な時期をどうやって乗り越えてこられたのですか。〔常に過去のリソースを探す〕

ローラ：私は自分に大して期待しませんでした。……私はただ始めたのです。たくさん支えてもらいました。グループにも行って，今よりも多くの友人がいました。フリーランスになってからは，雇われて誰かのために働いていたときよりもさらに孤立しています。

セラピスト：今望んでいることを達成したら，どういうところからそれができたとわかるでしょうか。

ローラ：そのときは，もっとリラックスしています。

セラピスト：どこからそうだとわかるでしょうか。もっとリラックスしたときには，自分の何に気づくでしょうか。また，他の人はあなたの何に気づくでしょうか。

ローラ：愚かでも非合理的でもない自分の決断に，私はもっと自信を感じるでしょう。

セラピスト：人生で自信を感じたときのことについて話してもらえませんか。

ローラ：サムと一緒にいるという決断をした時です。

セラピスト：どうやってその決断をしたのですか。

ローラ：（顕著に明るくなり始め，話す速度を落としながら）私は肉体的にも情動的にも必要なこと，私の本音に耳を傾けたのです。
セラピスト：あなたの決断はたいてい正しいですか。
ローラ：ええ，この5ヵ月を除いて。

そしてローラは，次女の大学への荷作りを早くせかし過ぎるという間違いを犯したと告白した。彼女は次女の旅立ち間際のストレスを避けたかったのだった。彼女がそのことで小言を言い続けたので，しまいに娘は怒って，自分が家を出ることでそんなにイライラさせないでほしいと言ったのだった。その後，娘はかっとなって出発を翌月に延ばしたのだった。

ローラ：（目に涙を溜めて）もっとよくわかってやるべきでした。

ローラは不平に逆戻りした。特に仕事についてだった。私が彼女を焦点化させようとしたことは情動的風土に有害なのだろうかと心配した。このことへの対処として，ローラは落ち込んでいる内容についてさらに吐露している間，私は背もたれに寄りかかり，共感的に耳を傾けた。

ローラ：最近の気分は，「測ることができないくらい重い」ものです。娘の父親がいなくなったような大きな喪失といった感じです。
セラピスト：次女が家を出ることは大きな喪失を意味していると思いますか。〔クライエントが考えていない，もしくは，気づいていない考えを提供することは動揺をもたらす〕
ローラ：うーん，私はそうは思いませんね！
セラピスト：それはあなたにとって一つの時代の終わりなのです。あなたは子育てに多大な労力を注ぎました。このことが，あなたの気持ちの落ち込みに一役買っているかもしれないと思いますか。
ローラ：（しばらく黙って考えてから）ええ，そう思います。

私がしなくてはならない決断は，喪失と悲嘆に反応していくか否かであった。ローラの話の内容は一貫してとても情動的だったので，私は認知面から動揺させるのが良いだろうと思った。それゆえ，私は彼女に「AもBも（both-and）」の視点を提供するさらなる質問をした。

セラピスト：ちょっと別の考えですが……。変わった質問のように聞こえるかもしれませんが，話してくださった全てのことについて，あなたがどれほ

ど落ち込んでおられるのか，どれほど苦しんでいるのかがわかりました。けれども，それには何かのメリットがありはしないでしょうか，……情熱的であったり，はっきりと決断ができたり，人生を十分に生きるかわりに，あなたがこれまでこのような気持ちでいたことになにか肯定的なことがありはしないでしょうか。

ローラ：（再び長い沈黙をしてから突然に）それは守るためです。私に過大な責任がかからないようにするためです。（驚いた様子で）どうしてそう思うのかはわかりませんが。

セラピスト：なぜ今なのでしょう？

ローラ：わかりません。そう，たぶん……子どもが家を離れるので，わたしも家を出ていくことができると思うんです。

セラピスト：出て行く？　……ミルウォーキーを？　サムは？〔私はこの答えに驚いた。先に進む前にこの意味を理解しておかなくてはならなかった〕

ローラ：両方です。

セラピスト：それはあなたがずっと悩んできたことですか。

　ローラは自分自身でいたことが決してなかったと説明した。彼女は結婚のために両親の家から大学の寮に行かなくてはならなかった。離婚後は子どもの面倒をみなくてはならなかった。

ローラ：人生で初めて何にも拘束されることがなくなる，とどこかで感じています。

セラピスト：それは良いことであると同時に，怖くも感じられる！

　サムと別れたいとは全く思わないが，自分が成長し続けていると感じるために，自分自身をもっと情動的に体験し，経済的にも彼から独立しなくてはならないとローラは説明した。これは「AかBか（either-or）」という状況だと彼女は思っているようだったので，私は「AもBも（both-and）」を広げていくように反応した。

セラピスト：さらに自立して，なおかつ同時に愛着も持つ感じを想像できますか。あるいは，どちらか一方にしなくてはならないですか。

　ローラは自分が過剰に適応するか反抗するかのどちらかの傾向があるので，自分にはわからないと思った。彼女は自分は憤りを溜めていて，本当に怒ったときは仕事中でも爆発してしまうと信じていた。

ローラ：前よりはましですが，システムの中でいかに自分自身でいるかについてもっと学ぶ必要が依然としてあります。私が独りになるのはそのためです。

私はフラストレーションが溜っているのに気づいた。ローラがまたもや自己批判に傾いていったからである。「**SFTはゆっくり進む**」という言葉が浮かんだので，私はそれ以上ソリューション・トークをするのをやめた。

セラピスト：ええ，話す必要のあることがたくさん起きているのがわかります。面接を始めたときはお話しする機会がなかったですが，ちょっと一休みして，私たちが話していることについて思い巡らし，私が考えていることをお話して，それから，提案をしたいと思います。

私はチームではなく，一人で働いているので，面接室を出て事務室へ行って考え，サメーション・メッセージを作成した（第7章参照）。この休息のあとに私がローラに読み聞かせたメッセージは以下のものである。

セラピスト：今日，おうかがいしたことは，あなたが大変な人生を送ってこられたということです。あなたは期待されたことを正しく行って，人が喜ぶようなことをしてこられました。けれども，10年以上にわたって，人を喜ばせることと自分にとって正しいことを行うことの間のバランスを徐々に見い出し始めておられます。あなたはまた，麻薬やアルコール依存や，うまくいかなかった結婚や，あなた一人での子育てのように，人生におけるたくさんの困難な状況を克服してこられ，そして，癒され，大いに成長してこられたと私に語ってくださいました。そして，今や，大変な落ち込みと関連するとあなたがお考えのこと，特に見捨てられることに対して取り組んでおられることを話しくださいました。

また，自分ととてもよく似ていると思っている次女が家を出る準備をしているということも打ち明けてくださいました。当然なこととして，娘をうまく育てられたのかどうか，現時点で次女があなたと同様に幸福なのか不幸なのかということに関心をもっておられます。次女が家を出ることはあなたを瀬戸際に立たせました。それはあなたの人生で初めて自分に向かってこう言うことができるからです。「私はただ自分自身だけを喜ばせることができる。私が責任を負うべき人は誰もいない」（私がローラを理解しているかどうかを確認するために尋ねる）。こういう理解でいいです

か（ローラはうなずく）。あなたが私にお話ししてくださったことへの私のお返事は，あなたがなさってきたような成長をするにはたくさんの知性と力がいるということです。あなたは人生において良い地点に到達しました，そのことをあなたは誇りに思うべきです。それはまた，喪失と不確かさの時でもあるのです。人生の一つの局面が終わりつつあるので悲しく感じ，もう一つの新しい局面が始まっているのでわくわくしつつも恐ろしく感じるのはもっともなことです。このような時に情動的にコントロールがきかず身動きがとれないと感じるのは理由のないことではありません。特にあなたのように，自分のことを理解して，人生の手綱を取ろうとすることに多くの努力を注ぎ込んでいる方にとってはそうなのです。

　ご存じのように，依存と自立はどちらか一方というものではありません。本当に自立的な人は，いつ助けを求め，いつ自分を気にかけるかを知っています。あなたはすでにこのことをご存じのようですね。なぜなら，援助の価値を理解したから，ここに来られたのです（ローラはうなずく）。何かおっしゃりたいことはありますか（ローラは首を横に振る）。そうですね，またお話しに来たいと思っていらっしゃいますか。

ローラ：ええ，そうしますわ，必ず。あなたは私を理解しているように見えますわ。

セラピスト：それなら，次回までに考えてきていただきたいことがあります。それは，「自分の人生を前進させる準備ができたとき，自分が誰かを見捨てているとか，自分が見捨てられるとは感じずに，少しずつ進むにはどうしたらいいだろうか」ということです。〔彼女の元々のテーマである見捨てられに戻っていることに注目〕

ローラ：あなたの依存と自立についての話が気に入りました。私は一人ぼっちにはなりたくないわけですが，どうしたら人間関係の中にありつつも，より自分自身でいることができるのでしょうか。

　ローラが10日後に戻ってきたとき，まるで別人のようだった。ほほえんでいて，焦点が定まっていた。私と会って以来，難しい状況もあったのだが，彼女は自分をコントロールしていたと感じていた。

ローラ：私は自分自身であり続け，すべてうまくいくだろうと信じました。私が考えてきた課題も乗り越えることができました。そして，先生もそれをわかってくださいました。……私たちは同じ軌道上にいるということですね。そして，こんなことに気づいたのです。見捨てられる恐れの大部分は

自分自身のものであり，自分を見捨てることはない……そんなに感情的にならずにその状況に留まれば……自分の内に平穏に留まれるのです。
セラピスト：どうしたら自分自身を見捨てないでいられるのですか。
ローラ：「私」がいることを思い起こします。私のこの内側にともにいてくれる誰かがいるのです。最近感じた孤立感のいくらかは，人からフィードバックをもらいたいばかりに，人に働きかけすぎて，自分の声に耳を傾けませんでした。過去の自分は長いこと全てにおいて良く働いてくれています。

　そうして，ローラは娘を世話するのに疲れ（娘から離れている時間を必要としていた），娘が計画通りに家を出ないかもしれないという思いにとても動揺したことを打ち明けたのだった。しかし，前回の面接以来，娘が出ていくのは時間の問題に過ぎず，このわずかな遅れは，良い別れをする機会を与えてくれるということに気づいた。彼女はまた，わくわくするような新しいデザイン・プロジェクトに着手していることも報告した。
　面接の終わりにローラは，ここに来続ける必要があるかどうかを尋ねてきた。私はそのことの最良の判定者は彼女であると語った。彼女は必要だと感じなかったらキャンセルするという合意のもとに，1カ月後に予約を入れた。その後，彼女はキャンセルした。私は後に，街で偶然にローラと2，3回出会い，彼女はうまくいっていることを報告してくれた。

　私がローラについて話すことにしたのは，彼女は解決志向のセラピストにとって，特に難しいタイプの代表だからである。それはどのくらい否定的態度と協働するか，いつクライエントを肯定的態度と未来に向けて変えようとするか，あるいは，しないのかを決める闘いである。その答えはたいてい両方の混ざったもので，クライエントの反応にかかっている。大切なことは，技法を使うことよりも，関係を進展させることや情動的風土にもっと価値を置くことである。これはSFTの関係プロセスの研究（Beyerbach et al., 1996）によって確認されている。この研究では，変化を生もうとしてセラピストがクライエントとの会話を統制する（例えば，頻繁に質問して答えさせるような様式）と，クライエントが早いうちにドロップアウトする率を高めることになることが見い出されている。この研究者たちは，時には介入せずにただクライエントに耳を傾けることが長い目で見ると得策であることを示唆している。
　この事例において，私は，面接中の会話内容を確実に理解する努力をしなく

てはならなかった。それでも、面接中のローラの反応は、私にわかってもらえているのかどうかいぶかしく思っていることを示していた。私がメッセージを読み上げた後のローラのコメントは、彼女が肯定されたことを感じ、新しい視野を得たことを確証するものであった。ローラと私との関係を強めて信頼を与えてくれたのは、このサメーション・メッセージであったと私は思っている。

　次章では、セラピストがクライエントとの関係でなすべき選択について引き続き述べていくが、何に反応して何を無視するかを決めることの目的についてさらに触れていく。

第3章
クライエントを理解する

　クライエントと話をする際，セラピストが反応する内容と無視する内容を，どのように判断するのか。これはSFTのセラピストの多くが持つ疑問である。クライエントはセラピストに何を話したいか，自分なりの考えがあること，そしてクライエントは私たちの質問にいつも答えるわけではないということに気づくのには，多くの経験を必要とする。クライエントが求めていることをセラピストが無視することは，クライエントの情動的風土に影響を及ぼし，肯定的な会話や未来志向の会話を強要することよりも好ましくない結果を生むことがある。とはいえSFTセラピーの醍醐味とは，クライエントがおかれている状況を異なる視点から捉える習慣をつけさせることである。この章ではそのジレンマに焦点を合わせ，その対処方法を提案する。

「聞く」と「聴く」

　何に反応して何を無視するか。その判断は「聞く（hearing）」と，「聴く（listening）」の間にある相違に関係がある。聞く対象は，クライエントが語る全てである。一方，聴く対象は，セラピスト自身が支持する理論や前提に基づいて決められ，それによって適切な質疑応答がなされるように配慮される（Lipchik, 1988a ; Lipchik & de Shazer, 1986）。例えば面接前に起きた変化は，解決にとって重要な可能性を持つ（Weiner-Davis, de Shazer, & Gingerich, 1987）とされているので，私たちはその変化を傾聴（listen）する。私たちは，**すべて否定的なものはない**と前提するので，クライエントが絶望的な状況を描写するときでも，どんな小さなことでも例外や強さを物語ることを探して聴く。聞いた内容を無視するのではなく，クライエントに役立つものだけに反応するのである。「聞く」ことは聴く行為の背景のようなものであり，より受動的なプロセスなのである。聞く内容からクライエントの望みや，クライエントがカウンセリングにどう協働するかについて，大まかに知ることができる。また，その内容には，彼らが言わんとすることや，感じているであろうこと，言葉では表現していないことが織り込まれている。私たちは聞いたことをより明確にするため，クライエントに説明を求めることもある。なぜなら解決を促進する手がか

りが得られるかもしれないからである。クライエントの同意があってのことだが，このように明確にすることで，セラピーの流れが変わるかもしれない。そして聴くことに焦点が合わされる。解決がはっきりしたものになるにつれ，変化を確実にするために傾聴することに専念するだろう。

　ここで，ザックという中学生の例を挙げよう。学校でザックが怒りを抑えられないことについて，両親が地元の中学校のカウンセラーの勧めで私のところに相談に来た。怒りの問題の他にも睡眠習慣の問題や，衛生状態が悪いこと，弟との関係がうまくいっていないことについても，私は両親から「聞く」だろう。私は両親に，どの問題を最初に話し合いたいか尋ねるだろう。もし両親がザックと弟との関係について話し合いたいのなら，私はそのことに焦点を合わせながら聴く。両親が話すこと全てには応じ切れない。全てに反応しようとすると会話の焦点がぼやけ，彼らがセラピーに来た時点よりさらに混乱させて帰すことになるだろう。それゆえ，何がザックの弟に対する行動を引き起こしているのかについて，両親間の見解の相違が聞こえる場合，私は，まずはそれを無視する。なぜなら**人間の行動には真の原因と結果というものはない**からである。とはいえその会話を混乱させるような意見の不一致を耳にするなら，意見の一致のサインを求めて聴き始める。そのサインは解決へ向かうステップとなるかもしれないからである。意見の一致を聴くにつれ，もしも両親の意見の不一致がザックの問題を超越して，子育て全般に及んでいるようなら，さまざまなことに関する意見の不一致について話をしたいのか，ザックと彼の弟との関係について話したいのかを尋ねるだろう。もしも私がそれを明確にしなければ，何に応じ，何を無視する必要があるのかわからないだろう。前章では会話に焦点を合わせるプロセスについて，公式化して記述したが，実践場面においては，安定した情動的風土を確立するために理解と共感をしながら状況に当てはめるようにする。

意　　味

　聞くことと聴くことは，クライエントとの言葉のやりとりを調整する循環的プロセスという意味において言葉を形成する一対の要素である（Maturana, 1987, p.211）。私たちはクライエントが語る人生について聞き，クライエントがそれに付与している意味を聴く。なぜなら，そうすることで，彼らの独自の世界観を理解することができるからである。彼らの語る意味は主観的である一方で，それはまた，「状況に依存する」（Anderson, 1997, p.206）。例えば「離婚」という言葉は，敬虔なカソリック教徒と不可知論者との間，両親が離婚し

た人と両親が幸せな夫婦関係をもつ人との間，また離婚歴がある人とない人との間では，異なる意味をもつかもしれない。クライエントもセラピストも，社会における「離婚」という言葉の定義を理解しているが，だからといって，私たちは特定のクライエントにとっての離婚に至る経過が持つ意味を知っていると決め付けることはできない。離婚は，失敗，恥，罪悪感，もしくは解放のどれをも意味し得るからである。

　ナラティヴセラピーを実践するセラピストにとって（Freedman & Combs, 1996；White, 1995；White & Epston, 1990），言葉の意味についてクライエントに尋ねる目的は，彼らの人生や人間関係についてよく考えてもらい，それまでとは異なるより良いストーリーを検討し，それを経験してもらうことなのである。

　協働的言語システムを実践するセラピストは（Anderson, 1997；Hoffman, 1990, 1998），セラピーの会話内容のすべてを，「自己主体性と問題の解消（self-agency and problem dissolution）」につながる新しい意味を生み出す手段と考える（Anderson, 1997, p.109）。

　SFTで意味を尋ねることによって，クライエントの問題に対する認知の仕方や問題が解決された時にどのようにそれに気づくかということを，より明確にできる。例えばあるクライエントは姉との関係が最悪で，「その状況への対処（dealing with the situation）」について援助を求めてセラピーにきたとする。その時「その状況への対処」という言葉が，どのような意味をもっているのかをクライエントに尋ねる必要がある。それはクライエント自身が変わりたいということかもしれないし，その姉を変えたいということかもしれない。それによって解決についての会話は違ってくる。私たちがクライエント固有の意味を明確にしない限り，見当違いのトピックの会話で終わってしまうだろう。

　言葉の意味について尋ねると，情動と結びついた答えが返ってくることがよくある。もしそうならない場合は，情動を引き出すような質問を続けてもよいだろう。例えば前述のクライエントが姉を改めさせて，姉が母親に自分の陰口をたたかないようにさせたいと言ったとする。他人の行動は変えられないから，これは現実的な目標ではない。しかし姉の行動によってクライエントが情動的にどのような影響をうけるのかについて尋ねると，クライエントから怒り，拒否，恐れの情動についての話を引き出すことができるだろう。そうすることで，本人の問題をより現実的な解決へと再定義することができる。なぜならば，姉ではなく，クライエント自身がそれまでとは異なることをする必要があるからである。

以上の説明からSFTでは言語の意味を，意図的にあるいは戦略的に利用しているように聞こえるかもしれない。確かにセラピストが何に反応して何を無視するかの判断においては，意図と戦略が存在するといえる（Quick, 1994）。その判断はセラピストの理論に基づくものであり，またその理論によって導き出された質問に対するクライエントの反応から得た情報に基づくものである。そして最も重要なのは，私たちの意図である。クライエントとの関係で私たちが行う決断は，**私たちはクライエントを変えることはできない，クライエントだけがクライエント自身を変えることができる**という純粋な信念と，彼ら自身が解決を見つけるように援助することに動機づけられていなければならない。
　意味についての意図的な質問が，新しい意味づけを生み出すことだけを目的にするとき，それは情報を引き出す可能性はあっても解決志向的考え方にそっているとはいえない。行きあたりばったりに意味について質問すると，解決に焦点を合わせるより解決志向的プロセスを拡散させてしまう恐れがある。

「問題トーク」と「解決トーク」

　SFTについて信じられていることの一つに，「解決トーク（solution talk）」に重点を置き，「問題トーク（problem talk）」は無視すべきである，といったことがある。「解決トーク」と「問題トーク」という言葉は，何年も前にBFTC（de Shazer, 1994, p.80）で考えられたものである。クライエントの人生における否定的な側面（問題志向（problem oriented））を述べるときに「問題トーク」とし，肯定的な側面（例外，リソース，最近の変化）を述べるときに「解決トーク」としたのである。
　解決トークの効果は二つの研究で証明されている。ギングリッチ，ディ・シェイザー，ワイナー-デイビス（Gingerich, de Shazer and Weiner-Davis, 1998）は，最初のセッションでセラピストができるだけ早く解決トークへと導く場合，変化がより早く生じ，セラピーが短期で済むことを発見した。シールズ，スプレンクル，コンスタンチン（Shields, Sprenkle, & Constantine, 1991）は，解決トークが早く始められるときセラピーが終結まで継続される確率が高いことを発見した。これらの研究結果は有益なものではあるが，セラピストが常に指示的であるべきだと誤解してはならない。セラピストはクライエントとの関係の質を最大限に考慮に入れ，指示的であるべきかどうか個別の状況に応じて判断しなければならない。
　解決について話したいかどうかを決めるのは，セラピストではなくクライエントなのである。第2章でローラの事例を述べた。彼女は解決トークに対して

肯定的に応えた後ですら，解決トークが生じるたびに問題トークへと戻り続けた。それは彼女が問題について話す必要のあることを示唆していた。しかし，それでもやはり，第2章で述べたとおり未来トークへ進むことは効果があったのかもしれないし，それがセッションとセッションの間に彼女が見つけた解決策を間接的に助長したのかもしれない。私たちの発言がどれほど影響を与えるのかはわからないが，クライエントが反応を示さないときはなおさら，彼らが進みたくない方向へと強要するのではなく，彼らが導くままに付き合うほうがより安全といえる。

　SFTを発展させた最初のメンバーの一人であるマリリン・ラコートは，「移行トーク（transition talk）」という言葉を生み出した。「移行トーク」とは，セラピストがクライエントの希望，モチベーション，小さな変化や過去の成功を確認する段階のことである。彼女は問題トークが必ずしも否定的なものではないと考えている。なぜなら問題トークはクライエントに対する理解や共感を伝え，不満に優先的に目を向け，彼らが望むことを明確にするよい機会となるからである（私信，1999）。

　「問題トーク」や「解決トーク」といった記述用語を用いると，それらは非常に固定的（二者択一的）で，クライエントに対して必要以上に指示的になってしまう危険性がある。情動的風土における効果は別として，そのようなレッテルを貼ることは，解決に価値のあるかもしれないその他の微妙な点を聞いたり聴いたりすることを妨げるかもしれない。「問題トーク」や「解決トーク」のことについて考えるより，クライエントとの相互作用のプロセス（「言語プロセス（languaging）」）として会話をみなすほうが好ましい。このプロセスの間，縦糸と横糸とで織物が織られるように，問題と解決への可能性とがクライエントの解決を作り上げていく。ある状況に対してクライエントがそれを問題とするか，あるいは解決とするかを定義づけるのは，意味であり，状況を描写するために用いられた言葉ではない。悲しみが害だと考えられるならば問題として捉えられ，悲しむことを避け続けた人が，ついに喪失を受け入れようとするときには解決と捉えられる。

　クライエントとの会話のどんな部分でも，レッテルを貼ることにはほとんど価値がないばかりか混乱を生じさせるかもしれない。言葉が否定的であれ肯定的であれ，クライエントの言うことを熱心に聞こうとすれば，別の観点から物事を捉える手助けができる時を見極め，タイミング良く聴き始める時がわかるだろう。例えばあるクライエントが問題を描写している時，突然過去形を使いだすかもしれない。「全然眠れないので，朝からだを動かすのがすごく辛いので

す。それに夢見も悪いし。ベッドから出るのに長い時間がかかります。起きられずにまた眠ってしまうことが何度もありましたが、いまだに起きなければいけない時間に起きられないのです」クライエントがまた眠ってしまうことが何度も「ありました」と言ったことに注目しよう。これは肯定的方向へと伸びる種であり、培うべきものである。まずセラピストは、このクライエントの状況とその辛さを理解していることを伝え、次のように尋ねると良いだろう。「最近の朝の起床パターンに変化があった、と聞こえたのですが、そうでしょうか？」もしクライエントが肯定するのならその変化の意味、つまりどのようにそれが生じたのか、その変化を継続させたいのか、より頻繁に生じさせたいのか、もしくは違ったかたちで生じさせたいのか、ということを話し合う機会が与えられるかもしれない。受容され理解されているという情動状態をつくり、過去形で表現された言葉に関して注意深く対応することで、クライエントがセッション前に持っていた状況に対する考え、行動、情動とは異なるものが生じる可能性がでてくる。

　セラピストの巧みな仕事とはそれぞれのクライエントに合わせてセラピーのプロセスを仕立て上げることである。それには、経験によって磨かれた直観や判断が必要である。クライエントの生き方について、どのように巧みに聞いて理解するか。これを基盤としてセラピーのプロセスを仕立て上げることが重要である。

内容とプロセス

> ファミリー・セラピストは問題の内容について家族と話をするが、解決を模索しながら話し合いのプロセスについて考察を行う。
> ニコルスとシュワルツ（Nichols & Schwartz, 1995, p.487）

　内容とはクライエントが自分たちの状況について話してくれることであり、プロセスとはクライエントの話すことに関連する彼らの行動の取り方である。通常クライエントは、自分のプロセスについて気がついていない。極端な例を挙げると、生命を脅かすくらい深刻な問題について、笑いながら冗談を言うように、また、からかうように話している家族がそうである。

　セラピストたちの方法論が、行動に焦点を合わせるシステム思考から認知に焦点を合わせる言語へと移行した流れがあるため、プロセスに関心を向けることは好まれなくなってきた。新しい意味を作り出すことが、行動パターンの中断に取って代わった。つまり「父親が息子ジョニーに牛乳をこぼしたことを怒鳴りつける時、母親はどうしていますか？」と尋ねるのではなく、夫婦関係あ

るいは両親とジョニーとの関係において，父親が怒鳴る意味を尋ねることが多くなってきた。

　しかしながら，一つの行動として言語を捉えたり，セラピーの目標を行動変容（行動，認知，情動）と考えるならば，プロセスは依然として除外されるものではない。唯一の違いは私たちの興味がもはや観察できる行動にのみあるのではなく，プロセスの中の情動的側面にもあるということである。

　SFTの目標は，内容とプロセスに作用するような言葉を使用することである。これはストラテジック・モデルのセラピストのやり方と非常に似ている。しかしながら，技法だけでその目標を達成することはほとんどありえない。その目標を達成するには，クライエントが何を言うのか，どのように行動するのかというクライエントの協働の仕方にセラピストが合わせる必要がある。

　ここで私が述べるプロセスには，クライエントとセラピストの相互作用だけでなく，クライエント同士がどのように振る舞うかということも含まれる。クライエントとのプロセスとは会話であり，そこでクライエントはセラピストに，どれほど行き詰まっているのかを語り，示す。そしてセラピストはクライエントと一緒に，彼らの過去，現在，未来についての考えや，行き詰っていない状態についての経験を話し合う。しかし，その会話はクライエントの世界観や彼らの相互作用のスタイルに合ったやり方でなされなければならない。彼らのスタイルとは，例えば細かいことまで気にするとか，コントロールしたがるとか，技巧的だとか対抗意識が強いとか，あるいは従順であるとかである。このような会話によって新しいプロセスが生まれ，さらに解決へと導く可能性が高くなる。

　クライエントの会話を性急に行動についての描写へと転換させると，行き詰まりを招く可能性がある。容易には観察されないかもしれないが，クライエントのプロセスには，行動と同様に情動も含まれている。夫の冷たくそっけない行動は，ヒステリックで執着の強い妻ほど彼が傷ついていないことを意味するわけではないし，また，その痛みは，彼女ほどは彼のプロセスに影響しないというわけでもない。それゆえ私はすべてのクライエントの情動には慎重に接することを提案している。というのも情動は行動や認知から分離できないものだからである。実際には情動が行動に最も大きな影響力を持つことが証明されている（LeDoux, 1996 ; Panksepp, 1998）。また情動がカップルや家族関係の中心的なものであることには科学的証拠などほとんど要らない。

　メアリーは35歳の魅力的な女性であった。彼女は男性との関係を維持することができないため，何が問題なのかを知るためにセラピーにやってきた。彼女

は男性との出会いを求めて独身者向けのダンスパーティーに行くが，そこで出会った男性は常に，ダンスをした後，自分に興味を失う，と述べた。時として男性が彼女をデートに誘うことはあるが，その後の誘いの電話はなかった。彼女はこのことが理解できなかった。なぜなら，彼女は自分には魅力があり，常識もあり，いい仕事を持ち，感じよくふるまうよう努めている，と思っていたからである。

メアリーはこの問題に関する例外を一つも思いつかなかった。彼女にとってのミラクルとは，誰かが自分を気に入り，長い時間を一緒に過ごしたいと思ってくれ，最終的には結婚することだった。デートを1，2回した後，誰一人としてその後も彼女と付き合いたいと思わなかった。彼女は男性が再び電話をかけてくるためには，自分のどこを変えればよいのかさっぱりわからなかった。メアリーは自分のプロセスについて，全く把握していなかった。ここでもし男性から拒否された意味を尋ねると，彼女の自己非難を高めてしまうだろう。自分の態度に欠けているものが問題の本質だ，と彼女が考えていることは明白だった。

相手の視点を取り入れる循環的質問（circular questions）（Selvini Palazzoli, Cecchin, Prata, & Boscolo, 1978）をすることが，彼女のプロセスに光を当てるよい機会となった。それによって彼女は多様な考え方について検討することができた。その質問とは，「男性があなたにアプローチしてきた時，あなたの反応について，相手はどのようなことを言うと思いますか？」「あなたのことを男性にどのように理解してもらいたいですか？」「そのように理解されるなら，あなたはどのように感じるでしょうか？」「どのように違ってくるのでしょうか？」「あなたが彼らに興味があることを知らせるには，どのようなことをすればよいと思いますか？」「男性の興味をひく女性について何か気づく点はありますか？」といったものであった。

メアリーにはSFTのやり方は適さなかった。というのも，SFTでは，彼女が考える文脈を提供することができなかったからである。彼女は彼女独自の方法でしか状況を把握できなかったので行き詰っていた。彼女には誘いたい男性の視点が頭になかった。男性の視点の文脈の中に，彼女は解決を見つけることができたかもしれない。彼女にそれを提供しようと循環的質問をした。クライエントの中には，自分の視点ではなく，他人の視点から物事を見るのが困難な人もいる。メアリーが，そういった人たちの一人でないとしたら，プロセスを考慮に入れて彼女の視点を広げることにより，彼女が，今までとは違う行動を男性に試す能力があるのか，あるいはそうしたいと思っているのかについて考える

機会が与えられるだろう。その会話の中で情動が自然に表出されないのなら，セラピストは情動について尋ねる必要がある。そうすることで，解決へと導くようなとても貴重な情報源が得られるだろう。とはいえ，このセラピーのプロセスは情動を扱っているので，不必要にセラピーを長引かせない。むしろ，セラピーは短期で済むかもしれない。

この章で述べたさまざまな概念に基づく選択のプロセスを，次の事例に沿って説明する。

事例：マリー

マリーは26歳のアフリカ系アメリカ人女性である。離婚しており，4歳の女の子と2歳の男の子の母親であった。彼女はSFTの訓練プログラムに入ったばかりの若い男性に面接を受けた。彼は何に応じ，何を無視すべきかの見極めに，まだ苦労している状態だった。訓練プログラムのスーパーバイザーは，問題トークを避け，できるだけ早く解決トークへと進みなさいと強調していた[注1]。

セラピスト：（ちょっとしたおしゃべりとジョイニングの後で）私たちがお手伝いできることについて，どのようなご希望をお持ちですか？

マリー：そうですね……えーっと，時々……彼らは言うのです。もし人に話せるなら，それが精神的に良いって。そして時々，それができない……私の場合，ほら全てを自分の中に溜め込んでしまって，それが私に痛みを引き起こすのです，他の誰にでもなく私に痛みを。それで彼らは私が誰かに話すべきだと思っていました（冒頭から彼女の問題とその問題が引き起こす痛みについて話し始める）。

セラピスト：「彼ら」とは誰のことですか？（彼は聞こえたことを無視し，彼女の紹介元について尋ねる）

マリー：病院です。私が診てもらった医師です。

セラピスト：精神科医ですか？

マリー：いいえ，照会元ですよ。彼らは私がここに来て，問題を話すことを勧めたのです。

セラピスト：そうですか。それで，その勧めに同意しましたか？〔彼女が同意したかどうかを質問することは，聞こえたことに応じたということであり，これは彼女にモチベーションがどの程度あるのかを知る有用な方法である〕

注1）下線部分の会話は聞く部分と聴くべき部分を示している。

マリー：ええ，考えてみましたよ。そして私は……じゃあ，そうするわ！　と言いました。
（セラピストとマリーは笑う）
セラピスト：それは良いね！　それではあなたはここに通って，どのような変化を感じたいのですか？〔目標へ焦点を合わせ，解決トークへと移行した〕
マリー：そうですねぇ，今ははっきり言えません。本当にわからないのです。ただ私をずっと悩ませているものがあって。それをどうにかしようと，最高に努力しているのです。だけど何を試しても，答えが出ないような気がするのです。人生が今よりもちょっとだけ良くなるように努力をしても，何もうまくいかないのです。私にはそうなる権利はあるのに。だから私にもわからないのです。
セラピスト：一つの大きなことがあなたを悩ませているのですか？　それとも細々した小さなことですか？

　マリーは人生を向上させるために，試みたもののうまくいかなかった努力をほのめかした。セラピストは質問をして問題をさらに明確にさせず，問題を細々したものか，大きいものかに分類させて彼女の話に焦点を合わせようとした。よい情動的風土をつくって問題を明らかにするためには，クライエント自身の言葉を用いて一つの質問を組み立てることが最良である。それは特にセラピーの初期段階にいえることである。例えば「あなたの人生でどんなことに答えが出ないのでしょうか？」または「うまくいかないって，どんなことを試しているのですか？」と質問するのである。

マリー：えぇっと，大抵大きい問題だったり小さい問題だったり……よくわかりません。どうしたらうまく説明できるのかわからないのです。
セラピスト：今までは，どのように対処してきたのですか？〔セラピストとクライエントは，同じ軌道には乗っていなかった。マリーは問題についてはっきりと表現し始めてもいないのに，セラピストは彼女の対処の仕方について例外を見つけようとしていた〕
マリー：ええ，大抵は実際に逃げ出したりはしないで，そう，逃げ出したりなんかしません。閉じこもって，ほとんど独りきりでいます。正直なところ誰かの側にいたいと思わないのです。
セラピスト：そうですか。今までその問題にどのように対処してきたのですか？　何をしてきましたか？
マリー：座って手紙を書いたり，本を読んだり，そんなことをするのが好きで

　　　　す。時間だけがただ過ぎていく時もあります。それぐらいです。大抵ただ答えがわからないのです。
セラピスト：あなたがここに来るべきだと医師が考えたことについて，あなたはどのように思いますか？〔彼女が求めていることに理解を深めるのではなく，クライエントの紹介元の理由を知ろうとした〕
マリー：彼は私と話したくなかったのです。
セラピスト：そうですか！
マリー：そうですねぇ……難しいですね。だって，私は彼に言ったのです。どうしてセラピーセッションのようなものを勧めるのですか？　ちょっと待ってくださいよ，私は少し気が狂っていますか？　それとも何ですか？　って。そしたら彼は，いやいやそんなことはないけれども，セラピーが役立つこともあるからね，って答えたのです。多分私は激怒しそうだったのかもしれません，そんな時もありますから。でもこれで良かったのかもしれません。だって痛みのようなものを感じていましたし，すごく気が動転するときは，体中が痛みで緊張性の頭痛が出たりするのです。まるで誰かに頭をガンガン打たれるようなものです。それが夜寝る前に出たりすると，朝の4時とか5時くらいまで眠れない。その後また眼が覚めるのです。
セラピスト：何時に起きるのですか？

　マリーは医師の態度と彼女の身体的症状から，自分には根深い問題があるのではないかと恐れている，とセラピストに述べた。にもかかわらずセラピストは彼女の起床時間を尋ねた。このセラピストの選択は，マリーを理解せず起床時間を尋ねたために，彼女の心配事，つまり自分はどこか変なのだという想いを強化してしまった。さらにマリーが「自分と話したくなかった医師」に勧められて来たと言ったことを考えると，セラピストは彼女と気持ちを通じ合わせ，率直になるために特別な努力をすべきである。

マリー：つまりゆっくり休めていないってことです。私が全く知りたくないこと，それが私をここまで悩ませていると思うのです。でもそれはきっとあなたが知りたいことですよ。
セラピスト：それではあなたの心の中で何が生じたらここでのセッションを終了させることができますか。そしてやり遂げた！　とか役立った！　と思えるのでしょうか。ご自宅ではあなたに何が起こらないといけないでしょうか？〔目標を定めようと試みた。「ご自宅ではあなたに何が起こらない

といけないでしょうか」という２番目の質問は，マリーの返答の幅を制限している。彼女の問題は家庭のことに焦点を合わせるほど十分定義されていない〕

マリー：そうですね，それはまた難しい質問です。本当にわからないのです。(1) お話ししたように，起こるべきでないことがずっと起きています。私の人生に存在すべき人とそうでない人がいるのです。なのに，彼らはいつも出たり入ったりを続けている……(2) それに私の母親がいます。状況は本当に厳しいのです。(3) あなたなら子どもたちと一緒に逃げ出したいと思うでしょう。誰にも居場所を教えないでしょう。そうして逃げようものなら，(4) 普通の人とはちょっと違うとか風変わりな人と思われるのです。だって彼らと同じようなことをしたり，お酒を飲んだりしないから。

セラピスト：なるほど，それでは他の質問をさせてください。よく眠れないようですが，もし今晩眠れるとして，明日の朝起きたときその問題がなくなって解決したとします。何が今までと違うと考えられますか？

クライエントが先に述べた返答には，四つのポイントが含まれていたことに注目しよう。
(1) 彼女の人生に存在すべきでない人が出たり入ったりしている。
(2) 彼女の母親は問題の一つである。
(3) 彼女は子どもたちと逃げ出したいと思っている。
(4) 彼女が他の人がするように行動しない場合，彼らから「風変わりな人」だと思われると思っている。

ここでセラピストは彼女の話をきちんと聞いていることや，混乱や苦悩の中にいる彼女の気持ちを察していることを伝える必要がある。例えば次のように伝える。「多くのことで，あなたは悩んでいるようですね。そのことについてもっと知りたいのですが。どのことから始めたいと思いますか？」「あなたが選択したことについて，周囲の人々が批判的であるような印象を受けるのですが」

このセラピストは，ミラクル・クエスチョンを用いる選択をしてマリーが何を望んでいるのかを知ろうとしたのであろう。ミラクル・クエスチョンは，クライエントの望みを本人に明確にさせることができる，有用な手段の一つである。

マリー：それで，主に私が努力したいことは，良い母親になることです。

セラピスト：そうですか。

マリー：（途中省略）……自立してきた人が，誰かに頼らなければならないのは辛いことです。

セラピスト：あなたは自立してきたのですか，それとも誰かに頼ってきたのですか？〔ここでクライエントにその言葉の意味を尋ねるとよいだろう〕

マリー：ええ，自立していた時期も……頼っていた時期もありました。

セラピスト：もし今夜，奇跡が起こって明日の朝起きたとき問題が解決しているとしたら，あなたは自立しているのでしょうか，それとも誰かに頼っているのでしょうか？

マリー：そうですねぇ，先ほども言ったようにわからないのです。この状態を変えるべきかどうか，何度もじっくりと考えてきたのです……。

セラピスト：何を変えるべきかどうか考えたのですか？〔これはよい質問である。つまり聞こえた内容に対して適切な応答であり，もっとしっかりと聴くべきかを確かめている例である〕

マリー：そうですね，私は誰とも連絡をとっていません。今の環境から逃れることができさえすれば，ましになると思うのです。ただ，何度も言うようですが，そうなるかどうかは本当にわからないのです。けれども，もっと気が楽になるでしょう……こんなにひどいストレスを感じなくなるでしょう。

セラピスト：それではもしその奇跡が起こるのなら，あなたは一人でいることが少なくなりますか？ 人々に囲まれることが少しだけ多くなりますか？ 連絡をとることが少し増えるでしょうか，教えてくれますか？

　マリーはようやく彼女の問題に関する描写を以前よりはっきりとさせた。この時点では限定のないミラクル・クエスチョンをするほうがより効果的であっただろう。例えば「もしその奇跡が起こるのなら，どんな変化があるのでしょうか？」

マリー：そうですねぇ，……わかりません……ただ，わからないのです。自分の考えをいつも押し付ける人たちの側にいるなんて，私には絶対無理です，……私は私でしかいられないし，あなたもあなたでしかいられない。ですから，あなたがそれを受け入れられないとしても，それで良いと思います。

　スーパーバイザーはセラピストに電話をいれ，クライエントが述べていた身

体的問題について尋ねるようにアドバイスした。

セラピスト：さて，あなたは最近頭痛や痛みがあり，あなたの生活に人が入ってきたり出て行ったりしていたようですね。頭痛がなかったり，気分が良かったりするのはどんな時ですか？　その時，何が起こっているのでしょうか？〔セラピストは聞いた内容には応えず，解決トークを続けた。諸問題が絡み合っている場合，クライエント自身が選び出さなかった問題に例外を探すのは，通常，発展へとつながらない〕

マリー：えぇっと，べつに何ということでもありません。つまり……ほとんどトランス状態に入っているのです。そういう時は，何も話したくないし，誰に何を話せばいいのか本当にわからないのです。ところで，私は子どもたちとうまくいっていないというわけではないのですよ。子どもたちとはうまくいっています。

セラピスト：そうですか。それはすばらしいですね！　私が知っている母親の多くは，絶えず子どもとの間に問題があると言っていますよ。〔長所を強化した。これはどの状況においても，望ましい支持的な対応である〕

マリー：問題は子どもたちではないのです。というのも，もし子どもを持つ必要があったなら，私は高校を卒業してやりたいことをしてからにしたでしょう。だけどこうなった……。

セラピスト：どうなったのですか？〔明確化への良い質問である〕

マリー：つまり妊娠したのです。その後もう一人生まれました。

セラピスト：〔もう一つ挙げられた否定的な方向性を無視し，肯定的な側面に固執しようとした〕それで，最近はどうにかやっているのでしょう？

マリー：ええ。

セラピスト：どのようにして，そのようにうまくやっていけているのですか？

それから数分間，マリーはよい母親であるために，そして子どもたちを強く，知的に育てるために努力をしていること全てについて述べた。そうすると，彼女は問題をよりはっきりと捉えるようになった。

マリー：そうですね，問題はだいたい家族のことなのです。母親，兄弟，友人，夫，そして以前につきあっていた恋人……私には誰が問題なのか確かではありません……。元の恋人は，どこからともなく現れてくるのですが，それが私の気持ちをひどく乱すのです。いったいどこから来たのか，何が目的なのか，はっきりさせようとしているのですが。それに，私の夫。彼は

<u>私の存在をあまり認めてくれません。彼らは本気で女性は無能だと思っています。そんな彼らを好きになれません。</u>以前私が付き合っていた男性，先ほどお話した元の恋人のことですが，彼とは10年間つきあっていました。そして，突然，他の男性と，今の子たちの父親と結婚したのです。私は結婚しないことを恐れていたようです。ええ，彼にこう言いましたよ。あんなに長く付き合っていたのに，あなたは結婚を決心しなかったでしょう。どうして今さら私の人生に現れたがるの，とね。

セラピスト：ということは，今，現れたり消えたりする元の恋人がいて，それがあなたを混乱させているのですね？

マリー：<u>そうです。それが混乱させているのです。夫のエディもそうです。彼も何か悩んでいるようです。彼は結婚経験があるのですが私は初婚です。なのに，どうして私に辛い思いをさせるのでしょうか。前妻に望んでいたことをして貰えなかったからって，私に押し付けないでほしいのです。</u>

　この時点で，セラピストとマリーは同じ軌道に乗ったのである。子どもとの関係を肯定的に強化されたことや，自分は理解されていると感じたことで，彼女は安心して打ち解け，不安が軽減されたのであろう。それで彼女は，より明瞭に考えた。マリーは折り合いをつける望みはないと言ったが，宗教上の理由で離婚は考えていなかった。彼女の人生でこれまでに付き合った男性はこの二人だけだったが，彼女はこの二人によって，自分が本当にやりたいことを妨げられてきたと思っていた。彼女は学業に復帰したかったのである。そうすれば「よい仕事に就けるし，長い目で見れば子どもたちの力となれるだろう」と述べた。彼女はこのような夢について母親と議論したのだが，母親は彼女を思いとどまらせ，待つように言ったのである。その時にはすでに彼女は情報を収集し，どのようにしたら再び教育を受けることができるかについて詳しくなっていたのだが，誰も子どもの世話に協力をしようとはしなかった。さらに夫も良い母親は家庭で子どもたちと一緒にいるものだと言ったのである。ここしばらくの間，マリーは自主的に学習するため図書館に行き，われわれの本も読んでいた。

セラピスト：あなたはとてもやる気になっているのですね。

マリー：ですが，私が言ったように，<u>これらのことを全部しても，何か本当に，本当に私を悩ませるものが他にあるに違いないのです。</u>彼らは，どうして私のところに来るのでしょうか。そしてもうちょっと体重を落としたら，良くなるじゃないかと言うのです。笑っちゃうわ。あなたこそ減量したらどうよ！　という感じですね。それから，私が彼らに生意気なことを言い

でもしたら，彼らは，……お前はこう考えてる，……ああ考えてる，とか言うんだわ。ああ嫌だわ，本当に嫌になるわ！

セラピスト：あなたはそれをどうやって聞き流していますか？

面接のこの部分では，セラピストとマリーはうまく気持ちが通じ合っていた。ここでセラピストは肯定的な側面を強化するために，それがあることを前提として話を進めた。

マリーは，周りの人たちの言葉が聞こえないようにしていたが，夜になるとそれが彼女を悩ませ，結局1時間ほどしか眠れなかったと言った。もっとよく眠ると，他の問題によるストレスを軽減できるのではないかとセラピストは考えた。

マリー：ええ，そうだったら良いのですが，でも<u>多分何か別のことだと思います</u>。

セラピスト：どういう意味でしょうか？〔この質問は，セラピストがクライエントの言っていることを聞き，理解しようとしている良い例である〕

マリー：<u>私は母親の家に住んでいますが，私がすることすべてについて，母親と相談しなければならないとか</u>，そんなことでしょうか。あれもこれも全て母親の許可なしでは何もできないのです。もし独立して出て行けるのなら，よっぽど気分がよくなるのでしょうけど。

セラピスト：何があれば，あなたは独立できますか？

マリーは，十分な預金がないことや，誰にも頼みたくないことを説明した。彼女の夫は養育費を定期的に入れないので，生活保護手当が唯一の収入だった。

この時点で，共感的な言葉をかけて，マリーの身体的・情動的ストレスはおそらく一般的なものであると伝えるのは有用であっただろう。にもかかわらずこのセラピストは，**小さな変化は，より大きな変化に導くことができるかもしれない**と考えて，彼女の肯定的な発言を基に次のように話した。

セラピスト：私にはあなたが人生でやりたいことに関して，とてもいい計画を立てているように思えます。教育を受けること，実際あなたはご自分で勉強をされていますけれど。そして子どもたちとうまく関わること。あなたが話した課題はとても大きいことかなと思うのです。このような大きなことを確実にするために，最初にどのような小さなステップを踏みますか？

マリー：そうですね，<u>おそらく落ち着いて概略を練りますね。そしてよく考えて自分にこう言います</u>。ベビーシッターの面接をしなければならないかも

しれないと。雑な仕事をして，私の子どもに何かするようなつまらない人は雇いたくないのです。そしてそのステップがうまくいったら，多分次のステップに進むでしょう……。

セラピスト：次の小さなステップは何でしょうか？〔ここでクライエントにとって，ベビーシッターを雇うことが可能だと思えるまで，さらに深く話し合うことが有用であった〕

マリー：そうですね，次のステップは学校に行き，手続きをして，おそらく試験を受けることですね。

　マリーは，受験がどれほど彼女の不安を喚起するかについて述べた。というのも彼女は，試験に合格するか，そして他にも試験があるのか，ベビーシッターの手配がうまくいくかどうかについて心配していたからである。

セラピスト：それではこれから1週間，あなたが少なくともやりたいことをするという方向へ向かい始めるとして，それを示す小さな兆候とは何でしょうか？

　マリーは，まず少しの間でも一人になることが必要だが，誰も子どもを見てくれないので，それは不可能だと述べた。さらに彼女は昨年運転免許を取得したことや，現在は時折彼女の兄が車を貸してくれることや，彼女の落ち込みに気づいた時には，子どもたちをドライブに連れて行ってくれることを述べた。セラピストは，マリーの努力が実り運転免許の習得ができたことを誉めた後，他には何を実現すべきかを尋ねた。

マリー：たくさんあるのですが，何かをするということでは，外出はめったにしません。だって，いつも私をへこませる人がいるのですから。一つわかったのですが，時にはそんな状態からただ立ち去るべきかもしれません。でも一方で，私は母親の家から引越しして出て行くのが怖いのです。きっと夫は本当に，本気で怒るでしょうね。ですから私は今晩セラピーに来たのです。母親の家に住んでいることも他のことも含めて，私が育った家で，私は自分でいられないのです。一段落したところなのに，また落ち込むなんて耐えられません。こんな感じだと思うんです。私にはすることがあるのです。個人的なことなので，詳しくは言いたくないのですが。外出してだれかとデートをしてみたいのかどうか考えると気分が悪くなります，そうだとは全く考えられませんけど。ええ，そんなことは絶対できませんよ。だってたくさんの人が，私はこうあるべきだって考えていて，それを嫌な

感じで言ってくるのですから。

セラピスト：あなたの理想の男性とはまだ出会っていないのですね。〔クライエントの語っていることを聞いて，理解していることを反映しようとした〕

マリー：そうです。まるで昔から変わらない習慣のようなものなのです。まったくつまらないことです。結婚したのだからこうあるべきとか，自分の妻だからこうしなければならないとか。彼と一緒にいると，そんなつまらないことを求められるのは，常に私なのです。彼じゃなくて。

セラピスト：チームと会う前にあと一つ質問をさせてください。この1週間もしあなたの望む方向へ小さなステップを踏むとしたら，それは何でしょう？

マリー：そうですねぇ，次のステップはボウリングですね。

セラピスト：ボウリングですか？

マリー：ボウリングをするのが好きなのです。だから多分，ボウリングの練習をしに行くでしょうね。〔一つの小さな変化によって，違いがもたらされることを理解しているようである〕

セラピスト：ということは，来週1度ボウリングに出かけることが，あなたの望む方向へ進んでいるというサインになるのでしょうか？

マリー：そうです。あるいは外出することでしょうね。外出しますよ。

　セラピストは席をはずしチームと会った。チーム構成は，他の二人の学生とスーパーバイザーであった。スーパーバイザーはその学生たちに，マリーを誉める内容を書いたリストを作らせ，彼女に与える課題について考えるように言っていた。

　以下は，この休憩の後にセラピストがマリーに読んだメッセージである。

セラピスト：私たちはあなたが設定した目標に深く感心しています。あなたがその目標を達成しようと，強く望んでいるのは確かですし，その目標をどのように実現するのか，そのためには何が必要か，についてはっきりとしたものを持っています。またあなたと子どもたちとの素晴らしい関係に心を打たれました。あなたが子どもたちのために，多くを我慢していることや深い愛情を持っていることをとても良く理解できました。また自分を磨こうと駆り立てているあなたの力に気づきました。あなたは図書館に行って勉強をしていますね。それに運転免許を取ったのですよ！　あなたは目標を定め，それを達成するために大きな意欲を持っていますね。現在の生

活でのたくさんの難しい問題や不安を考えると，実際そのような多くのことができているのは驚くべきことです。それも1時間の睡眠で。

マリー：そうですね……私にはよくわからないのですが。

セラピスト：（続けて）あなたにはそれがわからないかもしれませんが，あなたが望む方向へと進んでいることを私たちは確信しています。そこであなたに課題を出そうと思うのですが。

マリー：いいですよ。

セラピスト：これから1週間，あなたは望む方向へ進み続けるために何らかのことをするでしょう。その全てに注意を向けて書き留めてほしいのです。

マリー：わかりました。問題ないですよ。

　逐語記録やビデオを見て，この場面では自分だったらこうしただろうと言うことは確かに容易である。逐語記録からプロセスに影響を与えうる多くの非言語コミュニケーションが伝わってくる。

　マリーは自分の状況を断片的に説明するようなクライエントだったので，経験を積んだセラピストでさえも面接に苦慮したであろう。また，彼女は，自身が混乱したり，セラピストを当惑させたり，わかりにくい方法で自己を表現するクライエントの典型であった。会話の内容にだけ焦点を合わせ過ぎたために，どれほど会話がさらに混乱したかに注目してほしい。もしセラピストとスーパーバイザーがプロセスを考慮していたならば，彼らがそのプロセスに引きずり込まれることはなかっただろうし，マリーを理解していない人の中に加わってしまうことはなかっただろう。このようなケースでは，「解決志向であること」は後回しにして，クライエントをよりよく理解するために注意深く聴くことが最も有益である。

　このケースによって，テクニックだけではうまくいかないことが示された。テクニックは，何に反応し，何を無視するかということを理解するという文脈の中で用いられなければならない。ここで示した例では，学生の訓練と訓練中のスーパーバイザーの面接を使用したので，少し公平でないと思われるかもしれない。しかしテクニックか「聞く」と「聴く」ことかの対比に重点が置かれることは珍しいことではないし，それは，不適切なSFTを続けさせる。

　その後マリーはセッションに来なかった。彼女が探していた答えが見つからなかったのだから，来なかったのも不思議ではない。おそらくマリーは，自分は気が狂っていないという確信をまず得たかったのだろう。話し相手となる理解者が見つかることは，おまけだったのかもしれない。徐々に変化が生じると

いう思惑通りに彼女は進んでいた。それは彼女が，まずはボウリングに行くことから始めたいと述べたことから明らかであった。最後のメッセージは肯定的な側面を反映していたが，彼女の問題や不安を無視したものであった。理解していることを伝える場合，肯定的な側面と否定的な側面の両方を反映することがどんな場合にも最も有効である。肯定的なメッセージは度が過ぎると，理解や援助の欠如と受け取られる可能性がある。

　第4章ではSFT的なプロセスにおける情動の役割について詳述する。

第4章
解決志向セラピーにおける情動

　何年も前のことになるが，私の最初のスーパーバイザーは「情動を捉えなさい」と繰り返し言っていた。その後，家族療法の訓練を受けた時には「情動から距離を置きなさい」と習った。そして今日，私は講習の受講者に「情動を無視してはいけない」と教えている。

　心理療法で情動を重視するか否かについては，理論のオリエンテーションによって異なる。私の最初のスーパーバイザーは，抑圧された情動をクライエントに気づかせて洞察力をつけさせなさいと指導した。家族療法のスーパーバイザーは，家族の相互作用のパターンに注目し，それを崩すようにと教示した。私は今日，受講生には，情動を無視してはいけないと指導する。というのは，思考や行動がそうであるように，情動は解決への重要なリソースだからである。

　感情（feeling）や情緒（affect），情動（emotion）については一致した定義がなされていないが，一般的に「情緒」は自律神経組織によりコントロールされる反射的な反応といわれる。感情は感じていることへの気づきである。気づきは，明らかに認知の働きで，認知と情動を並列させることは，過去にあった学術論争を思い起こす。つまり情動が認知過程より先か，あるいは，認知とは関係なく生じるのか，もしくは基本的な認知過程が，全ての情動よりも先に生じるのかという論争である（Ekman, 1992；Lazarus, 1982；Mandler, 1984；Zajonc, 1984）。この論争については最近の神経科学領域（Damasio, 1994, 1999；LeDoux, 1996）において脳機能が観察できる画像法の技術により得られた研究成果のおかげで，少なくともしばらくの間は落ち着いている。これらの神経科学研究によって，認知と情動はわかれているけれども相互作用する脳機能で，独立したしかし相互作用する脳システムによって仲介されていることが明らかになった（LeDoux, 1996, p.69）。したがって，情動が行動を決定するような「生物学的原動力」であるのなら（Maturana & Varela, 1987, p.247），情動は情緒や感情，認知や行動に関係するものと理解されうるのである。

　このような認識により，サプライズ・パーティーでの情動反応がスローモーションで観察できるなら，次のように人は影響を受けるだろう。あなたが部屋に入ってみると，そこに隠れていた人々の声にびっくりする。彼らはあなたの

姿勢の変化に気づく。あなたの顔は紅潮し，あなたが気づく前に表情が変化している（人は驚いた時，一瞬凍りついたように見えることがよくある）。自分自身がその感覚に気づく時，それは感情となる。その感覚が意味するものや，その感覚への反応の仕方は情動である。情動は，遺伝的・社会的な発達に固有の多くの変数や特定の状況の文脈に左右される。あなたは自分自身に次のように尋ねることにより，情動体験を調整するのである。「何が起こったのか？」「今起こったことには，どんな意味があるか？」「この部屋にいる人々にも，それは同じ意味なのか？」「なにが正しい反応なのか？」これらを言い換えれば，推論することと「情動をもつこと」は同時に生じ，しかもそれらは言語である。つまりあなたは驚かされたことを，心から幸せだと感じるかもしれないし，あるいは不意を襲われるのが嫌で，ムッとするかもしれない。もし，あなたの情動反応が本当に喜びに満ちたものであるならば，あなた独自の情緒スタイルにもよるが，多かれ少なかれその情動をあらわにするだろう。もし，ムッとしたのなら，それを隠そうとして，まるで喜んでいるかのように振る舞うだろう。なぜなら，そこにいた人たちはあなたを喜ばすために，非常に長い時間をかけたのに，それに不満を表わすことは社会的に認められないからである。しかしながら，特にあなたのことをよく知っている人々には，微妙な非言語的手がかりからあなたの情緒は見破られてしまうかもしれない。

　情動は社会的文脈の中で生じるものであり，情動は私たちの心身の健康にきわめて重要である。若いサルと乳児を用いた過去の研究によると，普通に行われるべき子育てが欠けた場合（例：赤ん坊を抱く）身体と情動の発達が制限されることがわかっている（Harlow & Harlow, 1962；Spitz, 1951）。

　システミックセラピー，MRIのブリーフセラピー・モデル，そしてSFTの開発者たちは，このようなことに気づいていた。彼らは他の家族療法家のように，セラピーを開始する時には，クライエントとの最初の関係を確立するために，情動的つながりやたわいない話が重要だと理解していた（Cade & O'Hanlon, 1993；Haley, 1976；Minuchin, 1974；Walter & Peller, 1992）。しかし情動は，実践においては必要でないと考えられていたどころか，邪魔なものとみなされていたのである。というのは，「単純かつ具体的で，推定や推測が最小で済み」（Fisch et al., 1982, p.11），かつ，容易に観察でき，追跡ができるという理由から，行動パターンの方が重要視されていたからである。行動パターンは，クライエントの否定的な問題の記述に対する肯定的なリフレーミングや逆説的介入のように，クライエントに自分の問題に対する違った見方を提供する目的で用いられる認知的な「差異情報」（Bateson, 1979）によって中断される。ある時期

SFTでは，クライエントの述べることの中で特に感情状態や生理的反応は，介入計画を立てるために重要だと考えられた（de Shazer, 1985）。しかし，SFTにおける言語学的観点の影響の中で，情動と行動と認知は「言語」に吸収され，実践に関してそれ以上議論されることはなかったのである。これは理論的には適切だが，良い臨床を目指す場合にはあまりにも漠然としすぎている。本章では，特に情動への反応について私の考えを述べたい。

「情動」と「行動」

　従来，解決志向のセラピストは，たとえクライエントが彼らの問題について感情中心に訴えたとしても，目標は行動で描写するようにクライエントを導いてきた。なぜならその方がセラピストにとって問題の進み具合が把握しやすいからである。セラピストは，行動または情動のどちらか一つの方向で対応しなければならないわけではない。私たちは，クライエントと協働し，問題の進み具合に関するより具体的な兆候を無駄にすることなく，会話で見出される感情的な言葉を使うことができる（Turnell & Lipchik, 1999）。

　ラモーナはセラピーにやってきて，「私はとても落ち込んでいて，動くこともできません」と訴えた。従来だと解決志向セラピストは，次のように尋ねる。「あなたは何をしていますか，あるいはしていませんか。その中に，あなたがどうしてそのように感じているかの答えがあります」。ラモーナはこう答えるだろう。「私は仕事に行っていません。あるいは洋服に着替えていません」。ここでのラモーナの情動は，行動を考えるためにその踏み台として使われたのであり，情動そのものが焦点の中心ではない。

　クライエントには，訴えに関連する彼らの感情をできるだけ言葉で表現してもらうことがより有益である。これらの感情は，以下のような共感的な応答によって受け入れる。「それはさぞかし落胆されたでしょう」「それはなんてひどいのでしょう！」さらにクライエントの感情は，次のような質問でさらに深められる。「結果として，他にどのような情動がありますか？」「気分が落ち込んでいることは，あなたにとってどのような意味がありますか？」こうした質問は，クライエントが自分の訴えを明らかにする機会になる。こうすることで，解決への新たな道を開くことができるかもしれない。例えばラモーナが，ひどく落ち込んでいることが怖いということが自分の問題だと明らかにしたなら，次のように尋ねる道が開かれる。「これまであなたが恐怖に対処する時に，何が最も役立ちましたか？」この質問に対する返答は，セラピストが仕向けなくても行動に関わる言葉で表される傾向がある（例えば「友達に電話をした」あ

るいは「テレビをつけた」等）。別の選択肢としては「何を恐れているのですか？」と質問を続けることである。それに対して，「私は無能で，未熟で精神疾患にかかっている。あるいはまるで私の母親のようだ」と答えたなら，次のように続けることができる。「何があれば，その不安には根拠がないことを納得しますか？」この質問もまた行動に関する答えを引きだす良い機会となる場合がある。そのようにならなければ，セラピストはセッションの終わりに，いつでも行動の変化に関する小さな兆候を尋ねると良い。

もしラモーナの不安な気持ちに関して，スケーリング・クエスチョンをしたらどうなるかを考えてみよう（Kowalski & Kral, 1989）。1から10までの尺度で彼女の不安を示してもらう。次に，彼女の不安が少し薄れたことをどのように知るかについて尋ねる。この答えはほぼ行動に関するものとなるだろう（例えば「今よりも爪を噛まなくなる」「髪をブラッシングする」）。

セラピストに理解されていないとクライエントが思わないように，クライエントの言葉で話すことが重要であり，それは情動についても同じことである。

解決を容易にするために情動を利用する

解決志向のセラピストは，何をクライエントに尋ねるかについて考えることに慣れていても，クライエントが感じていることや，セラピスト自身がクライエントとの関係で感じていることについて，考えることには慣れていない。この点に気づくことができれば，問題解決の展開を容易にさせることが可能となる。

クライエントが，情動を表現できないほど興奮した状態でセラピーにくることがある。私たちはクライエントの情動を明瞭にさせる手助けをする必要がある。そうすればクライエント自身が目標を定め，解決法を見つけるようになる。だが，ここで注意しなければならないことがある。このような過程では，じっくり時間をかけて，クライエントの言語的・非言語的な反応に敏感になることが重要である。感じていることがわからない，とクライエントが言う場合，それ自体が長期間にわたり肯定的な働きをしてきたかもしれない。つまり，耐えられない情動から自分を守る働きである。このようなことから考えると，クライエントのベールを急に取り除くことは，有益というよりもむしろ有害かもしれない。

事例：ベティ

クライエントのベティは非常に取り乱しており，彼女の情動を明確にさせる

必要があった。彼女は42歳の独身で，自ら望んで来談した。その理由は，コントロールできず発作的に泣いてしまうからだった。またこの４カ月間で，泣くことが次第に多くなってきたと訴えた。ベティはこのような状況の原因が，仕事場や私生活に関連があるとは思わなかった。ベティは一度も結婚したことがなく，２匹の猫と暮らし，当時は男性との交際はなかったが親しく付き合える女友達は数人いた。

　彼女は過去５年半の間，ファーストフードのレストランのチェーン店の経理部で働いていた。働き始めてから３度昇進した。６カ月前にスタッフの指導や訓練をする中間管理職に就いた。ベティはその新しいポジションが気に入っており，昇進し続けるためには，自分の情動をコントロールしたいと望んでいた。

　私が気軽な会話をしたり質問をしたりする間も待たずに，ベティは座った瞬間から症状について話し始め，その原因を分析し続けた。私は長時間耳を傾けて，共感的に応じた。その後セラピーで何を望むのかを考えさせるためミラクル・クエスチョンをしたが，彼女は答えなかった。彼女は職場での新たな挑戦が気に入っており，仕事のしすぎだとは感じていないのにもかかわらず，そのような症状がでることに疑問を持ち続けた。私はそのセッションがあまりにも否定的で長すぎたので，介入しなければクライエントはさらに気分を悪くして帰るだろうと自分が考えていることに気づいた（二重軌道思考）。そこで私は彼女に，問題が解決すればそれをどのようにわかるかと質問をした。彼女は次のように答えた。「解決策などないと思います。……多分，私は仕事を辞めなければ……もしくは物事に，くよくよしない様にすることを学ばなければなりません」私は「ものごとにくよくよする」というのはどういう意味なのだろうかと思った。するとベティは，自分が訓練したスタッフが給与の高い別会社へ転職した場合に拒絶感をもつと説明した。

セラピスト：それは辛いでしょうね。
ベティ：そうですね。さらに多くの人を最初からトレーニングしなければならないですから。
セラピスト：ということは，あなたにとって物事は絶えず流動的なのですね？
ベティ：そうですね。けれど彼らが去っていくのも理解できるのです。

　ベティは彼女の職歴を話した。16歳の時高校でアルバイトをし始めてからずっと働いていた。彼女はいつも非常に優秀な評価を得ていたが，よい評価をさらに得続けるために自分のさまざまな情動をコントロールしたいと思っていた。

セラピスト：これまで情動をコントロールできていないと感じたことはありましたか？

ベティ：時々。でもそれはだれでもそうだと思います。

セラピスト：そうですね。

ベティ：ずいぶん前に私は両親を亡くしています。父は自動車の事故で，母は癌でした。だからクリスマスのような休日は，……私は結婚していませんし，子どももいないので……辛いです。

セラピスト：なるほど，確かにそれは悲しくなりますね。

ベティ：そんな感じがするのです……でも，クリスマスが終わって2,3カ月も経っているのにそんな辛い気分が続いているのです。

セラピスト：では，職場であなたを悲しくさせるようなことや，喪失感をもつようなことはありませんか？

ベティ：その質問とは，私が今の仕事を失うと感じているかどうかということですか？

セラピスト：そうではなくて，クリスマスには非常に悲しく感じることがある，なぜならご両親を失っているからとおっしゃいましたね。仕事に関して，何か喪失感を味わうことはありますか？　ひょっとしたら，あなたがトレーニングをした人々を失うことなど。

ベティ：（驚いて）すごい洞察力ですね。本当にそうかもしれません！

セラピスト：あなた自身はどう思いますか？

ベティ：わかりません。（泣き始めた）何もわからないのです！　私にわかることは，今すべてが耐えられない状態にあると感じるってことだけです。

セラピスト：あなたのように有能でまじめな人にとっては辛いでしょう。

ベティ：悲惨ですよ。私はただこんなことが終わってほしいのです。私は仕事を辞めるべきかしらと友人に言ったら，あなたは変わることについて問題があるかもしれないわと言われました。けれど実際，私は変化を求めているのです。それを避けようとはしていないのです。

セラピスト：仕事を変えるってことですか？

ベティ：ええそうです。なぜって，こんな状態では続けることができないからです。それしか考えられません。

セラピスト：するとあなたがそのことを考えている時，何が心配になりますか？

　ベティは職場での対立が自分を混乱させている原因だと言った。3年間直属

の上司だった男性に対する失望感を語った。2年前，彼の仕事のやり方がずさんなため，彼女の仕事にひどく影響するようになった。そのため彼に不満を訴えたことがあった。その後ベティは彼がまじめになったことに気づいたが，6カ月ほど前から再び怠惰さが目立ち始めた。彼女は新しいポストに就いたことにより責任が増し，その上司からのサポートが十分に得られなかったので，不必要なストレスが多大にかかるようになった。特に彼女が指導したスタッフからの不平不満があったのである。

ベティ：今，私は以前より高いポジションにいるので，時々彼にちょっと言うことがあるのです……彼は私が何か言う時は聞いてくれます……そして，私がその部署全体のために重要な指摘をする時，彼のお気に入りのコメントは「そうだな，時期がきたらそれを取り上げよう」というものです。従業員との問題を対処するのに時期を待つことはできません。もしその時期というのが数週間，数カ月，何も得られなかったらどうするのでしょうか。そして大抵そうなります。すぐに対処してくださいと言いたいのです（彼女の顔は次第に紅潮し，この時点で声はとても怒っているように聞こえた）。

セラピスト：私にはよくわからないのですが，それがストレスと関連しているのでしょうか？

ベティ：いいえ，違います。

　ベティの思考と情動は分離しているようだった。私は彼女の情動的「動揺」に注目して解釈した。

セラピスト：あなたの立場なら，多くの人が怒りを感じるかもしれませんね。

ベティ：（考えて）うーん……そうでしょうね！　このことを友達に話す時，上司のことばかり話している自分に気づくのです。要するに，彼のやり方に賛成できないから，気が動転するのだと思うのです。

セラピスト：ということは，あなたのストレスは彼の仕事のやり方に深く関係しているのですか？

ベティ：そう思います。私も驚いているのですが……思いつきませんでした。

セラピスト：もし私が魔法の杖をひと振りし，あなたの望みをかなえることができるのなら，どのようになるのでしょうか？

ベティ：そうですね……彼が仕事をしていないとは感じないです。彼は変わるのです。

セラピスト：あなたにはそれができると思いますか？
ベティ：私にはできないでしょうけど……気分は良くなるでしょう。

　その上司はスタッフから悪い評価を受けずにすむようにするために，スタッフの遅刻や長めの昼食時間を大目に見るようにベティに命じるといった例を挙げた。彼の態度が部署の生産性を左右するため，ベティはひどく怒っていたのだった。

セラピスト：それで，その事に関してあなたは何をしようとしますか？
ベティ：彼と話しますが，彼は常に何らかの行動をとることを先延ばしするのです。私が彼に仕事が遅れていると言うと，彼は心配するな，と言うのです。
セラピスト：そうですか，そのような立場にいるなら本当に怒る人もいるでしょうね。
ベティ：（恥ずかしさで顔を伏せ，紅潮している）えー，……いえー，……怒る？
セラピスト：その状況で怒ることは，認められるべきだと思いませんか？　……それは正常な反応ではないですか？
ベティ：本当に？　私泣いてしまいそうです。（実際，彼女は泣く）このようになってしまうことに私は悩んでいるのです。
セラピスト：人は時には怒ってもいいと思いませんか？
ベティ：はい，とても解放されるような感じです。
セラピスト：あなたは，多分そのように感じることに慣れていないのですね。
ベティ：そうですね，あまり。
セラピスト：怒るのは当たり前だとあなたが受け入れたとしたら，あなたがもう怒らなくてもいいように，この問題に関して何ができるでしょうか？

　ベティは爪を噛み始め，答えを考えている間，不安気に周囲をキョロキョロと見た。そこで私は今の問題以外に，これまでに上司との問題をうまく遣り繰りした経験を，思い出すように言った。ベティは2，3例を挙げた。しかしその会話の中で，過去における不平や直面していた不安の記憶を引きだしてしまったのである。私は慎重になった。そしてベティがこのような過去の不安感にまつわる話をしたいかどうかを尋ねた。ベティは話したいと言ったが，私はいつ止めても構わないと伝えた。彼女は若い頃両親を亡くし，その後成長するまでの間，遠い親戚の家から家へと転々と暮らしていたことを語った。ベティは，どこにいても安らぎを得ることができなかった。決して心の不平を言えないと

感じていたし，どれほど自分が不幸であっても何も望んではいけない，と思っていたのである。

　1週間後に再度ベティが来た時，その1週間はずっと情動をコントロールできていたと報告した。2週間後には，昔の自分を取り戻したようだと報告した。彼女は上司に仕事の生産性を補強する必要性を話し，その後上司は数人のスタッフと時間厳守の問題について話しあったという。彼はベティにもそれを実行するための権限を与えた。私に礼を述べたベティは，これで目的が達成されたと言った。ベティは話す必要がある問題を抱えているのだが，この時点では話したくない自分に気づいた。

　読者の中にはセラピーを継続すれば明らかに良い結果を得ることができるのに，と終結することに賛成できない方もいるだろう。しかし解決志向のセラピストは，**セラピストはクライエントを変えることはできない，つまりクライエントは自らが変わらなければならない**という前提に従うのである。この前提は，次のように言い換えられるだろう。すなわち，セラピストは，クライエントを変えようとすべきではない，**つまり変化を受け入れる準備ができたかどうか，その時期は，クライエント自身で決めなければならない**，と。さらに，**小さな変化は，より大きな変化をもたらす**。おそらく今後ベティが別の問題に直面した場合，我々が彼女と話をしたことが，彼女自身が解決法を見出すのに役立つだろう。もし解決を見出さなくても，気楽に援助を求めにくるだろう。クライエントがセラピーに来た目的を達した，と感じる時がSFTとの契約終了時期である。セッションの継続を勧めることもできるが，最終決定はクライエントに委ねる。もちろん例外はある。それはクライエントや他の人々に危険が起こりうるような時や，倫理的に問題のある状況である。

　ベティは頭だけの答えを探すことで，情動をコントロールできないという問題の解決を見つけようとしていた。これは彼女にとって自然なことである。なぜならかなり以前に，自分の感情を認めないことを学習していたからである。この事に関して彼女と協働してみたが，あまり変化は見られなかったので私は彼女の抱えている問題は，怒りかもしれないと慎重に示唆した（ゆさぶった）。この考えに彼女は共鳴し，それは彼女自身が解決を見出すのに役立った。

　セラピーは協働的なプロセスである。それがたとえクライエントの力量での変化しかできなくても，特定の時期にしかその準備ができない場合であったとしても協働的なプロセスなのである。「あなたは怒っていると思いますか？」という情動についての示唆は，「もし運動を始めたとしたら，役に立つと思いますか？」という認知行動に関する示唆と同等に有効なのである。

事例：ニール

　ニールは7歳の息子と，9歳の娘を持つシングル・ファーザーである。子どもたちの世話は前妻と分担していた。彼は広告関連の写真家として生計を立てている。うつ症状をガールフレンドに指摘されたのでセラピーに来た。ニールはしばらくの間，気分がさえなかったことには気づいていたものの，気に留めなかった。最近になって，何もしたくない気分が周期的にあり，自殺すら考えたことを認めた。自殺に関する査定では薬を使用するか，浴槽で手首を切って自殺することを考えていたことが判明した。しかし彼は子どもたちと良い関係をもっているため，父親は自殺したという記憶を，子どもたちに残したくないと強く感じていることが示唆された。

　彼は最初のセッションの大部分を，どれほど落ち込んでいてそこから抜け出せない状態にあるかについて話した。ニールの姿勢が開放的になり，うなずきやアイコンタクトが増えたので，悩みに共感され理解されていると彼が感じていることがわかった。その後，私は彼がセラピーに来る必要がなくなったとしたら，それをどのようにわかるだろうかと質問をした。ニールは人間関係や仕事に関してもっと精力的になり，もっと興味をもつだろうと答えた。しかし今までにそのような状況が少しでもあったのかという質問には，答えることができなかった。私は彼の悩みを聞き続けて対応した。彼は十分な活力を感じないために，ある大きなプロジェクトの仕事をちょうど断ったばかりだと言った。（私はこの否定的なできごとの中に，肯定的な側面をみた）

セラピスト：断るのはつらかったでしょうが，よい決断のように思いますが。
ニール：そうするしかなかったのです。とてもやりたい仕事だったので，本当につらいことでした。しかしその代理店の社長をがっかりさせたくなかったのです。以前，彼の下で働いたことがあるのですが，とても良い人なのです。彼がその仕事を依頼してきた時，それを引き受けるか悩みました……以前手がけたことがある仕事なので……かなり悩んで自分に嫌気がさしました。
セラピスト：けれども，自分の身体を大事にするために決断をしたのですね！自分の限界を知っているわけですね。
ニール：そのようには考えていませんでした。仕事をするのが嫌だったのです。
セラピスト：あなたの今までのやり方とは異なるのですか？
ニール：ええ多分……私はいつも可能な限り，自分を追い込んできました。

セラピスト：あなたの決心は賢い選択に思えますよ。
ニール：結局その後は解放された気分でした。
セラピスト：そうでしょうね。最近，他にも良い決断だと思われるような決定をされましたか？ または，いい意味で自分自身を大事にしたような事をしましたか？

　その質問に対し，ニールは例をあげることができなかった。続けて彼は子どもについて話し，子どもが生活で重要なモチベーションとなっていると語った。彼と子どもたちは，チェスやチェッカーなどのゲームをしたり，自分たちでゲームを作ったり芝居をしたりして過ごすのだと言った。
　突然ニールは話を中断し，ここ2，3カ月間のことを思い出していた。彼のムードは一変し，次のように言った。

ニール：思い出したことがあります。最近ちょっとだけ気分がよく，自分を大事にできたことがありました。それは土曜日の午後でした。子どもたちは母親のところにいて……私は一人でした……くつろぐことだけを考え，家事をしないことにしたのです。座ってテレビを見るだけで，しなければならない事には気を向けませんでした。わずかな時間に居眠りさえしたのです。

　この時点から，会話は解決へと向かった。もちろん何がこの例外の記憶を呼び起こしたのかはわからない。考えられることは，ニールは人に頼りたくない，自分の世話ができない自分への憤りを感じていた，ということである。彼の行動を肯定的な視点で捉えたので，彼の自己認知が変化したのである。それは認知的なリフレーミングだと考えられる。しかしリフレーミングがクライエントにどのように受け取られるかは，それが生じる文脈や情動的風土に影響される。ニールが私たちの介入に反応するのに少し時間がかかったことに気づいてほしい。私は，彼が解決について話す準備ができているかどうかを絶えず読み取り続ける必要があったのだ。カイザー，パーシー，リプチック（Kiser, Piercy, & Lipchik, 1993）は，問題トークから解決トークへの移行は，セラピストの質問や応答によって自動的に生じると理解されるべきではないと指摘している。その理由は「情動の一致（affective congruence）（気分が悪く，否定的な経験を話す）」から，「情動の不一致（affective incongruence）（気分が悪く，肯定的な情動へと焦点を移す）」（Bower, 1981）への移行には時間，忍耐，臨床の技術が求められるからである。私がこれに付け加えるとすれば，その移行

にはちょうどよい情動的風土が必要だと思う。

　今まで，私はクライエントが問題に固執して話し続けてしまう場合，感情を表出させながら，場合によっては感情を強めながら，解決へと向かわせてきた。思考は容易に情動を引き起こすことができるが，情動を消失させることの方が難しいという生理学的証拠が実際にあることを知って，私は興奮した（Ledoux, 1996, p.303 ; Panksepp, 1998, p.301）。

　続く6回のセッションを通して，自分に対してひどく怒りを感じ失望感を持っていたのは，ガールフレンドを幸せにしていないという理由だったことが明瞭になった。彼の自己評価が高まってくると，自分だけがふたりの関係悪化の原因であるのではないと気づき，ガールフレンドをカップルセラピーに連れてきたのである。

クライエントが解決を見つけるために
セラピスト自身の情動を用いる

　クライエントは自分が感じていることをわかっていて，その事を話したいと思っていても，そうすることを恐れたり，それができない場合がある。これは解決を見つける妨げとなる。セラピストは他人の心が読めるわけではないが，クライエントの情動を理解する手掛かりとして，クライエントの非言語的情報にできる限り敏感になるべきである。言葉では語られない感情をできる限り敏感に察知するために，私たち自身の思考や情動の動きをモニターする必要がある。直観はこのような状況で役立つかもしれないが，クライエントに提示する前に自分自身の中でよく検討すべきである。

事例：サンドラと娘たち

　サンドラは離婚経験のある43歳の女性であった。彼女の希望は，ふたりの娘（リタ16歳とローダ14歳）との合同のセッションをできるだけ早く持ちたいということだった。長女のリタは，別の町に住んでいる離婚した父親の家に1週間以内に引っ越しをするので，サンドラはリタと話し合うために援助が必要だと言った。

　その家族が部屋に入ってきた時，重く緊張した空気が流れた。姉妹は不安な様子であり，小さな声で連れてこられた理由がわからないと言った。サンドラは感じのよい女性であったが，仮面のような表情で，顔の筋肉をほとんど動かさずに単調な声でセラピーにきた理由を言った。リタは帰宅が遅くなる場合には連絡を必ず入れるのだが，先週は電話がなかった。そこで母親は警察に捜索

を依頼した。警察はリタを家に連れてきたが，リタは詮索好きな近所の人たちの前で，自分は同性愛者の母が嫌で家を出たいと叫んでいたという。その翌日，リタは別の町にいる父親と一緒に住めるように何とかしてほしいと母親に言った。面接当日には，その引っ越しの計画はすでにまとまっていた。

　私はこの家族に，セッションで何について議論したいかという質問をしたが，誰も口を開かなかった。母親のサンドラは，リタの行動に苦しみ，落胆したと言った。今までこの家族には，全く問題がなかったとも言った。またサンドラは，自分が同性愛者であることをリタがよく思っていないので父親と暮らしたがっていることは理解したが，リタのこの対処の仕方に異論を唱えた。リタは自分の立場を主張し，妹のローダはどちらの側にもつかずほとんど話さなかった。

　私の感じでは，母親のサンドラはリタを行かせたくないので娘たちを連れてきたのか，リタが家を出て行く前に和解をしたいのか，のどちらかだと思った。私はこの家族に目標を明瞭にしてほしかったので私の考えは提示しなかった。

　このセッションが進むにつれ，問題トークの割合が増えていった。その内容は，リタが母の同性愛者のパートナーを嫌っており，それが原因でこの数カ月間，嫌悪感を巡る緊張が高まっているという。私は母親のサンドラが，これまで家族には問題がなかったと言った言葉をもとにして，セラピーにきた目的にその家族が再び焦点を当てる必要があると感じた。

セラピスト：あなた方の関係は数カ月前まで問題はなかったと理解していますが，そのことについてあまり話してなかったですよね。今は辛くて，怒りがあるように思います。でも私があなた方をよく知るために助けてくれませんか？　ご家族の良い点を少し教えてくれませんか？　何か誇りに思う事とか。

サンドラ（母）：ローダ，あなたは何を誇りに思うの？

ローダ（次女）：（肩をすくめ，答えるのに長い時間がかかる）今はわかんない。

セラピスト：リタ，あなたは？　今までのことを振り返って，お母さんやローダとの生活でどのような良いことがありましたか？

リタ（長女）：クリスマス。それと，みんなで一緒にフロリダに行った時かしら。

セラピスト：日常生活では何かある？

リタ：ハグかな。お母さんが私をハグしてくれるのが好き。私がお母さんにハグするようには，お父さんにハグできないわ。お母さんにはいつだってハグできるし。それにお母さんもハグが好きなことがわかるの。比較はした

くないけど，お父さんには同じようにできないわ．すごく心地いいの．それにお母さんが私に料理を作ってくれる時も好きだわ．
セラピスト：妹さんとの間での何か良いことはあるかな？
リタ：妹の部屋に行って一緒に音楽を聴いたり，服を交換したりすることができなくなくなるのが寂しいかな．
セラピスト：たくさん思いつくね．よくわかるよ！（リタは同意してうなずく）お母さん，このことを知っていましたか？
サンドラ：いいえ．
セラピスト：お母さん，あなたはどんな良いことがなくなると寂しく思いますか？
サンドラ：自分がふたりの子どもの母親でなくなることです……（ちょっとの間ためらう）私たちは一緒にボーリングをしたり，教会の聖歌隊で歌っていました．学校の会合に参加して，リタのとても良い評判を聞くのがいつも楽しみでした……ちょうど大きいテレビを買ったところなので一緒に見て楽しんでいます．でも，これからはローダと私だけになるのです．

　母親のサンドラが「自分がふたりの子どもの母親でなくなることです」と言った時，私は生理的な反応を感じた．それはまるでショックのようなものだった．私はサンドラがリタと離れて暮らすことをまるで死別のようにとらえ，決して会えないように感じていることを直感的に感じた．私は内心この反応を，家族と共有するかどうかを考えた．デメリットは何だろうか？　サンドラは私が誤解していると思うかもしれない．メリットは何だろうか？　私がサンドラの失望の深さを理解していることは強力なメッセージになりうる．リタは母親の苦悩の深さにさらに気づくかもしれない．このメリットは危険性をはるかに上回るように思えた．このような合同のセッションは今回だけになる可能性が高いこともあり話すことにした．

セラピスト：お母さん，あなたはふたりの子どもの母親でなくなると言いましたね．この表現はまるで……当然，あなたの家では子どもが一人になるのですが，まるでこの世の終わりのように聞こえるのです．これから先も，あなたはふたりの娘をもち続けるけれども，一人があなたの家からいなくなるだけ……あなたの表現では，引越しというより，まるで死について話しているように聞こえたのですが．
サンドラ：（深くため息をつく）私にはそのように感じます．リタが実際に感じていることを私に言った時からまるで死のように感じます．別れた夫の

家にちょっと泊まりに行くとか，1，2年間だけとは感じないのです。息子が家を出た時とは全く異なりました。
セラピスト：どのように違うのですか？
サンドラ：状況が違います。息子は高校を卒業し大学に行くために家を出ました。大変なこともありましたが解決しました。私はリタが解決したいと思っていないように感じます……ただ出て行って忘れてしまうといったように。ですから，私はまさにこれで終わってしまうような気がします。
セラピスト：お母さんの感じ方は合っているの？　これからあなたはお母さんとの関係を持たないと考えているの？
リタ：いいえ，間違っているわ。
セラピスト：なぜお母さんがそのように考えると思う？
リタ：多分，ここしばらくの間，うまくコミュニケーションが取れていなかったから，私がどのように感じているかを，お母さんは知らないだけだわ。
セラピスト：ではあなたが家を出たあと，お母さんやローダと連絡をとることについて，どのように考えているの？

　リタは母親と妹に電話と手紙で連絡をとり，休暇にはふたりに会いに来るつもりだと言った。さらに警察や近所の人たちの前で軽率な行動をしたことを母親に謝った。母親と娘は仲直りをして帰っていった。その後サンドラは電話をかけてきて，私に礼を述べた。彼女はしばらくの間リタが父親と一緒に暮らすことは，彼女にとって良い決断だと認められるようになり，もはやふたりの関係が切れてしまうとは感じないと言った。

情動とサメーション・メッセージ

　面接中や休憩中に築きあげる「イエスセット（yes set）」（Erickson, Rossi, & Rossi, 1976 ; Erickson & Rossi, 1979）と介入メッセージの始めになされる賞賛は，リラックス状態へと導く催眠的暗示と考えられた（第6章参照）。情動は，このプロセスとの関連で述べられることは決してなかった。しかし，通常は状態は思った以上に悪いとセラピストに言われることを心配しているクライエントに，サメーション・メッセージによって伝えられる理解と肯定的な事柄は，クライエントに，情動的なやすらぎをもたらす。それによりもたらされるリラックスは，論理的に考え，解決に必要な行動を決める（Damasio, 1994）ために重要である。

結　論

　SFTにおいて情動を認知や行動と同じ位置づけにすることは，急進的なやり方だと思われるかもしれない。しかし，言語と情動が切り離せないものと理解されるならば，セラピーでは情動を無視することがどうしてできようか？
　情動は，クライエントと関係を築き，彼らを理解するために有効な方法を提供し，解決を促進することができる（King, 1998）。一次的な情動は，万国共通のコミュニケーション方法である。それらは意識的なコントロールとは無関係に生じ，言葉に依存することもない。幼児は驚き，痛み，空腹を伝えるのに，言葉を必要としない。この様にクライエントとセラピストとの間にも，言葉に表わされない情動的なつながりがある。これはワンウェイミラーの背後にいるセラピストたちには伝わらない。私たちは大抵，身体的・精神的成熟や人との付き合いによって洗練された情動レベルでクライエントと会話をする。クライエントの注意を，スティーブ・ギリガン（Gilligan, 1997）が「個人の中核にある不滅の『傷つきやすく，弱い部分』と呼んでいるところに向けさせることで，解決は促進する」と言っている。その方法の一つとして考えられることは，安心感をもたらす情動状態を作り出すことである（Sullivan, 1956）。また別の方法では，自分の直感や情動を使い，クライエントが自分の情動に気づくように援助し，彼らが解決を図るために情動を使って考えることができるようにする。もちろん同様に逆のことも言える。情動のみを感じているクライエントには，彼らが論理的に考えられるために援助が必要である。また行動抑制が効かなくなっているクライエントには，情動を感じて論理的に考えられるような援助が必要である。私たちは情動なしでは有意義な人生を送ることができず，よりよい人生を送るために，情動は解決に組み込まれなければならない。

第5章
目標の明確化のプロセス

　何年か前，私は初回面接でいつも次のような質問を使っていた。例えば「ここにいらしたことが役に立つのは，どのような様子からわかりますか？」あるいは「もし来週いらした時，あなたがよい方向に向かっているという小さな変化に気づき，私に話してくれるとしたらそれはどんな事でしょうか？」。私がこのような質問をする理由は，クライエントが目標に焦点をあわせるためである。クライエントの答えは，どの方向へ進みたいかをクライエント自身と私に教えてくれる。さらにこのような質問をすれば，クライエントが問題トークを避けることができると信じていた。質問に対する答えはさまざまであったが，その質問がすばやい解決を導くことは極めてまれであった。

　10年ほど前，私が行ったワークショップである事を学んだ。この事をきっかけに，私はこのような導入的な質問をするのを止めることにした。その参加者たちは，小さなグループに分かれてお互いに面接しあった。その後ある男性が自分の体験を発表した。彼のグループの「セラピスト」が，前述した二つの質問のうちの最初の質問をした時，彼は怒りを感じたと言う。つまり彼は自分の話をしたかったのに，その質問をされたためにそれが叶わなかったからだと言った。その後に行われた全体のディスカッションでは，このような未来志向的な質問でセッションを開始すると，クライエントの選択の機会を奪ってしまうことになると気づいた。これはSFTの良い模範ではない。問題なのは，いつ目標を定めるのかではなく，クライエントが治療に望んでいる事をできる限り目標に反映していくべきであるということである。

　この章では治療が進行する中で，目標の明確化を一つのプロセスとしていく方法を述べる。この考え方とは，可能ならば具体的な目標は初回面接中に，行動の次元で明確にすべきであるという一般的に考えられているものとは対照的である（Berg & Miller, 1992 ; de Shazer, 1985, 1991a ; Durrant, 1993 ; O'Hanlon & Weiner-Davis, 1989 ; Walter & Peller, 1992）。この章で提示する考え方は，自発的に来談したクライエントに限り応用できる。自らの意志で来たのではないクライエントについては第10章で述べる。

「目標」と「解決」

　問題は必ずしも解決と関係があるわけではないという仮説をもつと，問題は必ずしも目標と関係があるわけではないことになる。クライエントは普通，心の中に目標を思い描いてセラピーに来るが，その目標は解決ではないかもしれない。解決とはある時点で問題が軽減したとか問題ではなくなった，とクライエントが気づくすべての事であろう。

　目標は通常，AかBか（either-or）という形で考えられる。つまりその問題は「すべて悪い（all bad）」，そしてその解決は「すべて良い（all good）」という二者択一の形である。「私はもう絶対に怒りません」あるいは「私たちはいつも幸せな家族になります」と言うのはお決まりだが，これは非現実的な目標への期待である。これらの単一的な思考は健全な精神保健のためには不適切な前提でもある。フィットする解決が，二つの解決の陰影の差のような，比較的小さな変化を見出すことにつきるような場合には，これらの単一的な思考を実現することは難しいだろう。

　解決とは発見するプロセスの最終生産物である。その解決は，クライエントがセラピーに初めて臨んだ際に考えていた目標から遠く離れてしまうかもしれない。このような理由から「目標の明確化（goal clarification）」は，クライエントを観察し続けながら，クライエントが望んでいる解決を治療期間中に彼らと再評価することができるので，より良い考え方なのである。最近の論文でウォルターとペラー（Walter & Peller, 1996, p.18）はこのような考え方を，意味を喚起するプロセスとして「ゴーリング（goaling）」と名づけた。

目標の明確化という課題

　目標を初回面接の終わりまでに決めなければならないという主張は，セラピストが時間を建設的に使っているかについての具体的な証拠を求める管理保険会社が推し進めているものである。この考え方は，セラピーの質的保証と研究に有益である。実際クライエントがセラピーを受ける場合，何を望んでいるのかを明確に定義する援助は必須であり，とりわけSFTのような実用的で集中的なアプローチには特に重要である。しかし，この課題を文字通りに受け取りすぎてはならない。なぜなら，その時点でクライエントに必要かもしれないことが，セラピストの目標に入れ代わってはならないからである。目標の定義を急ぐと，セラピストとクライエントに必要以上のプレッシャーを与えてしまうことになりかねない。また定義が不十分な目標を抱えながら会話を進めてしまう

と，袋小路へ入ってしまう結果を招くだろう。その上，セラピスト－クライエント関係の情動的風土に害を与えかねない。

「目標の定義（goal definition）」という用語は，直線的，明確なもの，そして，認知過程を示唆する。それは手順のような構造化されたものという意味も含む。セラピーの最初の時点で，はっきりした行動であらわされる目標が定義され，それが終始変わらないクライエントも中にはいる。しかし多くのクライエントは「不満（complains）」（de Shazer, 1985, pp.31-32）を言語化するのが精一杯で，情動的に圧倒されてしまっている。このような不満は，最終的に問題として定義される内容よりも，曖昧で総括的なものである。クライエントが自分の問題をはっきり知るまで，治療プロセスの間に彼らの不満はたいてい再定義される。問題をはっきり理解すると通常，目標やその解決が解明されるのである。

目標の明確化：そのプロセス

セラピーから何を得たいのか，をクライエントにわかってもらうためには時間と忍耐がいる。これは**ブリーフセラピーはゆっくり進む**という仮説を思い出させる。つまりこの仮説は，セラピストが何かを聞き出そうとして聞くのではなく，何が語られているのかを聞き，必要な場合のみ明確化したり意味を尋ねるというような柔軟な姿勢を維持するのに役立つ。

次のようなシナリオを想像してほしい。あなたは仕事のため，あるいは特別なことのために新しい服が必要である。そのためいくつかの選択肢を考えて服の形や色を選ぶ。例えば，あなたが女性ならば赤いドレスに決めるかもしれない。店に行き，思い描いている服を探す。最初に見つけたものが似合っているのでそれを買う。このようなことは起こり得るかもしれないが，特に女性には起こりそうもない。ほとんどの人が，ニーズに合いそうな服を試着し，ラッキーであればお気に入りの服を見つけることができる。しかし大抵の場合は，店の棚をくまなく探しているうちに，欲しいと思っていた服とは違う色や形に心を惹かれるのである。赤いドレスが欲しいと思っていた前述の女性は，結局もっと似合っていて，用途が広い黒のパンツスーツに決めるかもしれない。このようなショッピングの経験から，あらかじめ期待する内容と違う選択肢もでてくることを示唆している。

このプロセスは，クライエントが経験するプロセスと類似している。クライエントがイメージした目標は，いろいろな視点からじっくり考える機会を与えられると，変化するかもしれない。セラピストとのやりとりの中で，クライエ

ントはこのような機会を与えられるべきである。

「目標の明確化（clarifying goals）」は，初回面接中に始まり終結まで続くプロセスである。私たちがクライエントと同じ軌道に乗っているか否かを確認するために，絶えずクライエントをモニターする必要がある（Walter & Peller, 1994）。以下の質問項目はセラピーの段階とは無関係に，目標の明確化のプロセスであることを自動的に示す質問項目である。

1. あなたは（今）何が問題だと思いますか？
2. どのようにして，あなたは問題が解決したことをわかるのでしょうか？
3. どのようにして，あなたはもうここには来なくてもよいことがわかるのでしょうか？　どんなことがその兆候となるでしょうか？
4. そのようなことが起こるためには，あなたの行動，考え，感情に関して，どのようなことが変わらなければならないのでしょうか？
5. あなたはその状況に関係している他の人の何が変わった，と気づくのでしょうか？
6. あなたが起こってほしい，と願うとても奇想天外な空想とはどのようなものですか？（どのような種類のミラクル・クエスチョンも明確化に大変役立つ）

　ひとたび方向性についての合意が得られると，解決へ向けての進み具合をモニターするためにスケーリング・クエスチョンを使うことができる。

　SFTにおいては，目標を明確化できるようにクライエントを援助することがとても重要である。その理由は，彼らが望んでいることを明確に知らなければ，解決を認識することができないからである。なぜなら，**全てのクライエントはユニークな存在であり，セラピストがクライエントを変えることはできない，クライエントは，自分自身で変わらなければならない**のだから，いつその時が来るのかは，クライエントだけにしかわからないのである。

　例えば，セッションの始めに，あるカップルが「目標はもっと活発なセックス・ライフを送ること」と言う場合，彼らに現在の性的関係の起きるコンテクストを訊かずに，この目標に基づいた解決を構築することは効果があるかもしれない。ただしその場合は，このカップルがもっと親密になりたいという心の準備がある場合である。しかしながら**SFTはゆっくり進む**という前提を考慮に入れると，最初に時間を割いて，性的関係を尋ねることは価値がある。性的関係を尋ねると，さらに追加情報を聞き出せるかもしれない。たとえば，愛されていることが信じきれないといった情報である。もしこのクライエントが目標

を修正し，相手に対する信頼感をさらに高めるために取り組むならば，最初の目標である「より活発なセックス・ライフを送る」へ向かう取り組みを続けるよりも，さらにうまく解決へ進む良いチャンスが生まれるだろう。なぜなら，性的な親密さを深める段階より，信頼感を高める小さな段階を踏む方が，はるかにリスクが少ないからである。いずれにしてもお互いの信頼感をさらに高めることは，結果的により活発なセックス・ライフをもたらすだろう。逆説的だが，解決への直線的ではないように見えるルートが，結局はより速く解決へと向かうルートなのかもしれない。SFTセラピストの役割はクライエントの自己への気づきのプロセスを促すことであり，それによってクライエントの動揺は高い確率で彼らにぴったりフィットする解決へと変化するのである。

目標と情動

　情動は言語の一部であるので，それらは目標の明確化に含まれるべきである。例えば，ジョナサンはセラピーに来た動機を「もっと決断力をつけたいから」と言い，彼は，この動機を「私は誰かが異論を示しても自分の意見や選択に疑問を持たなくなるだけでなく，自分の決断に基づいて行動したい」と行動の形で明確にした。それに対してセラピストは，その内容の情動的な側面を反射し「そうすると，あなたはご自身で決断を下すことを恐れない，ということをおっしゃっているのですか？」と訊ねると，ジョナサンは顔を輝かせて「ええその通り，そうなのです！」と答えた。ここでもしジョナサンが他者を喜ばせることが好きな人物だとしたら，ジョナサンがその情動的な反射に肯定的に反応しなかったことにセラピストは注意しなければならない。なぜなら，それはセラピストから発せられたものだからである。セラピストはジョナサンに目標をどのような言葉で表現するか決めるように促さなければならない。ジョナサンの目標は決然と振る舞うことなのか，あるいは恐れないことなのか。この二つはあきらかに関連しているのだが，ジョナサンは彼自身のために，何が自分に最適な表現方法なのかを明確にしなければならない。このケースでの明確化は，ある解決へ円滑に進む可能性を高めると同時に，彼が意志決定をするための良い練習ともなったのである。

　「目標の再定義（redefining goals）」よりもむしろ「目標の明確化」について話すことは，問題が進歩する感覚を経験していないクライエントに，好ましいインパクトを与える可能性がある。変化が起きなければならないと示唆するよりも，彼らがセラピーから得たいと思っていることが変化したのではないか，と示唆し「あなたにとって，今はどんなことがもっともしっくりするのでしょ

うか？」あるいは「今，あなたは何に焦点を合わせたいと思いますか？」と質問する方が，クライエントに不快感を与えない。以前設定した目標は間違っていたという解釈で変化を理解するかもしれない。間違いを犯したという感情は羞恥心につながり，情動的風土を乱すこともある。

クライエントの中には，セラピーを受ける時に変化を恐れる人もいる。この恐れは進歩が見られなかったり，多少の変化は起こっているのに何の進歩もないと感じたり，再発という形態で明らかになるのが一般的である。変化に対してアンビバレントなクライエントは，否定的な感情を自分自身やセラピスト，あるいはセラピーに対して持ち，それを直接的にあるいは間接的にほのめかす傾向がある。もう一度強調するが，彼らの情動的な状態を考慮すると，目標を再定義するよりも，彼らがセラピーから得たいと思っている事に関する現在の気持ちを検討する方がはるかに安全である。例えば「あなたが初めの頃に定めた目標を確認することが，役に立つのではないかと思っているのですが」と優しく探ることさえもクライエントに羞恥心を起こさせるだけで，全く価値はない。現在進行中の会話内容を明確化することがもっと安全である。

事例：マリリン

この事例は，3カ月にわたる5回の面接の治療経過である。この事例は，課題ではなくプロセスとして目標の明確化を捉えるという私の主張を検証しているものである。さらに前述の章で論じたセラピストの選択についても強調している[注1]。

マリリンは30歳，既婚の白人女性で19カ月になる子どもがいた。銀行でパートタイムの仕事をしていた。彼女は感じの良い顔立ちで，身長から考えると体重は上限値ぎりぎりのようであるが，体型はまだ太りすぎではないと言えるかもしれない。5年前，彼女が結婚した直後に，彼女の父親との関係を援助するため6回のセッションを持った。愛情はあるが支配的な父親は，一人娘を新郎と共有することに困難を感じ，そのためこの夫婦に対して理不尽な要求をしていた。マリリンが見つけた解決は，少しでも父親の面倒を見ることを拒むよりも，むしろ父親に関心を向ける方法を選ぶことだった。

マリリンは，セラピーに戻ってきた目標は「摂食障害を治すこと」であると言った。過去5年間を振り返るプロセスの中で，彼女は父親とよい関係を続けていることを誇りに思う，と報告した。彼女は父親を変えようとするのは止め，

注1）このケースの異なる特徴を強調したバージョンが，すでにリプチック（Lipchick, 1993）により出版されており，1993年にギルフォード出版社より転載許可取得済みである。

ありのままの父親を受け入れていた。「まだ，なんだかんだと言ってくるのですが，私はただ言わせておきます」と彼女は言った。
　マリリンは，不安で苦痛そうな様子で現在の問題を次のように述べた。

マリリン：これまでずっと，私は体重の問題を抱えていたのです。そして，どんどん自制心を失ってきています。それで，体重がどんどん増えているのです。私がその……，食習慣をコントロールできないわけがあるような気がするのです。

セラピスト：コントロールできた時はありますか？

マリリン：ウェイト・ウォッチャーズ（Weight Watchers）[注2]に所属していた時です。その時は約14kg減量しました。でも，だんだん昔の習慣に戻ってしまい……そして……わからないけど……私の目標は，その時に達成したところまで減量することではないのです。ご存知のように，ウェイト・ウォッチャーズでは，計測させます，すべてを計測させるのです。1さじ分とか2さじ分のマーガリンを食べることが問題ではないのです。それは私のしたいことではありません。**食べまくること，それが問題なのです。**
〔これは，彼女が何をしたいのかについて最初に語った内容である〕

セラピスト：ええ……ええ……それでどれぐらいの頻度で食べまくりますか？

マリリン：毎日です。

セラピスト：毎日とは正確にはどういう意味ですか？

マリリン：それは，棚と冷蔵庫を隅々まで調べて，見つけたものを何でも食べてしまうことです。もし，何も見つからなかったら，クラッカーや何かを探しに地下室に行きます。そこに私たちは食べ物を貯蔵しているのです。

セラピスト：〔ここで，私はマリリンの気づきを高めるため，この行動は彼女にとってどんな意味があるのか，を尋ねた〕この行動について，あなたはご自身にどのように説明しているのですか？

マリリン：長い間してきたことだと，小学校か中学校の頃からずっと。

セラピスト：そうですか。毎日でしたか？

マリリン：たまにダイエットする時……ちょっとの間……この行動は治まりますが，大体はそうです。そのことを分析してみようとして，それでただ……わからないけど……私が必ずしも落ち込んでいる時ではないです。ある種の感情や，他の感情と関連づけることはできないです。ただ説明できないのです。

注2）減量を支援する会社名。

セラピスト：今となっては，それはきっと習慣ですね。〔私はマリリンが何回か使った言葉を使った〕

マリリン：そうです，不合理なことです。そうして食べている間に「こんなの馬鹿げてるわ」と思い，その後から落ち込み始めるのです。

セラピスト：それで，あなたが唯一そうしない時は，ダイエットをしようと決めた時なのですか？

マリリン：そうです。ウェイト・ウォッチャーズに参加していた間で，約4カ月間が最長です。でもそれから徐々に戻っています。今は最悪です。

セラピスト：ジムはどう思っていますか？〔マリリンの視点による文脈を拡大する〕

マリリン：彼は……，私は泣きながら自制しなくては，と言うので。……それで彼は，私がウェイト・ウォッチャーズに参加する時，それは良い考えだと思うようですが，そうはいっても彼は，私がこの食事の仕方を続けないだろうという態度を最初からずっと取っていました。私は脂っこい食べ物は何でも好きです。私は全然辛抱強くないのです。

　マリリンは夫が仕事に出るやいなや食べ物を探し始め，それから約1時間かけて食べる，と話を続けた。彼女は夫が家を離れることと，その行動を関連付けて考えていただろうか？　そうではなかった。彼女は何を食べていたのだろうか？　ボローニャソーセージやレバーソーセージのような加工された肉製品，いろいろな種類のクラッカー，高カロリーで栄養価が低いジャンクフード，そしてピーナッツバターである。このピーナッツバターの食べ方は，アイスクリームのようにビンから直接スプーンですくって食べていた。最近，彼女は通常の夕食を食べた後に，冷蔵庫から冷たい残り物を取り出して食べていることに気がついたと言う。

　マリリンは，いつもキッチンに置いてあるテレビの前で食べており，忙しい時には食べる量が少ないが，「非常に怠慢」なので忙しくすることはできない，と感じている自分に気づくことも多かった。彼女はテレビの前に居座り続け，自分が怠けている，と気づいた時，自分に腹を立て食べ始めるのだった。週末はましだが，夫が外出した場合は食べまくるという。「私は誰かの前では，ジムの前でさえ，そんな状態で食べることはありません」とも言った。「忙しくすること」について，さらに詳しく聞いたがあまり発展的な情報を聞くことはできなかった。

　私の二重軌道での心の中の会話は，マリリンの会話のプロセスを銘記してい

た。彼女は変化を求めていると言ったが，変化を起こす全ての可能性を拒否した。かつてのお決まりの「はい，でも（yes, but）」である！　彼女は自分自身に怒りをもち続けた。私は居心地が悪くなり，さらに会話が非常に否定的になっている，と感じたので，今とは違う将来に焦点を合わせるためにミラクル・クエスチョンで質問することにした。

マリリン：もし，奇跡が起こったら，私はたぶんポテトチップを少し食べると思います。……ジャンクフードもポップコーンも，……残り物はきっと食べないわ。それは夕食を2回食べるみたいなものですから。ある程度コントロールしているでしょう。

セラピスト：あなたがコントロールできていない時間は，何パーセントくらいでしょうか？

マリリン：90％です。

セラピスト：気分が良いと感じるために，どれぐらいコントロールしなくてはいけませんか？

マリリン：少なくとも75から80％はコントロールできれば。

セラピスト：そうですか……で……うーん，それはすぐに起こることではないですね。90％コントロールができない状態から75％コントロールできている状態ですね……これはかなりの飛躍ですね。5％の変化だとどのように気がつき始めるのでしょうか？　あなたにとって5％の変化はどのように見えるのでしょうか？

マリリン：食べるのを早めに止めるか，1日か2日，私がしなければ……例えば5日の間に10回食べまくった場合は，1，2％か，あるいは5％減る……そんな感じです。

セラピスト：あなたにとってどっちが簡単に取り組めると思いますか？　食べるのを早めに止めるのと，いくらか量を減らすのでは？〔この質問は，AかBどちらか（either-or），の二者択一的な選択から，AもBも（both-and）へと選択肢の枠を広げたことになる。さらにこの二つから選択しなければならない葛藤からの緊張感をいくぶん和らげた〕

マリリン：多分1回減らすか，少なくとも1回食べまくる代わりに，それを1種類のスナックに変えるかもしれません。……何かをすることはいいけれども，自分がコントロールできない状況になるのは許せません。

セラピスト：それでは，あなたが時間と食べるものを選び，それが実際に実行される時，やり遂げてかつ不満足感を持たないために，あなたがすべきこ

とは何であると思いますか？
マリリン：多分何かをすることです。
セラピスト：どんなことですか？

　私たちは，食べる代わりに「何かをする」というマリリンの考えを検討する方向へ戻ったが，彼女は再び自分自身を非難する方向へ向かった。彼女と一緒に働いている人たちは，全員細身で食生活についてよく考えていた。マリリンは，同僚が自分のことを自制心がないと思うことを，恐れていた。
　マリリンは解決に取り組む準備ができていないことがはっきりしてきた。一方，私は彼女が自分をもっと非難するのを避けたかったので，アドバンテージ・クエスチョン（advantage question）を使った。ミラクル・クエスチョンを続行することもできたが，その代わりにアドバンテージ・クエスチョンを選んだ目的は，AもBもという考えを刺激することである。なぜなら，その質問は，クライエントに否定的な内容を肯定的に考えさせることができるからである。

セラピスト：この質問は少し変な質問に聞こえるかもしれないですが，私はあなたのストレスや心配事をしっかり聴いていることをわかってほしいのです。このあなたの抱えている問題で有利な点があるとしたら，それは何ですか？
マリリン：いい質問ですね。そう，私は知り合いがいても近づかないのです。例えばレストランで。もしかしたら，私は近づかない言い訳として，私の問題の有利な点を使っているかもしれません。わからないですが。
セラピスト：なぜあなたは知り合いを避けたいのですか？
マリリン：私は太っていると感じているからです。
セラピスト：他の有利な点とは？
マリリン：私は食べたいだけ食べることができますし，そのことについて考えないことができます。そうすることで，たくさんのエネルギーを節約できるわけです。
セラピスト：あなたがセラピーに来た理由，つまりあなたの問題を考えずに，どのようにそういった有利なことを実現できるのでしょうか？
マリリン：そうですねー，……自分自身と闘うのを止めることでしょうか，きっと。
セラピスト：自分自身と闘うこと？
マリリン：あ，ほら，自分自身にそんなにたくさん食べるべきでないと言いな

がら，でもそうしているということです。
セラピスト：あなたが食べまくる時，それが起こるのですか？
マリリン：**そうです，それが本当に問題なのです，食べたいと思う自分に怒りを感じるのです。**〔彼女は問題を再定義した〕

　私はマリリンが問題をいろいろな形で表現するのを聞いてきた。それらは摂食障害，食べまくること，悪い習慣，そしてコントロールができないことや自身への怒りであった。これらを考えると今の状態はコントロール感がなくなる自分に，怒りが煮詰まっている様子だった。父親との問題を解決する時にマリリンのコントロール感が向上した経験があったので，私はこの時の体験に再び触れることにした。

セラピスト：あなたの結婚後にお父さんとの件でここへ来た時から，あなたにどのような変化があったと思いますか？
マリリン：思い返すと……，父への対処の仕方について，あなたは私にどのような選択肢があるだろうと尋ねましたね。私は選択肢について考えたこともなかった。選択肢の一つは，両親と接触を持たないことでした。私はそんなことしたくなかった。あなたはどのようにこの問題に対処したいか考えさせ，選択肢が思い浮かぶような質問をしました。
セラピスト：今のあなたの選択肢は？
マリリン：物事をありのままに受け入れるか，コントロールするかのどちらかですね。
セラピスト：この二つの間に他の選択肢は？〔AもBも（both-and）〕

　マリリンはピーナッツバターをビンから食べることや，アイスクリームをそのまま箱から食べるのを止めるなら，それがスタートになるだろう。しかし食べる楽しみをあきらめたくないし，そういった厳しい行動計画は嫌だと強調した。
　私がサメーション・メッセージと課題を練っている時，コントロール感と依存の間でマリリンが苦しんでいることを話さないといけないと思った。そこで彼女のコントロール感についての私の見解をメッセージに反映した。それと同時に私は彼女に考えさせるため具体的な内容を提示した。

セラピスト：〔サメーション・メッセージ〕今日あなたからお聴きしたことは，食べたいものを食べるのか，食べたいだけ食べるのかについて悪戦苦

闘していた高校時代から続いている習慣を何とかしたいという内容でした。この行動について、ご自身が自分をどう思うかだけではなく、他人があなたをどんな様子で見ているかについても悩んでいます。今回はグループ・プログラムではなく個別面接で、この問題に対処したいのですね。またあなたはきっちりと計画された食習慣は望んでいないし、それは以前のように継続できないと思っています。あなたの夫はあきらめていて、あなたの努力を支えておらず、現在のあなたを受け入れるようにあなたを説得しています。彼自身も現在のあなたを受け入れようとしています。

　それから、あなたはお父さんとの関係をコントロールし続け、5年間それがうまくできていることも伺いました。この経験から役立ったことは選択肢を考えることでした。

　私からの回答はこうです。あなたの今の決断はとても意味のあるものだと思います。あなたは何かをやろうと決めたら実行する人です。もし今回、あなたがあることを選択し実行する場合、もっともな理由があるに違いありません。あなたは何がうまくいって、何がうまくいかないのかについてよく理解しています。以前の経験から、選択肢を用いたことが役立ったのだから、今回の問題にも選択肢の活用が有効かもしれないと思っています。

マリリン：そんなことを望むのは非現実的かもしれないですね。

セラピスト：そうかもしれません。ご自身へ向けられている怒りの感情を止めることができる最良の方法と、あなたが望んでいる適度なコントロール感覚をつけるには少し時間がかかるかもしれません。明確ではないですが、どのような間食の取り方をしたいのか、何時に食べたいのかといった選択肢や、ご自身を多忙にさせ続けるために、どんな選択肢があるのかを考えるのは多分有効かもしれません。どのように間食をとるか、どのようにその日を忙しくするかは、当日の朝に選択したいとさえ思うかもしれません。ですからしばらくの間、選択肢を決めて実行するのが好きかどうかを試してください。

マリリン：いい考えですね、そうしてみます。私、妊娠前の体重に戻したいし、それを維持したいのです。〔私はマリリンが別の現実的な目標、つまり減量について話すのを今聞いたが、その目標は以前に彼女が言っていたことと矛盾していた〕

2回目のセッション（2週間後）

セラピスト：さて，今後もこういう事がずっと続いてくれたらな，と思うことが起きましたか？

マリリン：とても大変でした。時々，これは本当にできるのだろうか，とも思いました。最初の週，選択肢の全部をきちんと試してみました。書き留めて，計画して，また書き留めました。それから，次の週はそれを口頭で実行しましたが，あまりうまくいきませんでした。

セラピスト：最初の週の事と何が有効だったのかを話してください。

　私は効果があった行動について詳しく質問した。彼女はピーナッツバターとアイスクリームを食べるのを止め，脂肪分の多いクラッカーの代わりに塩味のクラッカーを食べた。私はこういった変化にとても関心を持ったが，彼女は「でも，ある日はうまくいって，ある日はうまくいかないのです」と言って自分の変化を弱める発言をした。そのため私は「でも全体的に以前より，この２週間に食べた量は少なかったでしょう？」と尋ねた。彼女は「ええ，確かに全体的にはとても少なかったです。でもある時は少なく食べて他の時は食べ過ぎる。自分が埋め合わせをしている事もわかっているのです」と言った。以前より良い方向へ変化していることは明らかであるが，マリリンの反応は，解決に向けて心の準備が整っていないことを示していた。私は別の方法で動機付けできるように目を配らなければならなかった。

セラピスト：現時点ではまだはっきりとわからないのですが，あなたが問題解決に集中できる一番役に立つことは何だと思いますか。

マリリン：多分間食を１日に１回にすることです。全く間食を取らなかった日が何日かありました。〔私が彼女の意見に異議を唱えなかったら，彼女はより自分の意見に自信を持てるようになっていることに注目〕

セラピスト：代わりに何をしましたか？

マリリン：ええ，「灰の水曜日（Ash Wednesday）」[注3]がその日でした。そのことが一因です。

セラピスト：代わりに何をしたのですか？

マリリン：やりたいことを全て書き出し，食べる代わりに家ですることを見つけました（腹立たしい様子）。そうやって１日か２日できるのに，どうしていつもできないのかしら？

注3）イエスが宣教生活に入られる前に砂漠で40日間断食をされたことにならい，教会生活の伝統では断食，節制が行われてきた。灰の水曜日ではじまる四旬節の40日間（日曜日は数えない）は，１年の典礼の頂点である復活祭を目指しての準備期間。

セラピスト：ご自身に怒っていますね。
マリリン：そうです，要するにコントロールの問題なのです。他の人だってこの問題を抱えているのです。でも私の友人を見てください。その問題を考える必要すらない。どうしてあの人たちにできて，私にできないのかしら？

　マリリンのこうした態度に，私は多少のフラストレーションを感じていることに気づき，私が**クライエントを変えることはできない。クライエントだけがクライエント自身を変えることができる**という仮説を思いだした。それ以降，彼女が自分自身への怒りを発散している間，彼女の感情をただ反射した。このような状況は次第に収まり，マリリンが自分を受け入れることを学ばなくてはいけないのがよくわかったと言ったので，このセッションは終わった。

セラピスト：〔サメーション・メッセージ〕今日あなたから聞いた内容はこうです。来訪の目的は，あなたの食習慣が理由で，腹立たしくなる自分を止める事，……そしてご自分の行動を受け入れる事と食事制限を他人はどう思うだろうという考えを受け入れる事です。あなたはコントロールが簡単にできるようになるだろうと期待して来訪しました。あなたの夫は今のあなたのままで良いと言い，あなたを受け入れていると言いました。そしてあなたも同様に自分を受け入れないといけない，でもそうするとますます太ってしまうだろうと思っています。
　　私が言える事は，あなたは正しい方向で自己を受け入れていると思います。あなたがご自分と闘えば闘うほどエネルギーを消耗し，あなたに適した選択肢を見つけるのが困難になるでしょう。ご自身と闘う方法を変えてみるのはどうでしょうか？　例えばある日は1日中徹底的に闘い，次の日は全く闘わずに自分を受け入れるとか。
マリリン：どんな方法で1日中，自分と闘わないですむのか検討がつきません。
セラピスト：でも，すでに何回かできたとおっしゃいましたよ。
マリリン：心の中で言い争うのを止めることはできませんでした。
セラピスト：以前はどのようにしてできたのですか？
マリリン：ええ，理由があった時です……，四旬節[注1]や，ウェイト・ウォッチャーズにお金を支払う時です。でも，試してみようと思います。どうしたらいいんですか？
セラピスト：闘わないと決めた日に心の中で葛藤を感じた時は「闘いは明日に

注1）キリストの死から復活への過越の神秘にあずかる信仰を確認する期間。

延期しないとね，なぜなら今日は楽しいことを何でもできる日だからよ」と自分に言い聞かせてみてはどうですか。そうでない日には，事あるごとに，闘ってもよいと自分に言いなさい。なぜなら次の日には闘えないからです。
マリリン：はい，やってみます。それで私が努力して向かうものは……？　私の中のその部分が止まっているかどうかわかりません。
セラピスト：止めるか延期させるか，どちらかにしますか？
マリリン：もっと小さな単位で実行するのが，私には適している気がします。私は，午後に自分自身と言い争うのを許そうと思います。そして，私が疲れて言い争いを続けるエネルギーがない時には，一日がおわるまで，言い争わないでおきます。〔こちらからの提案をクライエントが修正する場合，その内容をいつでも認めるようにする。クライエントは，自分のやり方であれば実行する傾向が強い〕
セラピスト：あなたが，できそうだと思うやり方ならどんな方法でもいいですよ。ただ，あまり性急に多くの事を期待しないようにね。

3回目のセッション（2週間後）

マリリンは，「過食は徐々にましにはなっていますが，実際には少し体重が増えたので減量したいのです」と言った。私はこの変化に驚いたが，情動的風土を維持するためにコメントを控えた。私たちが話をしている間，私はマリリンが以前よりも自分を受け入れていることや，食べる事への関心が減っていることに気づいた。しかしマリリン自身はこの変化を，夫がそばにいることが少し多かったので，彼女がしなければならなかった用事が全般的に多かったからだと言い切った。マリリンは徐々に自分をコントロールできるようになってきているが，まだ十分ではないことには同意した。マリリンが以前変化を維持できなかったパターンがあり，コントロール感を維持することなど絶対できないとぼやいた時，私は重要な例外，すなわち彼女の父親とのことを思い出した。

サメーション・メッセージの中で，以前彼女が父親に抱いていた葛藤と，現在の彼女の状況を比較させ，以前に彼女が見出した解決法に近い課題を構成した。マリリンは父親からの批判を考える代わりに，自分に必要なことを考えるように頭を切り替えて，問題を解決した経緯がある。私は似たようなプロセスをここで提案した。つまり自分に批判的になっていると気づいた時には，その状況は父親や他人が彼女について思っていることなのか，あるいは彼女が主観的にそのように考えているのか否かをどんな時でも自問すべきだと示唆した。

4回目のセッション（3週間後）

「自分への怒りはこの3週間少しだけ治まっていました」とマリリンは開口一番に言った。怒っていた時間は，全体の50％だけだったのに，「十分でないわ」と彼女は言った。またマリリンは，前回のセッション終了の際に私が出した提案を実行したことを報告し，あたかも反抗的な子どもが心の中にいるように感じることに気付いた。その子は，これまで一度も自分のしたいようにできなかったので，その子が，マリリンに過食させているのである。「『これがまさに私が望んでいることだ，誰も私を止められないのよ』とその子どもが言っているようです」とマリリンは言った。私はこの問題をより明確にするため，マリリンにこう尋ねた。「もうすでに成人しているあなたは，心の中にいるこの反抗的な子どもをどう扱いたいのですか」

マリリン：たぶん，私は自分を受け入れることだけに専念すべきなのかしら。
セラピスト：楽しみながら食べることと，自分を受け入れることはどうしたらできますか？〔AもBも〕
マリリン：自分に対して悪い感情を持たないこと。こんな悪い感情が出るのは，食習慣の問題が原因だと思うのです。
セラピスト：食習慣の問題が悪い感情を持ってしまう兆候なのですね。
マリリン：それが私の最大の欠点で，一番腹が立つことです。〔この問題を再定義し続けた〕
セラピスト：わかりました！　ここで克服したいことは何でしょう？　どのようにしたらご自身を受け入れていることに気づきますか？
マリリン：自分に対して悪い感情を二度と持たないことと「あなたはコントロールできていない」と言われても聞かないことです。
セラピスト：他の状況では，どのようにしてあなた自身を受け入れることを学びましたか？
マリリン：わからないです。自分を受け入れられない状況はそんなに多くはありません。
セラピスト：娘としてはどうですか？
マリリン：私は悪い娘ではなかったと気づきました。私の問題ではありませんでした。しかし今の私が抱えている問題は，まさに私自身のことなのです。
セラピスト：かつてお父さんのことを考えるときのように，もしご自分を受け入れることと，自分を批判すること，**両方**を考えたなら，どのように自分自身に対して違って反応できますか？

マリリン：彼には言いたいことを言わせて，私は自分のしたいことをします。

セラピスト：それでは，それは，あなたが自分の食習慣に関して批判的なことに，どう当てはまりますか？

マリリン：批判的な部分には，黙っていてよと言わないといけないかしら。

セラピスト：それはあなたがお父さんに対処した方法ではないですよね。

マリリン：彼のことは無視します。

セラピスト：ご自分への批判にもそうすることはできますか？

マリリン：ええ，気分が良い時には気づかないでそうしてきたと思います。今からこの方法を実践します。

セラピスト：あなたがここに来た週だけですか，あるいはその週が過ぎても？

マリリン：どんな時もできたら良いけど，あなたと話をした後の方がずっとましかしら。

セラピスト：セラピーに来るようになって，あなたがそのように実行している割合は増えましたか？　以前に比べて，今はどれぐらい多くの自分を受け入れていますか？

マリリン：30から40％以上ね。

セラピスト：開始した時は，わずか10％できると言っていたのに，今はより高く30から40％ですね。そうすると，以前と合わせて50％は良くなったことになりますね。

マリリン：今は目標が変わりましたから。最初の時は体重を減らすことだったけれど，もうそれではないのですから。私の洋服はからだに合わなかった。だから外出して新しいものを買った。その事が自分を受け入れている兆候なのです。

セラピスト：そんなふうに感じられるなんて素晴らしい。すごいですね！

マリリン：私は自分が望めば3週間でだいたい4.5 kg減量できることは知っているけれど，そうしたいとは思わない。だから結局考えた事は，そう……自分にとって魅力的な服を買おうって。……でもその後で，私はこれで対処しているのかどうかしらと考えました。

セラピスト：それに対するあなたの答えは？

マリリン：私が現在どうなのかです。もし今の自分を受け入れることができたら，多分1年後，もっと気が楽になっているでしょう……あるいは，何かが起こる……私は妊娠したいです。まるで妊娠することが絶対良いことか，絶対悪いことかというふうに考えるのを止めたいです。

セラピスト：現在はそのバランスがどのように変化しているのですか？

マリリン：食べる事に対する気分に変化があります。だから私は自分の食習慣を前よりずっと受け入れています。でも，食べ方は相変わらずです……そう，ほとんど変わらなくて。……ある時はましだけど，ある時は悪い。

セラピスト：状況が違うと時には異なる選択肢を選ぶことを受け入れることができると思いますか？

マリリン：うーん，そこで行き詰っています。

セラピスト：〔サメーション・メッセージ〕あなたは進歩しているけれども，それが素早い効果をもたらしてはいないとおっしゃいました。またあなたは食習慣と無関係に，あなたの主な目標は，自分を受け入れることなんだとはっきりと気がついていると伺いました。

　あなたは良い方向に向かって進んでいると思います。でも，あなたを受け入れる唯一の手段は，自分を変えようとするのをしばらく止めることです。そして起きてくる事をそのままにする――あなたが自分を変化させようとするのを放棄する時，立ち止まり，物事がどうなるのかを見るのです。……おそらく1カ月ぐらいの間。もちろんあなたの頭の中に時々批判的な考えが浮ぶことがあるでしょう。ある人は1日に10分間の時間をとり，その日に浮ぶ批判的な考え全てに対処しています。またある人は批判的に考えてしまう時，その批判的な考えを書き留めて，それをビリビリに破いて捨てることが役に立っています。あなたは書き留めるのが好きじゃないのは知っています。あなたは別の方法を見つけたいと思っているかもしれないけれど，どうなるか様子を見ましょうね！

5回目のセッション（5週間後）

　マリリンは，自分を受け入れ「悪い点だけでなく良い点も見つけていた」ので全てに気分が良好だったことと，食べることについては以前よりコントロール感が増したと報告した。彼女が以前ほどには自分と戦わなくなったことが大きな変化だった。「とってもほっとしています」「気分はちょうど父と交戦するのをやめた時と同じ気分ですね」と言った。私はこの新しい進歩が彼女の日常生活にどのような影響を与えているのかと尋ねると，憂うつにならなくなったと彼女は言った。

セラピスト：あなたには，お父さんとの関係と食べ物に関して，コントロールできないという点で何か類似点がありますか？

マリリン：はい，あると思います。私はぜんぜんコントロールできないと感じ

ていましたし，父が全てをコントロールしていたと気づきました。1度ですがコントロールできたと思った時，ほっとしたことがあります。

セラピスト：あなたの行動は変わりましたか？

マリリン：はい，その状態が続いています。

セラピスト：そうです。だから食べ方にしても，ご自身と戦うことも，コントロールができない自分に腹立たしくなることも，すべてが全く同じ事だ，とやっと気づいたのですね。

マリリン：そう。私はもうこれ以上は自分と闘わないわ。

セラピスト：本当ですか？

マリリン：はい。

セラピスト：今から2年，……今から3年後……，あなたの食べ方には，将来この変化がどのように影響しますか？

マリリン：できれば自分と闘わず，考えないようになるといいわ。たとえ食べたいのなら何でも食べていいわよと自分に自由を与えても，たくさん食べないと思います。だから——私の代謝が変わらない限り——，今よりも体重が大幅に増えることは，想像できません。そして，それで十分です。

このセッションの終わりに，食べることについてどれくらい自分を受け入れてきたかを尋ねた。すると彼女は，食べることは全体の問題のわずか一部で，最初に来訪した時は25％だったのに，今では全体の80％から85％はコントロールができていると言い，このような変化を維持できる自信については「わかりません。まだ，なじんでいないので」と話した。

セラピスト：あなたはその努力を継続し，強化しなければならないでしょう。今後，継続していくための公式は……ご存知でしょうが自分を受け入れることや，自分に自信を持つことに対する評価が上下するのは普通なのですよ。……先ほどの85％は素晴らしい。でも，それが習慣になるには時間がかかるでしょう。……ですから，考えたのですが，ご自分を85％も受け入れてないと感じてもがっかりしないように。……少し後退してしまったと感じた時，全てが否定か肯定かの間で悩むのではなく，むしろ自分を受け入れて自分に自信を持つこと。両者間のバランスを取り，あなたがすべきことを考えるのですよ。

マリリンと私は目標に達したので，私たちはもうこれ以上会う必要がないことに同意した。

サメーション・メッセージでは，彼女の目標や達成した内容とこの問題についての彼女の新しい考え方を復習した。

この事例で重要なことは，マリリンが問題内容を明確にするにつれ，どのようにプロセスが変化していったかである。5回のセッションでは，目標の一つだった「摂食障害を治療すること」と，自分への怒りの問題は，自己受容の問題へと移行した。プロセスのレベルにかかわることは，彼女が抱える問題の内容を明確にするのに役に立った。

意思決定の目標

クライエントの目標が，二つかそれ以上の選択肢から決定することである場合，私たちは問題解決のプロセスへの案内人となる。クライエントが選択肢を熟考するのを支援するために，私たちはクライエントの話を注意深く聴かなければならない。良い点と悪い点を挙げたり，優先順位を決めるといった作業を，宿題として提案することができる。この課題のバリエーションの一つには，クライエントの選択肢が短期的，長期的に有利な点や，不利な点をそれぞれリストアップするよう提案するというものである。

例えば，ある男性が，短期間の浮気をしたが今は後悔している妻と別れるか，あるいは妻を許すかどうかについて決めようとしているとする。

短期的に有利な点：男性はプライドを保てる。妻が男性を傷つけたように，男性は妻を傷つけることができる。
長期的に有利な点：男性は妻をこれ以上信頼することができるのか，否かについて悩まずにすむ。
短期的に不利な点：男性の全人生が崩壊する。男性がいまだ深い愛情を抱いている相手を失う。
長期的に不利な点：男性は今後の結婚生活が良好になるかもしれない状況下で，何らかの変化が起きる機会を失うかもしれない。

目標はその内容にかかわらず，決定することである。その後，もしそのクライエントが面接の継続を希望したら，クライエントはセラピーが自分の役に立ったかをどのようにしてわかるかということに基づいて，新しい問題が定義されなくてはならない。

このケースで，もしこの男性が妻との離婚を決断する場合，新しい問題は，独身としての日常生活への取り組みか，喪失に対処する方法か，離婚後の子ど

もの養育か，あるいは，それら全てに関することかもしれない。この男性が妻を許し，結婚生活を続ける決断をするなら，二人は夫婦療法を希望するかもしれず，そうなると今後の問題と目標を二人で決めなければならない。もし妻がセラピーを嫌がり，この男性が希望する状況では，彼が自分の問題を決めないといけない。つまり，それはどのように信頼し，そして（あるいは）許すかである。一方，このクライエントは去っていき，セラピーの必要性を感じないかもしれない。この男性が，セラピーに来たのは決断することであった。したがって，セラピストとの契約は遂行されている。もし彼が一つの解決方法で満足しているなら，セラピストも同様に満足すべきである。セラピーの必要性を感じないのに，クライエントの変化を援助し続けるのは解決志向の哲学に合わない。

　決断のことで相談に来るクライエントには，できるだけ早急に決断しなくてはならないと焦っている人もいる。切迫感があると，ＡかＢかという二者択一的な側面を深刻化させるだけである。時間をかけて必要な情報を集めて吟味する作業は，優れた選択肢の一つである。したがって可能ならば，クライエントに少し時間を与えてみるか，しばらくの間，意志を固めるのを先送りさせるべきである。このように時間をかける提案をする場合には，もっと状況を理解するために時間が必要です，あるいは間違いがないようにその決断を延ばすべきかもしれません，と言えばいい。

　次に示す事例は，女性がボーイフレンドと別れる決断をするために来談したものである。彼への総合的な評価は10のうち7だった。しかし，ボーイフレンドは最初の結婚で生まれた子どもたちのことを，彼女より優先していると言っていた。彼女はどうすべきかを考えるあまり疲れ果て，すぐに決断することを切望していた。この問題について彼女が徹底的に検討するのを私が援助する間，彼女が数週間ほど決断を保留する気はないかどうかと考えていた。彼女はリラックスして安心しているように見えた。そこで私は彼女に，すぐに決断する必要はないのだから，彼がデートに誘ってきた時，彼と一緒に過ごせることがどれほど楽しいかに注意を払うように言った。次のセッションの時，彼女は先週は以前よりリラックスしていたと報告した。2週間後，突如として彼女のボーイフレンドは彼女の希望に合わせるようになり，もっと会いたがっているようだとの報告があった。彼女は次のセッションをキャンセルし，状況はとても良くなったので，この男性との交際を続けることに決めたと言った。

　その他にも，クライエントが決断に迷っている時に尋ねる有効な表現方法がある。それは「将来あなたがその決断を思い出した時（あるいは，振り返った時），これで良かったと思うために，今あなたは何をすべきですか？（あるい

は，今あなたは何をしようと決断しますか？）」というものである。この質問は大抵ミラクル・クエスチョンよりもかなり有効である。なぜなら，良い将来を想像できない人はいるが，だれもが悪い決断をした経験と，その決断後にどのように感じたかを覚えているからである。

クライエントの目標が他者の行動を変えたい場合

　良い解決には，クライエントが自分の行動に責任を持つことが必要である。しかし，クライエントの中には，他者の行動が変われば問題が解決すると信じている人もいる。典型的な例を挙げると，娘や息子，あるいはパートナーを「修繕」してほしいと来談にくる親がいる。

　他の事例と同様，このような内容のときもクライエントに協力する必要がある。

　マージョリーの来談理由は，夫のフレッドとの15年間の不幸な結婚生活を何とかしたいからだった。彼女はフレッドのことを自己中心的，不誠実，そしてお金に対して無責任だと表現した。二人は共稼ぎで同等の収入があったが，マージョリーは買いたい物があっても自制していたのにたいして，フレッドは電気製の玩具を買い集めることに熱中したので，二人の生活費は大変なことになってしまった。この問題に対処するため，マージョリーはフレッドが稼いだ給料を全て自分が管理し，彼がお金を必要とする時は，自分に頼んでお金をもらうことにすると主張した。この解決法はしばらくの間はうまくいったが，フレッドがだんだんと非協力的になり，マージョリーが決めた計画を破るようになったと感じている。さらに車の点検や芝刈りといった，彼がやるべき事をしなくなった。最近では，自分の両親の結婚記念日にマージョリーがパーティーを開いた時，フレッドは飲みすぎてしまいマージョリーを参加者全員の前で罵った。マージョリーはセラピーに行こうとフレッドを誘ってもみたが彼は拒んだ。

　セラピストはクライエントを変えることはできない，クライエントだけがクライエント自身を変えることができるという仮説をクライエントも理解すべきである。どうなればあなたはもうセラピーに来る必要がないと思いますか，とセラピストがマージョリーに尋ねた。マージョリーはフレッドの行動が変わったならと答えた。そうなるために，あなたご自身は何か違うことをするつもりですかと訊くと「ありえないわ，セラピストが提案できることで，私がこれまでやらなかったことは何ひとつありません」と答えた。彼女は丁寧な口調でフレッドに，生活費を使いすぎないように注意を促したこともあった。彼女は怒りやすい性格だった。彼女はフレッドの母親から彼に話をしてもらうようにし

た。フレッドが上機嫌な時やロマンチックなムードの時に話をしたこともあった。彼女はフレッドによそよそしく振る舞うようにもしたが，どの方法も変化がなかった。マージョリーは専門家の力を借りる事にした。最初にセラピストは，このクライエントがこの問題を再定義する事と，彼女自身が何か今までとは違うことをするように援助しようとした。フレッドは，これまでの人生で，彼女かあるいは他の人との関係の中で変化したことがあっただろうかと彼女は考えた。しばらく考えたマージョリーは，フレッドは会社からクビにされそうになったので，会社に遅刻することがなくなったのが変化だったと答えた。フレッドは，マージョリーが別れると思ったら，変わるとマージョリーは思っただろうか？ マージョリーは即座に，自分はフレッドと別れることはないと言った。それは宗教的信念に反することで，彼女には絶対ありえなかった。ウィスコンシン州では共同所有物についての離婚法があるため，彼女は今までこつこつと蓄積した資産を分割したくなかった。

　このような状況の場合，何が選択肢として考えられるのか？ 何よりも治療的にすべきことは，誠実になってクライエントに他人は変えることはできないと伝えることである。私たちが現実的に提供できることは，選択肢を探し出すことである。一つの選択肢としては，その問題の状況下でいかにうまく対処するかというものであろう。マージョリーはこの答えに満足しなかったので，セラピーを止めることを選択した。しかし，このことでセラピストの立場が介入として役立たなかったとは言えない。セラピストがクライエントに無力さを言明した時，クライエントの中には自分で他のことをしようと決心する人もいる。

結　　論

　「目標の定義」よりむしろ「目標の明確化」について話すことは，表面上ではたいしたことでないように思える。課題として質問をすることとプロセスの一環として質問をすることと何がそれほど違うのだろう？ この違いは主に示唆的なものであり，それはセラピスト－クライエント間の相互作用に影響する。「課題」よりむしろ「プロセス」を考えることは，私たちの考えをその他の可能性に拡げ続けるような流れを意味する。それは，クライエントは過去に決定をした場所にいると仮定するよりむしろ現在どこにいるのかという好奇心を喚起し続ける。目標は「設定されている」と信じてしまうと，拘束され，行き詰まってしまう。

　SFTでの全ての流れにおいて，セラピーの目標は何なのかをクライエントが

決めることに注意を向けなければならない。クライエントはセラピーにもう来る必要がないということをはっきり知ることができる唯一の人物であるだけでなく、そこに至るまでの能力や準備状態を生み出すことができる人物である。したがって、このプロセスを通して忍耐強く、柔軟で、そして好奇心をもつことが、私たちにとって有益である（Cecchin, 1987）。

　クライエントが望んでいることや目標に達する準備ができているかどうかについての問題は、サメーション・メッセージや課題を構成する際に重要であるため、第7章で論ずる。

第6章
ワンウェイミラーの背後にいるチームとコンサルテーションのための休憩

「チームが観察する方法は，構造派（structural），ミラノ派（Milan），戦略派（strategic）のセラピストたちが用いていた」（Nichols & Schwartz, 1995, p.521）。ミラノ派のチームが以下のように，その効用をおそらく最もわかりやすく解説している。（Selvini Palazzoli et al., 1978, p.16）

> ふたりの同僚のスーパーバイザーが観察室から継続的に面接を見てくれていることは，絶対に欠くことのできないものだと私たち全員は感じている。面接室の様子を外から観察するので，観察者がセッションの内容を描写するのは容易でないが，まるで正面観客席からフットボールの試合を見ている観客のように，全体的な観点から観察することはできる。常にフィールド上では主役よりも観察者が名声を博すのだ。
> 　　　　　セルビーニ・パラツォーリら（Selvini Palazzoli et al., 1978, p.16）

最近ではトム・アンデルセン（Andersen, 1991, 1995）がチームワークで介入する方法に関して，さらに協働的な「リフレクティング・チーム（reflecting team）」について紹介をしている。このプロセスでは，クライエントはワンウェイミラー（以下，ミラーとする）の背後にいるチームの議論を観察した後，それについてコメントをする。

もともとBFTCでは，ミラーの背後にいる観察者たちは，クライエントとは直接的に意思疎通を全く行わない第三者的な役割だった。彼らは，セッション終了前の休憩の間，面接するセラピストがクライエントのためのメッセージを組み立てるのを手伝ったが，そのメッセージの中には，彼らの存在を含めなかった。クライエントはミラーの背後には観察者がいることを知らされるが，観察者が誰であるかは故意に明らかにされなかった。私たちはそれが神秘的な雰囲気を作るために役立つと思っていた。あるクライエントが，観察者たちからのフィードバックを依頼した時（Nunnally, de Shazer, Lipchik, & Berg, 1986）にその方法が変わった。結果として生じた観察者とクライエント間のやりとりか

ら，私たちは，観察者とクライエントが直接接触することで，治療プロセスに別の側面が加えられると実感した。そして，観察者は，ミラーの背後からセラピストを呼び出したり，クライエントを直接呼んだり，ときには質問やコメントをしたりし始めた。観察者からの質問やコメントは，しばしばクライエントに挑戦するために用いることができた。それは，面接するセラピストが，クライエントとの関係を危険に曝さなければできないようなものだった。偶然にも，ミラノ派のセルビーニ・パラツォーリと彼女のグループ（Selvini Palazzoli et al., 1978），そしてニューヨークのアッカーマン研究所（Ackerman Institute）のグループ（Papp,1980）が同じ方法を用いていた。

　面接室のセラピストとミラーの背後の観察者たちは，それぞれが異なる面接の経験を持つことになる。これらの異なる印象は，介入メッセージを作成するために必要な豊かな情報を提供し，さらにそのことでセラピーの期間を短縮することが可能となる。不運なことに，今日のアメリカにおける大多数の個人開業のセラピストは，たとえそうしようとしても，常にチームワークで仕事をするほど十分な時間やスタッフの余裕がほとんどない。チームワークで行う方法は，主に教育の目的や研究のための大学機関やトレーニング機関で行われている。

セラピストにとっての利益

　チームワークとセッション終了前の休憩によって，クライエントを上手く援助することができる。この協働作業は，セラピストにとって知的で情動的な支えになり，セラピストが燃え尽きるのを防ぐことができる。しかし，チームの存在がなくとも，休憩そのものに価値がある。私たちはクライエントのために終わりのメッセージや課題を作るための休憩をとることに慣れているので，時間の節約のために，休憩をとらないと決めた場合に，たいてい私たちが使ういくつかの言い方がある。その代わりに，ほんのわずかの間をおいて，考えをまとめてクライエントにフィードバックや課題を出してもいい。ある日の午後遅く，おそらく夜の帰宅途中に，私たちはその日のことを思い返していた。その日のセッションで，明らかな事実を見逃してしまい，クライエントに言い損なったことが，急に思い起こされた。幸いこのような場合には，余計な仕事になるが，間違いを修正する方法がある。それは，後で思いついた考えを手紙でクライエントに伝えることである。これは長い目で見ると利点がある。何回も読み返される可能性があるし，両者の関係にも良い。なぜなら，セラピストが実際そばにいない時でも，セラピストは自分たちのことを考えてくれているとクラ

イエントに示すことができるからである。

　クライエントとの会話で情動的，認知的にかかわりながら，メッセージや課題を作成することは難しい。それは，クライエントが問題とゴールをどういうものだと考えているか，あるいはこのセッションや過去セッション中にクライエントが述べたことは何だったか，それに対する私たちの反応はどういうものだったのかについて振り返る必要があるような離れ技である。もちろん，これをうまくできるときもあるが，そのような場合はいつもセラピーの終了間際であり，セラピーが上手く進捗していて，全員が「あなたがしていることをやり続けなさい」と言う時である。チームワークでの介入はこれをさらに効果的に達成することができる。

　チームが作れない場合，休憩を取ることが最良の代用である。面接室から別の場所へ移動するような環境変化は，セラピストを「行為（doing）」から「振り返り（reviewing）」へと移行させる。これらは，クライエントやクライエントとの相互作用，そしてクライエントに反応する方法を理解するために，両方でそれぞれの合計以上の結果をもたらす，異なった体験である。

クライエントにとっての利益

　クライエントにとって，チームワークとコンサルテーションのための休憩が有効なことは明白である。チームワークと休憩は，セラピーの質を保証するだけでなく，「一人の頭で考える以上」の成果をクライエントに提供している。エリクソンの5段階のトランス誘導（Schmidt & Trenkle, 1985, p.143）によると，セラピストの休憩中にクライエントが待つプロセスと，その後にチームがクライエントに話す内容を聞くプロセスは以下のような点でクライエントの役に立つ。

1. セラピストが休憩から戻ってから次に何を言うかについて注意を高めることができる。
2. セラピストのメッセージの内容が受容と理解を表している場合には，クライエントの緊張はほぐれる。
3. メッセージはクライエントの驚き，安堵感，注意の向け直しを引き出し，問題に対する見方に変化を与える。
4. メッセージはクライエントの使用した言葉や協力した態度を反映しているので，効果は継続的である。
5. トランスのような状態ではクライエントはさらにセラピストから言われ

た内容に受容的である。

一般的にクライエントは頷いたり微笑で承認したりするので，この反応を「イエスセット（yes set）」（de Schazer, 1982 ; Erickson & Rossi, 1979 ; Erickson et al., 1976）の状態と呼んだり，クライエントが集中して内容に同意している状態だと表現する。

チームと休憩の導入

多くの人はセラピーを個人的なことと思っている。クライエントは自由に自分の問題や気持ちを表せる安全な場所を求めている。チームでセラピーをする場合，セッションを観察するためにミラーやビデオを使用することが必要になる。このようにセッションが曝されることについて説明をすると，クライエントの中には脅威を感じる人もいるため，納得してもらうためには繊細な配慮と技術が必要である。クライエントがチームの介入に同意するか否かの決定要因は，おそらくチームアプローチをどのように紹介するかである。クライエントにためらいながら説明したり，弁解がましい態度を取ったりすることは決して良くない。クライエントに誇りを持って特別のケアが受けられる好機であることを示すべきである。私たちがこの手続きが良いものであると信じるならば，クライエントはめったに反対しない。例えば，

「私たちはこの方法があなたにとって，最も役に立つと信じます」
あるいは，
「一人より何人かで考える方が，よりあなたにとって役立ちます」
あるいは，
「チームでの介入方法は援助をより短期間にすることができることがわかっています」
あるいは，上記の表現を全て用いる。

観察されることを不快に思う研修生が，観察の許可を取ることが難しいのは，彼らの不快感を投影させるからである。セラピスト自身が観察されても気にならない場合は，クライエントも気にしない場合が多い。時々クライエントは，面接の間観察者が同室にいるなら観察されても気にならないと言う。これはある程度目的を損なうが，異なる視点を提供できるし情動的風土も保持できるので許可するほうが良い。

以下に提示している表現は，チームの介入に賛同を得てもらうためのオプ

ションである。

1. クライエントが初回セッションに来る前に，電話でチームの介入について説明する。
2. インテークの時に，面接室に入る前にチームの介入についての書面をクライエントに渡す。その後クライエントが面接室に入ってから再度説明をすべきである。
3. クライエントが聞きたいことは何でも質問をするように勧めて，チームのメンバーを紹介する。

　私は，クライエントがチームの観察に関する決定権を持つべきだと考えている。しかし，クライエントの意見が尊重されるか否か，あるいはもしもクライエントが同意しなければ，そこからどこかへ紹介されてしまうかは病院やクリニックの考え方しだいである。ほとんどのクライエントが自らの意思で来院するような個人開業の場合は，おそらくこの問題はさらに物議をかもし出すだろう。セラピーを必ず受けるよう指示されているクライエントを，異なる基準で扱うべきでないが，現実はそのようなクライエントには選択の余地はより少ない。したがって「他に選択肢がない」という状態は，無償のケアや，非営利的団体から政府支援のケアを受けているクライエントの方が，個人開業に行くクライエントより喜んで同意するようである。これはおそらく，チームでの介入が教育規定の一部になっている病院や，大学病院でセラピーを受ける人も同様である。どんな状況下でも，クライエントがチームによる介入を嫌がっていることを話せるように配慮すること，そして辛抱強くチームの利点について説明することが重要であることを覚えておかなければならない。

チームワークと休憩の実用性

　実際に多くのセラピストは休憩を取ることのできないような境遇で仕事をしている。それに，おそらくセラピーに必要な空間が満足に取れないような機関で仕事をしている。自宅で開業しているセラピストは，家の他の部屋を使うように頼んだり，部屋からしばらくの間出てもらうように言ったりすることは気が進まないかもしれない。その場合次の選択肢として最適なのが，メッセージや課題を手紙にして，そのセッション終了直後にクライエントに送ることである。

　もう一つの考え方は時間である。今日ではこれまでになくセラピストは，できるだけ多くのクライエントに会えるようにハードなスケジュールを組んでい

るため，休憩を取るのが難しい。セラピストには，進捗状況をメモしたり次のクライエントに関する記憶を蘇らせたりするためのセッション間の10分の休憩時間が必要である。しかし，彼らは休憩をとり，メッセージを読む時間を作るために，45分間，あるいは50分間のセッションを35分に短縮するのを嫌がる。このようにセッションの時間を短縮することに居心地の悪さを感じているセラピストに私は考え直してもらいたい。クライエントが慎重に構成されたサメーション・メッセージや課題から得る利益は，10分間の余分な話よりも十分価値があるだろう。

休憩はチーム観察の場合とは違い，選択肢として提示すべきではない。クライエントがセラピーに何を期待できるかということを知らせるのと同様に，決まってすることであり，専門的手法として，セラピーの最初に紹介されるべきである。普通，クライエントは休憩によって心のこもった配慮を得ることになると解釈するので，好意的に受け止められる。

次の表現は，休憩を説明する例である。

> 「今日私たちが話した内容をじっくり考えるため，セッションの終わり頃に短い休憩を取ります。そうすることによって，私が考えていることや提案をまとめ，あなたにお伝えすることができるのです」

チームのプロセス

チームは一人またはそれ以上の観察者で構成されうるが，面接をするセラピストを含む5人以下のグループが最も扱いやすい。あまり人数が多いグループでは，情報量が多すぎて，与えられた時間内に簡潔なメッセージをまとめるのが大変である。解決志向のチームの機能は，面接を観察し，電話やその他の手段でセラピーに参加すること，休憩の間，ミラーの背後で話し合いに参加すること，そして家族のためのメッセージを作成することである。

ミラノ派のチームは介入メッセージを作成するのに必要なだけの休憩時間を取った（Tomm, 1984, p.225）。しかし，現在のアメリカではほとんどのセラピーは，45分～60分間のセッションに限定されている。効果的なセラピーの時間枠は，面接を35分間，休憩を10分間，そして残りの時間でメッセージを伝えてクライエントから反応してもらう，というものである。家族をみる場合に，一般的な時間枠よりも長い時間を費やす時間的余裕があるセラピストは，そのようなきつい時間制限のもとで働かなくていいことの利点がわかるだろう。

第6章　ワンウェイミラーの背後にいるチームとコンサルテーションのための休憩　127

クライエントに関する二重の視点

　クライエントと直接対面する経験と，ミラーの背後からの経験ではかなりの違いがある。面接するセラピストがチームメンバーの経験者ならば明らかにこの違いを認めるだろう。ミラーの背後にいると，見当違いで極めて批判的な考えが出てくるが，クライエントと対面すると，その考えが消えてしまうことはまれではない。この経験はおそらく情動的レベルでの結びつきをもたらすクライエントの言葉のもつ非言語的な側面が，ミラーの背後では排除されていることを示唆する。ミラーの背後から観察することは，面接をするセラピストよりも自然な反応が許されるという利点がある。また特にクライエントと面接するセラピストの間のプロセスを客観的にアセスメントすることもできる。この二つの視点の組み合わせは理想的であるが，チームなしではそれは実現できない。

　ひっきりなしに口喧嘩をしている夫婦のために，セラピストとチームが仕事をしている様子を想像してほしい。面接をするセラピストは，チームと協力して夫婦喧嘩の詳細な内容を探索する。夫婦喧嘩が一つの争点から他の争点に移行するにつれ，妻は自分の非を認め，彼女のボディ・ランゲージも寛大さを示すようになったが，一方で夫は慇懃な態度で妻を責め，彼のボディ・ランゲージは責任逃れのように見えた。ミラーの背後のチームが，そのプロセスに疑問を感じて，その夫婦に夫婦関係への関与度の評価を，1から10の尺度で質問するように電話した。このスケーリング・クエスチョンの答えは，会話の焦点を内容から夫婦関係のかかわりについてのもっと深い問題へと変化させるであろう。このように，より客観的な立場からその内容とプロセスを査定できるので，ミラーの背後からの視点は，セラピーの進行を促進することができる。

　セラピーに役立つために，チームは，クライエントのプロセスとの関係において，チームのプロセスを常に意識しておかなければならない。これに関して，私は一つの事例を思い出す。ある夫婦が，2カ所の町のどちらに住むかを決めることができないという理由で来談した。休憩の間，この夫婦に与える課題について，チームの意見が二つに分かれた。チームの一人が，クライエントのプロセスとチームのプロセスが同じようなものだと指摘するまで，チームが二つの陣営に分かれて課題をどうするかお互いに議論した。

　チームが夫婦と同様，AかBか（either-or）のプロセスにいることをいったん認め，次のようなメッセージを構成した。

「あなた方はお互いに自分本位の選択をしようとしていると思います。しかし同時に，相手を喜ばせたいと望んでいるとも思います。このような状態にいることは難しいことだと思います。したがってご帰宅され，夫婦関係と自分本位の選択のどちらが，より重要なのかを考えていただくことを提案します。あなた方の答えが，解決のための新しい考え方を生み出せるかどうかに注目しましょう」

チームワークと情動的風土

　安全な情動的風土の状況下で，セラピストとクライエントの関係が成立することが重要であるならば，チームメンバーのメンバー同士（同僚，スーパーバイザー，研修生）の関係やクライエントとの関係も同様である（Cantwell & Holmes, 1995）。したがって，ミラーの背後にいるチームメンバーにとって，面接をするセラピストとクライエントとの会話内容と同様に，お互いの意見を受け入れることが大切である。面接を行うセラピストへ示唆を与えるときには，クライエントにするときと同様に敬意と配慮を持つことで，最もよく伝達される。そうすることで，クライエントにも同じようにその効果が波及する。ちょうどチームメンバー間の葛藤がセラピーを台なしにするのと同様，セラピストたちの間の好ましい情動的風土はセラピーを促進させる。

　チームから面接室への電話連絡は，面接をあまり中断させないよう，配慮を持ち，大切な内容に限られるべきである。面接中の割り込みは有用であるが，セラピストだけでなくクライエントにとっても邪魔になる可能性がある。質問やコメントは，ミラーの背後にいるメンバーの一人が中継するのが一番良い方法である。そして，そのメッセージは面接を行っているセラピストが混乱しないように，できるだけ明確で簡潔なものにすべきである。

　通常，大人数で構成されたチームの場合，休憩の間にセラピストに話すのは，チームのうちの一人に決められる。その他のメンバーは，自分の意見を面接の間か終了後に，伝達役のメンバーに紙に書いて渡す。

　面接を行うセラピストが，同一語で質問を繰り返すのか，あるいは言い直してもいいのかどうかについて，話し合っておかねばならない。それは治療チームの専門的見解によって異なるであろう。通常，もし面接をするセラピストが研修生ならば，質問を繰り返すように指示するのがより有効である。経験が豊富なセラピスト間の電話連絡は，むしろミニコンサルテーションになり，次のような質問の形をとる。「あなたはその内容に固執していると私は思う。これは意図的ですか，それともあなたは勢力争いについて話をしたいと考えているの

ですか？」

　面接をするセラピストが，ミラーの背後のチームと合流する時，彼らは常に最初に印象を伝えることが許されている。面接を行うセラピストは，クライエントとともに情動的な場にいるので，その意見はミラーの背後の観察者たちよりも，やや重みがあると思われている。ブルーリンとケイド（Breunlin & Cade, 1981）は次のように示唆している。

> 　面接をするセラピストが，いつ十分な情報を得るのか，そして自分の言葉で表現したメッセージを伝えたいのか，それともチームメンバーからの提示された表現を伝えたいのかどうかを決める。考えやメッセージを使うか否かについての最終決定は，そのセラピストに任される。なぜならそのセラピストがセラピーをしなければならないのだし，セッションでのクライエントの感情の状態を最も正確に判断することができるからである（p.456）。

　チームアプローチを全てのクライエントにとっての標準の手続きとする場合，面接をするセラピストが，そのケースについて単独で決定をする権限を持つかどうかについて，あらかじめ決めておかなければならない。クライエントがセッションとセッションの間に，面接を行っているセラピストに電話で質問をしてきた場合，セラピストがそれに答えるのか，あるいは答える前にチームと相談しなければならないのだろうか？　ほとんどのチームは面接をしているセラピストに，質問に対して答える権限を与えている。チームのメンバーは変わりうるのだし，実際的理由からセラピストに権限を与えたほうがいいからである。面接をするセラピストが，治療的理由から幾人かのメンバー，または全員と相談する場合もあるだろう。

　例えば，ある女性のクライエントが電話をしてきて，自分が付き合っている既婚者の男性が浮気をしていることがわかったという。彼女は非常に腹が立ったので，彼の妻に電話をして彼が自分や他の女性と関係を持っていることを伝えたいという。そのクライエントはセラピストに，それを実行して良いかどうかのアドバイスを求めている。この場合，解決志向のセラピストは，どんなに彼女の行動に反対意見であろうとも，潔白な心で直接的な答えを与えることはできない。セラピストの仕事は，この行動の倫理性を含む全ての側面について，クライエント自身が探求できるように援助するものである。しかし，クライエントがその決定についての責任を自分で負わなければならない。したがって，このような事例の場合，チームに相談しよう，と言うことで，クライエントには自分の行動を考える時間を与えることができ，セラピストも熟慮されたメッ

セージを構成する時間をもてる。例えばセラピストは，クライエントの関係を危機にさらすことなく，次のように言うことで直接対決することができる。「チームの半分のメンバーは，怒りのあまり，あなたが報復をしたい気持ちを理解しています。しかしあなたが，後で後悔はしないと確信しなければいけないと考えています。もう半分のメンバーは"二つの悪事を重ねても正しくならない"と考えています」通常，セッションの間の電話連絡の対処の仕方は，面接室での情動的風土を維持できるよう決められるべきである。

　第7章では私が「サメーション・メッセージ」と名づけていることおよび「提案」について説明する。

第7章
サメーション・メッセージと提案

　サメーション・メッセージと提案は密接に関係しているが，各クライエントが持っているそれぞれに異なる情報を土台に作られる。したがってこの章ではこの二つを別々に取り上げて説明する。

サメーション・メッセージ

　サメーション・メッセージとは，一般的に介入メッセージと呼ばれるものである。私は問題志向型から解決志向型への理論的転換にヒントを得て，介入メッセージをサメーション・メッセージに変えた。問題を維持している行動パターンを止めさせるメッセージから，問題のない行動・思考・感情を強化するメッセージに変えたので，心理療法のプロセスはさらに協働的となり，これまでよりも戦略的なプロセスではなくなった。慣例的な「介入メッセージ」の構造は，賞賛，手がかり，課題などをもたらすものであった（de Shazer, 1982, pp.42-46）が，これはまるで医学的診断や処方をしているように聞こえるので，協調的な面接のトーンとは調和しないように思われる。したがって，サメーション・メッセージは面接の中での質問と，返答パターンを反映するものとして考えられ，セッションの最後に作成されるようになった（第2章図2参照）。サメーション・メッセージには以下の内容が含まれている。

1. セラピスト／チームがクライエントから「聞いた」内容や理解した内容についての返し。
2. クライエントへの質問。セラピスト／チームが1．で示した返しに同意するか否か。そして必要ならば，内容の訂正をする質問である。
3. セラピスト／チームによるその他の反応。これはセラピスト／チームによる新しい情報や提案を含む別の視点を提供するような反応である。

　サメーション・メッセージが功を奏するか否かについては，聞いた内容を返すとき，その内容がクライエントの視点と合致しているか否かに大きくかかっている。メッセージは，セッション中にクライエントが用いた言葉や，比喩の内容を利用している場合に最も合致するだろう。第1章の理論の流れで述べた

ように，サメーション・メッセージや提案は，クライエントの心の内側を揺さぶるものとして考えられることはあるが，特別な変化をもたらす介入として考えるものではない。

リリーとトムは夫婦喧嘩を止めたいとセラピーを受けに来た。彼らは見るからに相思相愛で，共通の興味や目標が多くあるのに，一方では金銭の管理，性的関係，リリーの親との関係に大きな意見の違いがあると言った（内容）。ふたりは最初に金銭の問題から取り組むことを選択した。セラピストはセッションが進むにつれて，ふたりのどちらかが意見を言うたびに，もう一方はそれに反対し，断固とした表情でセラピストを見ることに気づいた（プロセス）。サメーション・メッセージは内容の観点から構成されるべきであるが，同時にプロセスの部分にも触れるのがよいということを念頭に置きながら，セラピストは，ふたりからすでに聞いている来談理由を述べた後，以下のような考えを提供した（リフレーム）。

「人はよく喧嘩をします。それは自分のやりたいようにやりたいからではなく，人生で最も大切な人に認められて，理解されたいから喧嘩をします」

以下の提案はこのリフレームを基に作られた。

「次回までにあなた方に考えてほしいことがあります。それは金銭問題について，相手を敬う心と愛する心をどのような形で表してほしいか，そしてあなた方はどのようにそれを相手に示したいかについて考えてほしいのです」

解決志向のセラピストたちは「正しい（right）」メッセージを作れたかを気にかけることが多い。しかしある時点での，ある特定のクライエントには，何が正しいメッセージなのかを知る術はない。クライエントがどのように状況を見ているかということとメッセージの内容が合致している限り，数あるメッセージのどれも等しく役立つだろう。私たちがメッセージをまとめて提案する上でできる最良の方法は，私たちが理解したことを表現することである。クライエントの表現内容と，理論的仮説，セラピストとしての経験，人間行動に関する一般知識，直観を組み合わせて表現するのである。効果的なサメーション・メッセージを記述する一つの方法は，そのセッションに居合せない人でも，それを読んだり聞いたりした時に，セッションの内容やプロセスについてよくわかるようなものにすることである。

サメーション・メッセージの構造

サメーション・メッセージは，セラピストが面接中にクライエントから聞いたことをまとめることから始まる。サメーション・メッセージは，次のような言葉から始まる。「今日あなたが（私に）おっしゃったことは……」。またこの段落には，（１回目のセッションでは）以下が含まれる。

1．クライエントが表した不満，および／あるいは問題
2．現状に対する過去の背景
3．クライエントはどうなりたいと望んでいるのか
4．セッション前の変化と強さ
5．問題に対して情動的にはどう感じているかについてのあらゆるクライエントの発言

続くセッションでは以下の内容が含まれる。

1．前回のセッション以降にどんな変化が起こったかに関するクライエントの報告
2．変化への，あるいは変化しなかったことへのクライエントの反応
3．クライエントが明らかにした強さ，リソース，感情を含む新しい情報

サメーション・メッセージは会話的な雰囲気で，面接中の情動的風土を継続しながら発せられるべきである。面接室内にクライエントが数名いる場合には，年齢にかかわらず，それぞれの人から個人的な意見を聞くべきである。

事例：家族Ｂの場合

「Ｂさん，今日私に話してくださったことから，あなた方はスクール・サイコロジストの指示でこちらにいらしたのだとわかりました。ティナは集中力がなく，やるべき事をしないと学校側からの報告があるのですね。それと，ティナは学校では独りでいることが多いとも報告されています。その理由は彼女がすぐに怒ってしまい，そのため他の子どもたちが一緒に遊びたがらないからかもしれないということですね」

「このような学校での行動は，ティナが１年生の時からしだいに悪化しているとおっしゃいました。その頃はちょうどご主人が自営業を始めたときであり，奥さんがシフト制の仕事の第２シフトで働き始めた時でした。ティナがご家庭では非協力的で，怒りやすくなり始めたのも大体この時期だとおっしゃいました。あなた方はティナのことを非常に心配し，できる

だけのことを何でもしたいという気持ちなのですね」

「あなた方は，学校や数名のセラピストと相談し，問題解決のために色々なことをしてきたのですね。ある時あなた方は，ティナをもっと忍耐力のある教師のクラスに移動させようとも考えましたが，それが継続的な変化をもたらすとは思えませんでした。報酬プログラムや体操教室に連れて行ったり，しつけ本を読んだりして学校とよく協力して頑張りました。しつけの方法については，お互いに少し違う考えがあるため，おふたりの合意点が持てないことがよくあるとおっしゃいました」

「今日はあきらめずにティナを何とか助けようとここにいらっしゃったのですね。奥さん，あなたはティナがもっと家や学校で大人の言うことを聞くようになるために，どのようなことが起こってほしいと思いますか。ご主人，ここに来たことで，ティナが全体的にもっと幸せになるのが見たいとおっしゃいましたね。あなたは彼女が自分自身を肯定的に思えるようになればもっと彼女はやりやすくなるだろうとお考えなのですね」

「マイク，あなたはこの問題を無視しようとしていたと言ったね。君はただ家族全員がもっと幸せになってほしいのでしょうね」

「ティナ，あなたは自分のために学校や家庭での事態を変えたいと言いましたね。学校ではもっとお友だちを作りたいし，いつもご両親をあなたのことで怒らせたくはないのですね」

「皆さんへの私の理解は全て正しいですか？　重要なことが抜けていたり，あるいは付け加えたいと思うことはありませんか？」

　この初回のセッションでは，クライエントに関するセラピストの反応を反映する言葉が以下のように続く「今日あなた方が私におっしゃったことに対する私の答えは……」。ここは情動的風土を強め，クライエントたちに異なる視点を与えるのに重要な部分である。この時点で関係している情報は，提案の内容を直接導くものである。

　初回のセッションでは，この部分に（順番はこの通りである必要はないが）以下が含まれるべきである。

1. セラピストの共感，および／あるいは，受容を反映する発言。例えば「あなたがそんなに落ち込んでも無理はないと思います」「とても辛い状況だったようですね」「お話しにいらしたことは，とても良い考えだったと思います」という様な発言。

2．感情表現の有無に限らず，クライエントの置かれた状況の情動の大きさに対し配慮する発言。例えば「あなたは本当にたくさん傷ついてきたのだと思います」「そう考えてしまうのも，よくわかります」といった言い方である。
3．セッション前の変化，将来の変化に関する考え，現在もっている強さやリソースに関する賞賛や肯定的承認。
4．ノーマリゼーション，リフレーム，子どもの発達に関する情報，あるいは人間関係の力動などの異なる視点やセラピストの考えや意見。
5．夫婦や家族のケースの場合は，共有された感情や目標。つまり双方がひどく傷ついており，だれもが争いたいとは思わず，幸せな家族を築きたいと考えているということ。

事例（前述のケースの続き）

　「皆さんがおっしゃった内容を聞き，今日はご夫妻だけでなくティナもマイクもいらしたことはとってもよい考えだったと思います。皆さんのおかげで，状況をよく把握することができました。基本的に皆さんは，同じ事を望んでいることがわかりました。つまりみなさん全員，物事がうまくいくことを望み，全員が今よりも幸せを感じたいと思っているということです。これは皆さんがお互いに，家族を思いやっていることを示しているように思います」

　「お母さんとお父さん，私たちが感銘を受けたことは，あなた方はご多忙であるにもかかわらず，協力してティナを助けるためにあらゆる手段を尽くしていることです。あなた方は良い両親のお手本のように，できるだけのことをしようと努めていらっしゃる。また仕事，家庭，年老いているご両親のことにも関わらなければならないし，ご多忙ですね」

　「しつけに関してお互いの考え方が違うことは，ある意味で役立つこともあります。子ども全部が同じしつけ方法にうまく反応するわけではありません。ですから二人で一貫性のある計画を考えるよりも別々の考えを持っていたほうが良い場合もあります。〔彼らの考え方の違いを肯定的にリフレーミングしている〕」

　「マイク，君が家の問題を無視しようとしていると素直に話してくれて，本当に感謝しています。なかなかそんなに素直でいられる子どもはいないと思います。君はただ家族全体のことをすごく心配していて，これ以上問

題を増やしたくないと思っている。これには心を打たれましたよ。君は皆がもっと幸せになることを望んでいるのですね」
　「ティナ、あなたは自分に自信を持ってよいと思います。あなたが成長したから周囲のことを変えたいと思うようになった。今までうまくできずにきたことを認めるのは大変なことです。でも、それはあなたや周囲の人にとっても、良い方向へ向かう第一歩となることがよくあるのです」
　「ご意見やご質問がある方はいらっしゃいますか？」

　このように、サメーション・メッセージは、面接中の会話の聴取／反応のパターンを反映し、継続させるものだということに気づくだろう。サメーション・メッセージの中にはねぎらいが織り込まれている。クライエントの話しを正しく聞けたかどうかを確かめるのには配慮も含まれている。それはまた、セラピストとチームへの信頼感を高めることにもなる。賞賛の言葉でメッセージを始める代わりに、「あなたがおっしゃったことは……」という言い方に変えた時 (de Shaer, 1982 ; Erickson et al., 1976 ; Erickson & Rossi, 1979)、私は「イエスセット（yes set）」での反応（クライエントが頷いて賛成の意を示すこと）がより、明らかにわかるようになったことを体験した。

提　　案

　セッションの最後で、クライエントにどのような提案をするかを決めるのは、セラピストにとって最も困難な問題の一つであろう。これまでクライエントとの協働関係への期待を中心にしながら、ガイドライン作成の試みが何度となくされてきた（たとえば動機付けがある人には指示的に、動機付けのない人には非指示的に）(Brown-Standridge, 1989 ; de Shazer & Molnar, 1984; Fisher, Anderson, & Jones, 1981 ; Haley, 1976 ; Molnar & de Shazer, 1987 ; Papp, 1980 ; Rohrbaugh, Tennen, Press, & White,1981 ; Todd, 1981)。

　もともとBFTCで用いられていた課題は、MRIの「逆説的（paradoxical）」介入と類似している。その介入方法とは、システムのパターンを変えるためのもので (Frankl, 1960 ; Haley, 1973, 1976 ; Watzlawick et al., 1974)、ミラノチームの対抗逆説の処方とも矛盾しない (Selvini Palazzoli et al., 1978)。これらは全て、うまくいかないパターンの中にある肯定的な意味合いと、そのパターンを継続する指示を連結させて、抵抗を回避する意図がある。それはクライエントが逆の行動をするよう期待するものである。ブリーフ・ファミリーセラピーがSFTになった時、クライエントの抵抗は「協力」という概念に置き換わった（de

Shazer, 1984)。このことにより，逆説的な課題を与えるのは理論的には不可能になった。なぜなら課題は今やクライエントがどのくらい協力的であるかに基づくもので，クライエントに受け入れられるべきものになったからである。実践ではこれはほとんど同じ事のように見える。例えば，競争的なやり方でセラピストに協力するクライエントは，ある課題が効果的なクライエントもいるが，その課題は彼にはあまり功を奏しないだろうと言われるかもしれない。

　この章では「提案」という言葉を「課題」の代わりに用いている。というのも，SFTでは**クライエントは自助となるリソースを持っている**という信念が強く受け継がれているからである。同様の理由で，私は課題を与えるべきかを決める上で，クライエントをカスタマー（customer）（de Shazer, 1988 ; Fisch et al., 1982），コンプレイナント（complainant），ビジター（visitor）（de Shazer, 1988）とラベリングするのはクライエントのためにならないと思う。カスタマーとは変化することに意欲的であり，何か違う事をしてみようと思う人のことを言い，コンプレイナントは問題があると思っていても，それに対して意欲的に何かをしない人である。このような人は，課題をするかもしれないし，しないかもしれないので，直接的な宿題を与えるべきではない。彼らは，ただ何かに気づくよう求められている場合もある。ビジターは問題があるとは思わず，セラピーに参加したくない人たちである。彼らは意欲がないから宿題をしない。それゆえ，何の宿題も与えるべきではない。このようなラベルは，クライエントの反応を必ずしも予測するものではない（Fish, 1997）。ビジターがカスタマーになることもあれば，カスタマーが初回面接やその後のセラピストとの関係でコンプレイナントになることもある。カスタマーが否定的な経験をした時には，ビジターに変わってしまうことが知られている。面接の情動的風土とセッションの終わりでのメッセージは，一緒にいるクライエントの態度を決定的に変えてしまうことがある。このような不確実さを全て考慮したとしても，来談する全員に変化のための提案を出さないというのは賢明ではない。しかし課題というよりも，むしろ提案という形にすると，クライエントは自分で行動を選択できる。言われた通りに実行するか，自分の状況にもっとなじむように応用するか，あるいは無視するかという選択ができるのである。こうすれば，ひどいことにはならないので，クライエントの反応がいずれであっても情動的風土は維持されるだろう。

提案の個別化

　広く知られた解決志向の提案内容については，本章の後半「よく用いられる

解決志向の提案」（pp.143-145）に説明した。しかしながら，適合に関して慎重に考える必要があることを理解すべきである。初回面接課題公式でさえ，全てのケースに適した選択肢だとは限らない。課題には，クライエントが否定的なことに注目することを止めさせる意図があるが，変えたくもないと思っている重要な喪失に取り組んでいるクライエントに対して，誰がそれを止めさせられるだろう？　あるいはクライエントが否定的な状況ばかりを描写している場合，変化するように求めることは，協力的な関係といえるだろうか？

　結局，最も効果的に提案をする方法は，個々のケースにうまく合わせることである。うまく合う提案をすることは，見かけよりもさほど難しくはない。むしろそれは創造的なプロセスなので楽しめるものである。提案は，情報に関する論理的思考に基づく。その情報とは，セッション中に生成された，クライエントはどのような人物で何を望んでいるのかということに関するもので，彼らにどんな経験をさせれば違いを生み出せるのか想像するために用いられる。このようにして，セッション中に，もしも前向きな変化を聞き取り，それを賞賛をもってサメーション・メッセージの中で強化したら，その前向きな変化が継続されるような提案内容を考えるように促される。もし状況が変化せず，あるいは悪くなったと聞いたら，さらに悪化するのを食い止め，小さな改善を生み出せるような提案を考えるように促される。ある夫婦がお互いに感謝することができずに深く傷ついていることを反映しているメッセージを聞けば，彼らが相互に小さな感謝のサインが体験できるような方法を見つけ出そうとしがちである。これはまた解決志向の考えの範囲を超えた領域であり，パターンを中断させたり症状を外在化させる提案に頼ることでもある（White & Epston, 1990）。できる限りクライエントに適するように揺さぶることが目標である。クライエントはそれぞれ異なるので，どのように揺さぶるかについては幅広く考える必要がある。ここで，いつもクライエントの協力の仕方を考慮に入れなくてはならないことを思い出してほしい。例えばかなり競い合う雰囲気のある夫婦には，提案の最後に「どちらが先に折れて感謝の意を示す強さをお持ちでしょうか？」などコメントするのも良い。

　提案内容を作成するときには，**SFTはゆっくりと進む**ように心がける事も，また重要なことである。長期にわたり問題に浸りきっていたクライエントは，変化がたとえ前向きなものであっても変化への準備に多くの時間が必要かもしれない。

　以下の四つの質問は，解決志向のブリーフセラピーを実践するセラピストが提案を作る上で有益だとされたものである。

1．クライエントはどのように状況を描写したか？（内容）
2．クライエントが望んだことは何か？　変化しようとしているか？
3．クライエントは，自分が言った事に対しどう行動しているか？（プロセス）
4．サメーション・メッセージにおいてもたらされたさまざまな情報や視点をどのようにして提案の中に組み込めるか？

事例（前述の事例の続き）

　B家の家族たちによる問題の記述は以下の通りである。

　　母親―ティナには問題行動がある。
　　父親―ティナには問題行動がある。
　　マイク―巻き込まれたくない。
　　ティナ―家庭でも学校でも物事がうまくいかない。

　クライエントは何を望んでいるのか？

　　母親―ティナは大人の言う事をもっと聞くべきだ。
　　父親―ティナはもっと幸せになるべきだ。
　　マイク―皆がもっと幸せになるべきだ。
　　ティナ―お母さんもお父さんも自分のことで悩まないようになるべきだ。

　クライエントはこの状況にどのように反応しているのか？　何か違うことを試す気があるのか？

　　母親―ティナを変えることのできる何かを探し続けている。
　　父親―ティナを変えることのできる何かを探し続けている。
　　マイク―状況を無視している。
　　ティナ―何もしていない。

　ここでは，両親とティナが何かこれまでと違うことをするかどうかははっきりしない。提案に対する彼らの反応は，それについてさらなる情報をもたらすだろう。
　サメーション・メッセージで述べた家族メンバー間の考えの違いをいかに提案の中に組み込むことができるのか？　その提案は家族の全ての人を肯定的に

認めるところに特徴がある。提案は家族の中の幸せを求める共通の願いを高めるものである。例外や肯定的な事柄に焦点を当て続けるのがおそらく最善の方法だろう。

提案

「残念なことに，今日は皆さんのために魔法のように答えを出すことはできません。少しずつ皆さんのことをよく知っていかなければなりません。終結に向かうための提案はあります。皆さんの心配事とそれが重大だということを伺いました。でも，今は問題の現状が少しわかっただけなので，家族の中で起こっていることをもっとよく知らなければとも思います。良い部分を変えることなく確実にやっていきたいのです」

両親には不一致があるので，別々の提案をした。

「奥さん，もし機会があれば，ティナが家庭や学校でしていることを見て，その中で彼女に続けてほしいなと思うことに目を向けることをお勧めします。それを見つけておいてください。次週ここにいらした時に教えてください。〔これはB夫人が望んでいるといっていたことである〕」

「ご主人，もし機会があれば，1週間のうちでティナが少しは幸せそうに見えるときはどのような時なのかに目を向けることをお勧めします。聞かせてもらうのを楽しみにしていますよ。〔これはB氏が望んでいると言っていたことである〕奥さんと毎晩その結果を比較して，意見が一致するかどうかを確かめても良いですよ」

「ティナ，あなたは学校でお友だちや先生といる時に，これからも起こり続けてほしいと思うことを考えてみてください。あなたが望むなら，家の中でも同じようにしてみてください」〔ティナは，学校での自分を変えたいと言っていた〕」

「マイク，君は気が向いたときで良いから，今週，家で起こることに注意し，今後も引き続き起こってほしいと思うことがあったかについて教えてください」〔マイクは参加には慎重なようだが，まだ参加する選択肢を与えられている〕」

すべて否定的なものはない，そしてクライエントは自助となるリソースをもっている，という仮説にのっとり，この家族には問題よりも解決策にフォーカスを当てる提案がされた。その反応は，その内容に関わらず価値あるものに

なるだろう。なぜならその反応によって，家族の協力体制に関する情報がさらに提供されるからである。

事例：ジェームズの場合

これらの質問の活用法をよく示している別の例を見てみよう。

ジェームズは絶望感があり自分自身ではどうしようもなくなったと感じ，この気持ちを誰かに打ち明ける事に決めたと言った。半年前の53歳の時，彼の職場では業務縮小があり，その時に彼は解雇された。新たな職探しのため非常に努力をしたが見つからなかった。ジェームズは次第に全ての不条理に思い悩み，今では広告を見なくなり，履歴書を送るのも止めてしまった。ジェームズは現状を無視しているようで，彼は社会から孤立したい気持ちが増してきていると報告した。同時に彼は怒り，エネルギーのない自分にうんざりしていた。彼は昔の自分にもう一度戻ることができれば本望だと言った。彼は昔の自分を自発性に富み，前向きな思考の持ち主だったと表現した。

サメーション・メッセージの冒頭では，セラピストはジェームズがセラピーに来た経緯や，強調していた内容を聞いて理解していることを示す必要がある。次の対応として，セラピストは，ジェームズの強さを強化しなければならない。つまり，自分には助けが必要だという認識をもてたことや，その認識に従ったということ，彼の正義感，ポジティブに考え行動的だったそれまでの自分，といった内容を強さとして強化するのである。それは同時に新しい情報や見通しをもたらす。私はこの時点で，ジェームズの正義感をリソースとして利用し，別の視点を与えようと考えた。

選択肢A

「あなたの職場で起きた不条理さに怒るのはもっともなことですが，仕事がまだ見つからないために自分に怒りを向けるのはあまり妥当ではないと思います。人が不公平に扱われたと感じた時に，前向きな態度で自発的にしているというのは難しいですよ。残念な事に，あなたはご自分の会社を変えることはできない。どのようにすればもっと自分が素直でいられるかを考えることに興味を持てばよいのではないでしょうか」

前述した四つの質問を用いれば，ここでは二つの提案ができる。もちろん他にも多数の可能性がある。

1．クライエントは，行き詰まりを感じていると言った。その理由はエネル

ギーがなく，他人にも自分にも怒りを感じているからだと言う。彼は変化するための援助が欲しいとはっきりと言っている。
2．クライエントは，以前の自分のようになりたがっている。
3．現状に対するクライエントの反応は，他者と自分への怒りである。怒りが増すほどコントロール感が失われていく。
4．クライエントに提供された別の視点として，クライエントは自分に対して忠実でないという点が挙げられた。彼は正義感が強い。この正義感の強さを彼自身へ向けさせると，うまく彼の幅を広げることができるかもしれない。

選択肢A

　「ジェームズ，提案があります。あなたと同じような状況で助かった人もいるのです。必要なのは1日2回30分間です。初めの15分間は，ご自分の状況への怒りと，ご自身に対する怒りを書くのです。次の15分は，自分自身がもっと中立になるためのアイデアを練って，リストを書いてください。それが終われば，最初に書いたものは破棄し，後の方をとって置くのです」

選択肢B（ジェームズの怒りを活用した選択肢）

　「あなたが行き詰まっていると感じるのも無理はありません。なぜなら，あなたの状況やご自分に対する怒りがあり，あなたが自発的になるエネルギーの全てを奪ってしまっているのです。あなたは過去の自分，エネルギッシュな自分を取り戻すために，何か違う事に挑戦してみなければならないと思います」

　「あなたが行き詰まらないように援助し，その行き詰まりをゆっくり打開する提案があります。これを試してみたいかどうかを考えてみてください！　過去の自分を取り戻し，怒りを止めるには時間がかかるでしょう。そこでちょっぴり習慣を変えてみるのです。あなたが怒りを感じた時，その怒りが静まるまでに，どのくらいの時間がかかるのかを考えてみませんか。つまり，あなたは履歴書をどこにも送らない自分に心底怒りを感じていますね。その怒りが完全に静まるのにどれくらいの時間が必要かを決めて下さい。さらにその時間がきたら，その時間の半分の時間を使い，別の事をしてください。できれば，過去のあなたがしていたことをするのが良いと思います。怒る以外のことであれば，何でも結構です」

これらの二つの提案は，行動を重視している。ジェームズが自分を何とかしたいという要求に応じ協力しているやり方であるが，この提案では同時に情動も述べている。また，構造とコントロールをもたらすので，何らかの儀式を提案するというのも良いだろう。

よく用いられる解決志向の提案

ここで挙げる提案のほとんどは，シムテム論的／戦略的／構造的な伝統にのっとり，今でも幅広く使われているため，もともとの出どころを特定するのは難しい。これらは，MRIでのブリーフセラピークリニック，ジェイ・ヘイリー，サルバドール・ミニューチン（Salvador Minuchin），ミラノチーム，アッカーマン研究所で用いられたものに由来しているか，そこからとり入れられたものである。とはいえ初回面接課題公式や，予測課題（prediction task）はBFTCでのものに由来している。これらの提案は非常に洗練されているようにみえるが，変化を生み出すには個々の状況の文脈に合わせなければならない。

1．初回面接課題公式

この提案は，大きな悲しみや喪失，あるいは例外が見出せない問題が扱われる場合以外は，おおむね初回面接で用いられる。

> 「今から次回お会いするまでの間，ご家族の中でこのまま起こり続けてほしいと思う事があったか，よく観察してください。次回にそれについて，私たちに細かく教えていただきたいのです」（Adams, Piercy, & Jirhc, 1991；de Shazer, 1985, p.137）

前述したジェームズの事例では，状況に関するジェームズの視点がとても否定的だったので，この提案はそぐわない。実際には，この提案ではジェームズ自身への怒りを増幅させてしまうかもしれない。

2．うまくいっていることをさらに続けましょう

この提案は，すでにうまくいっていることは直さないという考えに基づく。面接前に変化が起きたと報告された場合や，すでに前向きな内容があるのが明らかな場合に，この提案が効力を発揮する。

3．違う事をしてみましょう

この提案は，どうすべきか言ってもらいたいと切望していて，彼らが行って

いることはうまくいっていないクライエントのためのものである。

4．変えないようにしましょう

この提案は通常，危機的状況と判断される場合や，クライエントが早急な解決を求めている時に効果がある。クライエントが自傷行為や他者に危害を与える恐れがある場合には用いるべきではない。

> 「この状況がいかに深刻であり，あなたはこれをできるだけ早く解決したいと思っていらっしゃることがよくわかりました。でも，私たちはもう少し状況をよく理解しないと援助ができないと思います。ですから，次回お会いするまで，何も変えないでいてください。こんなに不安定な事態の時には，事が悪く運んでしまう場合があります。私たちはそうなってほしくないのです」

5．ゆっくり進めましょう

この提案は，クライエントが変化することにプレッシャーを感じている時，あるいは状況がうまく進捗している段階でなされる。良い変化を維持するには時間がかかるので，ゆっくりと前進する方がよいと伝えるのは有効である。この提案を用いると，状況の進捗状況が安定していない場合に，クライエントを失望させない。

6．反対のことをしてみましょう

この提案は，夫婦の問題で一人で面接にやってきている配偶者や子ども抜きで面接にやってきている両親がその相手を変えようと試みてもそれがうまく行かない場合に有効である。

7．予測課題

この提案は，クライエントが問題の例外を見つけることができても，なぜそれが起こるのかについて説明できない時のために作られた。この提案を夫婦や家族にする場合，その結果を次回の面接前に共有するかどうかについてはケースによって異なる。セラピーの目標が，夫婦がもっと一体になることならば，ふたりには子どものいない場所で，毎晩お互いに結果を共有して議論をさせる提案をするのが好ましい。子どもの場合は，自分についての予測を行い，次回の面接まで他言せず，心にしまっておくようにさせる。自分の配偶者は思いや

りに欠けると互いに訴えている夫婦の場合には，次回の面接まで内容を共有しないようにさせるのが最も良い。その場合，1日に共有される話題が何もないと失望してしまう人たちもいるが，次回の面接に嬉しい驚きが得られる見込みの方が大きいのである。

> 「今夜寝る前に，あなたはご自分の〔症状または状況〕が明日には少し良くなっているか，変わらないかを予測してください。〔さらに，クライエントがその問題の程度を予測する時に使う数値的な尺度を作るよう提案するのもよい〕。明日の夜に1日を評価して，ご自分の予測と比較してください。正しい予測の原因は何だったのか，あるいは間違った予測の理由は何だったのかについて考えてください。今度お会いするまで，これを毎晩続けて毎日の結果を記録し続けてください」（de Shazer, 1988）

8．書いて，燃やしましょう

この提案は，クライエント自身が望む行動ができないような情動状態にあり，そこに行き詰っている状況に適切である。書くことが嫌いな人もいる。その場合はテープに内容を吹き込み，その後それを消去するように指示してもよい。

> 「1日2回，20分間の時間を作ってください〔個々のケースによって，時間と頻度を調整してもよい〕。またその時にあなたの心の痛み〔怒りやストレス等〕を書き留めます。慎重に書こうとしないで，ただペンを執って思うままに書くのです。自分が同じ言い回しや言葉を繰り返していると感じることができれば十分です。この時にあなたの感情を出すのです。書きながら泣いたり，叫んだりしても構いません。20分間経ったら，書いた内容を読まずに紙を燃やし，煙になっていくのを見てください」〔この提案は，安全な方法で紙を燃やせるかどうかをクライエントと話し合った場合のみ出すことができる。安全が保障できない場合には，その紙を細かく破り捨て，ゴミ箱にゆっくり落ちていくのを見るように指示する〕

結　論

サメーション・メッセージや提案をうまく作成するのが容易でないことは明らかである。これはクライエントが私たちに提供できる内容と，専門的な知識と人間性に関して私たちがクライエントに提供できることをまさに統合したも

のである。

　まとめとして，第3章で述べたマリーの事例を再考すると役に立つ練習になるかもしれない。どのようなサメーション・メッセージや提案であれば，マリーが説明した状況を反映できるかを考え直してみることにしよう。

　マリーはシングルマザーで，周りから誤解されていると感じており，さらには自分が狂っているのではないかと恐れている。身体症状には明らかな原因が見当たらなかったため，内科医が照会してきたのであった。

サメーション・メッセージ

1. セラピストがクライエントから何を聞いたかを述べる部分

　「全身の痛みと，ひどい頭痛のため医師に診察を受けた際，こちらに来るように勧められたので今日いらしたのですね。誰かと話しをするようにと医師からここを紹介されたことが気がかりなのですね。医師はあなたのことを精神的におかしいと思ったのではないかと心配しているのですね」

　「あなたはご主人と離婚して，今はあなたのお母さんとふたりのお子さんと一緒に生活していらっしゃる。お母さんの家ですし，お母さんにはご自分のやり方があるのですから，大変ですね。前の恋人やご主人は，このようなあなたの生活に出入りしており，あなたに何をすべきか，何をすべきでないかを言ってくる。それが本当に辛いのですね」

　「あなたはご自分の将来について，はっきりとした計画をお持ちだということも伺いました。例えば，ご自分が教育を受けるとか，お子さんには必ず良い教育を受けさせたいということです。しかし皆はあなたを助けるどころか，足を引っ張ってくるのですね」

2. 共感，前向きさ，異なる情報や視点を含んだセラピストの返し

　「あなたは大変なストレス状況の中にいます。お聞きした内容は，今まであなたの心の奥に閉じ込められていたものであり，これでは頭痛やあちこちに痛みが起こるのも無理はないと思います。あなたの現在の生活を考えれば，なんとかやってこられたことには驚かされます。あなたご自身の居場所が持てない，また違う考えを持っているという理由で，けなされるのはやるせないでしょう。さらには，お子さんたちとうまくやり，教育し，自分自身の勉強のために図書館へ行っているにもかかわらず，あなたは大して眠ることもできず，ほとんど援助をうけることもできません」

　「あなたは将来についていくつかの素敵な考えをお持ちですね。例えば

ご自身の居場所を持ったり，学校を受験したり。そしてリラックスしてボーリングに行くなど，まず何よりも楽しめる時間がもう少し欲しいとおっしゃいました。あなたはこのような計画を実現させるために，まだ時間がかかることや，計画を実現するには健康でリラックスできていると感じることが必要だとわかっている。これは大変良いことですね」

提案作成のポイント
1. マリーは自分の症状が心配でありストレスを感じていると状況を説明した。というのも，彼女が目標を達成するために必要な援助が一つもないからである。彼女は変わりたいと感じているが，セラピーによって変わる必要は必ずしもないことを匂わせた。
2. マリーは自分が深刻な精神状態なのかどうか知りたがっている。また干渉されずに自分の人生を生きる術を探したいとも思っている。
3. 現状に対するマリー自身の反応は，ストレスを身体化していることと自分にとって最善の目標を追求し続けるということである。
4. 彼女には異なる情報がサメーション・メッセージの中で与えられた。それは気が狂っていないことや，今の状況でうまくやっているという内容だった。この情報自体がマリーに安堵を与えただろう。提案がさらなる安堵（例えば，怒りや欲求不満を安全な方法で発散する機会）を与えたと言えるだろう。

実際の提案
　「今日あなたに魔法のように答えが出せたらよいのですが，もちろんそれはできません。私たちは知恵を出し合って，どうしたらあなたがそのような未来を実現していけるかについてもっと考えなければなりません。差し当たりあなたにはご自分が狂っているのではないか，という心配をする必要はもうありません」

　「あなたが考えたいかどうかわからないのですが〔彼女の言い方をそのまままねて〕，一つ提案があります。あなたにいらだっている人に対して，あなたは思っていることを言えません。それがあなたを大いにいらだたせるのです。あなたはそれを別の方法で吐き出したいのかもしれません。そこで，1日30分間座り，その時に腹立たしい感情を全て書き出すという方法がとても有効な人がいます。終わったら，書いた内容は読み返さないでください。ただビリビリに細かく破り捨てます。同じ事を繰り返し書い

としても役に立ちます。それが終わったら、あなたが善人であり良い母であることの理由を三つ書いてください」

　解決志向のプロセスのあらゆる要素が、いかにうまく適合しているかに注目してほしい。要約に必要な情報を得る面接には、情動的風土が役立つ。要約することで情報が繰り返され、追加される。そして要約は、課題という手段によって情報を体験的なものにするのである。

第Ⅱ部
応 用 編

第8章
カップルセラピー

　カップルの関係は，構造的カップリングがどのようなものかを示す良い例である。生物学的，情動的そして経済的に男と女という両性が相互に支え合い，人類は何千年ものあいだ存続してきた。

　未婚，既婚，異性，同性を問わずカップルのセラピーに関わることは，ある意味では綱渡りをすることに喩えることができよう。カップルの関係は複雑であり，相性とか親密さといった問題だけではない。多くの場合，その関係は段階を経る。つまり，盲目的なロマンチックな時期に始まり，お互いの性格における，現実の相違を調整するために，多少なりとも困難な時期を経て生活状況に変化が起こり，そして互いの要求を妥協させあう時期へといくつかの段階を経過していくものである。夫婦関係は私たちが予想もしていなかった，そして望んでもいなかったようになる不思議な性質を持っており，時には親やきょうだいとの関係をそのまま反映したようなものになることさえもある。パートナーは互いに相手の弱点を，補い合うものだと言われているが，その相補的なバランスが両者の関係を豊かにする可能性を秘めている一方で，権力闘争に発展する可能性もある。そうはいってもほとんどの人が，その実情はどうあれ単身でいるよりもカップルとなり一緒に住むのを好む。

　ふたりの関係の絆が重要なのは，治療上の強力なリソースになるからである。一つの問い掛け，例えば「ほんのちょっとでも（傷ついてない，恐ろしくない，怒っていない）と感じるには，相手にどんなことをしてほしいでしょうか？」と尋ねることで「『激しい』感情を『柔らかい』情動へ」と変化させることができる（Donovan, 1999, p.5 ; Gilligan, 1997 ; Johnson & Greenberg, 1994）。この「柔らかい情動」こそが，カップルの関係が，何たるかを示すものであり，それはクライエントがどんなに頑固で冷たく見える場合であってもそうなのである。

　以下に挙げるジェーンとスティーブの事例では，それぞれ違った観点からふたりの関係をよく描き出している。

ジェーン：スティーブは，私と一緒に過ごす時間をだんだん減らしている気が

します。仲の良かった私たちの間に一体何が起きたのかわかりません。以前だったらスティーブは，何でも話してくれて，私の意見も聞いてくれたんですけど。
スティーブ：それは僕のせいじゃないと思うよ。だって君がマラソンを始めてからというもの，いつも君はマラソンを何より優先しているじゃないか。僕との時間なんて全然ないんだから。
ジェーン：そうじゃないわ。あなたに話したいと思っても，あなたったら，ただテレビを見ているだけじゃない。（セラピストに向かって）もし先生のご主人が先生を無視するようになったら，どうされますか？
スティーブ：（セラピストに向かって）無視なんかしていませんよ。ジェーンは機嫌が悪くて，私は全く何も言えないから，話し合いにならないだけなんです。（セラピストに向かって）ただ耐えるしかないんでしょうか？

セラピストは，どちらの肩ももたずに，両者の質問に答えることはできない。さらに，こうした不満に返答すると，往々にして対立的な応酬を引き起こしかねない。しかしながら，両者が訴えている内容の中に共通の筋道を見出して，ふたりを結びつけるリソースとしてそれを活用することは可能である。

セラピスト：おふたりとも，相手がご自分の事を気遣っていないことがご不満のようですね。（ふたりとも頷き，それについて一段と詳しく述べる）あなた方は同じことを望んでいるのだと思います。あなた方はこれまでに相手から気に掛けてもらい，とても満足したときはありませんでしたか？

こうした問いかけによって，ジェーンとスティーブは，すごく心が離れてしまったと感じていたはずにもかかわらず，ふたりはまだ結ばれているのだという事実に気がついた。**小さな変化は，より大きな変化をもたらす**。ジェーンとスティーブが，ふたりの問題を「一緒にいる時間の不足」と再定義して，ふたりが納得のゆく解決を見出したならば，解決志向セラピストはそこでセラピーの終結を勧めるだろう。しかし，私の経験ではこのような「奇跡的な治癒（miracle cures）」は確かに起こるが，めったには起こらなかった。このような「奇跡的な治癒」があっても，クライエントは数カ月後には，同じような問題を携えて，似たような経過を示しながらセラピストのもとに戻って来るのである。（システム理論の用語を使えば「第二次（second-order）」変化ではなく，「第一次（first-order）」変化が起きたのである（Hoffman, 1981, pp.47-49；Watzlawick et al., 1974, p.10）。こうした事態を避けるためには，変化を一層揺るぎなきもの

にしておかねばならない。先の事例を用いれば，一緒にいる時間がもっと長くなることが，どういうことなのか，それはふたりの関係の改善を意味するのかについて，このカップルが明らかにすることである。おそらく，そこで出されるふたりの解答とは，情動的なことであり，もっと強く結びついていると感じること，もっと大事にされていると感じること，もっと受け入れられていると感じること，といった内容だろう。このようなことが明確になって，初めてふたりの関係についての理解が拡がってゆき，それが大事な予防的効果になる。

　カップルを対象とした解決志向のアプローチは，個人を対象とした場合と基本的には同じものである（Friedman & Lipchik, 1999 ; Hoyt & Berg, 1998）。しかし，カップルでの実践がより難しいのは，解決がふたりの関係を充足させねばならず，しかもその関係は価値観を異にするふたりの人間で構成されているからである。これらのハードルを越えるためには，セラピストがいずれの側にもつかないことを，双方から信頼してもらうことが必要である。自分こそが正しいと信じているふたりを受け入れ，理解を示すのは，最も熟練したセラピストにさえ難しい取り組みであろう。

　自信を持って対処する道筋を示すべく以下の各段階を開発した。まずそのカップルが，解決志向のカップルセラピーに適切かどうかを見極めること，これが最初の段階である。

査　　定

合同セッション

　初回のセッションは，カップルでの合同セッションにすべきである。なぜなら，この合同セッションからセラピストは，カップルでどのようなやりとりがなされているのかを，明らかにすることができ，さらにふたりの取り組む意欲と能力を，見定める手掛かりともなるからである。解決というものは，それが起きてほしいと望んで初めて起こるものである。特にカップルセラピーは，カップル双方が同じ目標を持ち，解決に向かって努力することを惜しまない姿勢があって，初めて実を結ぶものである。したがって，何としてでも結婚の存続を願う夫と，結婚生活を続ける意志が定まらない妻の場合，解決志向での夫婦へのアプローチは適切でないだろう（SFTが向かないと思われる個人は実に稀である。その典型的な例外は，明らかに治療意欲がないのに，誰かの要求に応じて来談したようなクライエントなどである）。このような夫婦の状況であれば，こうした違いについて個別のセッションで話し合い，ふたりの要望をさらに明確にする方がよい。カップルの一方が優柔不断でいる場合，決断するために何

回かの個人セッションをする必要がある。その期間中，セラピーを望んでいる相手も同様に，援助のために個別のセッションを受けることもできる。もし決断をしていない一方が，決断をするために長い時間が必要ならば，別の個人セラピーを受けるように双方を照会し，もしも彼らがより良い結婚生活ができるためのセラピーをともに望むのであれば，カップルセラピーに戻ってきてもらうのが最善の策であろう。

カップルセラピーの初回セッションでは，クライエントに対して次のことを告げておかなくてはならない。つまり治療契約は個人に対してではなく，ふたりの関係に対して結ばれるということ，また治療目標は，ふたりの持つさまざまな相違点に掛け橋を渡し，解決に繋げることである。この説明により，セラピストがどちらにも味方しないことが明確化される。これを実行するためには，セラピストの思考を最後までモニターするための二重軌道思考が有益である。なぜなら，公平さを維持するのが困難な場合が度々あるからである。双方を受け入れて理解していることを示すためには，セッションの終了時に構成するサメーション・メッセージの内容でも表現できる。

それぞれの配偶者との個人セッション

合同セッションは，双方との一対一の個人的な話し合いの後で行う。双方との会話はセラピスト—クライエント関係を，より一層深く発展させるためには良い機会である。この個人セッションの最初の段階で，セラピストはクライエントに，この個人的な会話は，一方の相手がいる場では話題にしづらいことを話す機会なのだと伝える。生命の危機に関わる情報でない限り，その秘密は保持されなければならない。もしもクライエントが双方の関係に何か重大な意味が絡んでいる内容を告白する場合，その内容を相手と共有するためには，セラピストは本人に承諾を求めなくてはならない。

過去の情事についての告白は，内密の情報として考えるべきである。たとえそれがふたりの関係で重要なことであっても，その情事がふたりの現在の状態の原因であるとは考えないほうがよい。いずれにしても，**変化は継続的で，不可避である**という仮説を思い出すことである。現在の事と，クライエントがこれから望むことに焦点を当て続けてゆくほうがより重要である。

しかし現在進行中の情事となると話は別である。私はカップルの一方が情事に憂き身をやつしている場合には，その仕事は引き受けない。一般的に人はどこかで満たされた関係を持ちながら，一方で思うに任せない関係を復活させるだけのエネルギーを発揮することは不可能である。実際にもっと重要な問題

は，そんな秘密を持つことが一方の側との結託であり，非倫理的であるということだ。そうした状況を扱う場合，情事をしているクライエントに対して，その秘密を打ち明けるか，治療期間中には愛人との連絡（電話やメールも含めて）を凍結しなさいと提案すべきである。実際，驚くべきことに，この指示に同意し，それを遵守してくれた人はじつに多い。もちろんこれは結婚生活を改善したいという意欲の現れに他ならない。その一方で，不倫を一時凍結することに同意しておきながら，貫けなかった人もいれば，私たちをまんまと欺いた人もいる。一般的に，カップルでセラピーを受けると決心した上で，不倫を続けているとすれば，セラピーが進展しなかったり，改善と悪化の間を揺れ動いたりという隠し切れない兆候が現れてくるものである。セラピストの直観も治療上の貴重なツールである。

　ある事例では，夫が不倫を止めることに同意していた。夫は妻との関係を取り戻そうと頑張っているようであったし，妻も関係回復に同意していた。けれども妻は，夫との情動的なつながりに変化を全然感じないと報告した。この情報に基づいて，私は個別セッションを設定したところ，その中で夫は愛人との密会を止めていないと白状した。夫は妻との関係を改善しようと頑張ってはいるが，それは離婚後の子どもを巡る争いを，少しでも軽減したいからだと言った。

　このような状況にあっては，そんな不誠実な人には，本当のことを打ち明けてくれなければ，もうあなた方のセラピーに関わることはできませんと告げるべきである。こういう条件を告げると，多くの場合では危機的な状況を生み出すことになり，その配偶者は夫婦関係か不倫関係かの二者択一を，最終的に迫られることになる。このような事例を終結させる最も良い方法は，双方に会った上で，現時点では個人セラピーの方が有益であるという結論に至りましたと告げることである。そのように告げると，不倫を続けている一方から，数々の質問がなされることは明らかである。このような状況に限り，専門家の表情を装って，具体的な理由は述べずに一般的なことを言うだけに留めておくようお勧めする。さらにもう一つ勧めたいことは，夫婦どちらか一方を継続してセラピーするよりも，個人セラピーに照会することである。

　一般的に，クライエントは合同セッションより個人セッションの方が打ち明け話をしやすい傾向にある。この傾向は当初，パートナーの前で話せないことなど何もないと言い放っていた人ですら当てはまるのである。最近の事例では，妻が姑とうまくやれないので，親族との関係に辛い問題を抱えている夫婦があった。合同セッションの中では，姑から不当なあしらいを受けたという妻

の説明に，夫は一言も口を差し挟まなかった。ところが夫は個人セッションの中で詳細に，妻が夫の親族との間だけではなく，その他の対人関係でも数々の問題を抱えていることを話した。

個人セッションの中では，循環的質問を用いることが重要なリソースになる。つまり，一方に対して，相手がどう考えていると思いますか，または，相手が何故あのような行動をしたと思いますかと問いかける。この方法は，個人との間に行われる一種のカップルセラピーと考えることができる。何故なら，そこでは一方が相手の考え方を考慮することが求められるからである。例えば，前述の事例を用いると「あなたの奥さんも，ご自分が他の人とうまくやっていけないと思っているのでしょうか？」，あるいは「あなたが今私に話して下さったことを，奥さんに話したことがありますか？」と尋ねてみる。クライエントが「はい」と答えたならば「奥さんは何とお答えでしたか？」と尋ね，そうでなければ「もし話したとすれば，奥さんはどう答えたと思いますか？」と続ければよい。もしも夫が妻を少し混乱させすぎたかもしれないと感じるようであれば「奥さんを混乱させてしまうかもしれないことを話したいとき，いつもどのようにそれを伝えているのですか？」と質問してみる。クライエントの中には，自分と相手が互いにどのように影響を及ぼしあっているかをよく熟知している人たちがいる。また対人的な力動には全く疎い人たちもいる。循環的質問や他の質問方法を用いて，クライエントのパートナーの行動や，それに対する自分自身の反応について，クライエントの考えを引き出していくことは，変化を導く揺さぶりとなるのである。

パートナーとの繰り返しの相互作用が曝け出されている会話に，クライエントがどんな反応を示すのかを見れば，そのカップルがどのように協力をするのかについて，貴重な情報が得られる。だが，ここで注意すべきことは，ふたりの協力方法が治療結果に一体どのような影響を及ぼすのであろうか，といった憶測はしないことである。いずれにせよ，そのカップルの関係が双方にとって良いかどうかを決定するのは，当のカップル自身に他ならない。私たちセラピストから見れば，しかるべきものとは到底思えないような小さな変化であっても，それがふたりにとっては大きな違いであるのかもしれない。

決断

カップルセラピーを実施することが適切かどうかは，合同セッションと双方との個人セッションから得られた情報によって判断する。私は以下に列挙した基準をそのガイドラインとして用いているが，文面通りに従っているわけでは

ない。何かしらの問題があったとしても，関係としてセラピーをした方がよいと感じる経験をすることもある。私たちは直観の声に耳を塞いではならないと思う。

1. 両者は，別れるのではなく，むしろ関係を維持したい，という意思が明確である。
2. 両者は，それぞれが関係の質を維持する責任がある，と理解している。
3. 両者は，相手の立場をある程度共感することができる。
4. 両者は，ふたりの関係の良い側面（仲の良さ，相互の関心，親や家事を手伝う技量）を述べている。
5. 両者は，他者に心を惹かれたり，情事を行っていたりしていない。

そのカップルが一緒にセラピーを受けるのが適切であると明確になれば，その次は合同セッションとして予定が組まれる。

時として，カップルセラピーの基準をすべて満たしてはいるものの，相手が同席する場面で互いを罵倒せずにはいられないほど，深く傷ついたり怒っていたりするカップルも存在する。そのような場合，1，2回の個別のセッションを計画して，成果のある形で一緒にセラピーが受けられるまで，気持ちを整理させられるかどうかについて様子を見ることにしている。そうすることによって，ふたりの関係の中でどんなことがうまくいっているのかを少しずつ尋ねていく機会も得られることになる。

セラピー

カップルが初めてセラピーにやって来るとき，大抵は動揺していて，否定的な感情の全てを話そうとしているものである。この否定的な感情に引き込まれることなく，見通しについて仮説を立てることが容易でないことは，しばしばある。私たちセラピストは，二重軌道思考のうちの自分の側の思考に注意しておかねばならない。「あーあ，この結婚は終わりだな！」と決めつけたような内心のつぶやきは，行き止まりに追い込むだけなので，**全て否定的なものはない**という仮説を思い出すことである。そして，**小さな変化は，より大きな変化をもたらす**という仮説を持ちながら，その否定的な影響を緩和すべきである。同様に，双方のどちらか一方のせいにしようとするカップルの行動が，循環的だということを心に留めておき，セラピストが自分で気づくどんな非難をも無視しなくてはならない。例えば「メアリーがジョンの悪口を言ったりするなんて，一体ジョンはメアリーに何をしているんだ？」とか，「メアリーがジョン

の悪口を言っているのに，なぜジョンはそれを止めさせないんだ？」といった非難である。カップルの問題に関わることによって，私たちセラピストにも，自分の親の夫婦関係や自分自身の夫婦関係について，個人的な連想を刺激されることがある。この時セラピストが自分の思考や感情に，注意を向けていないと，セラピストの潜在的な問題を無意識にクライエントに向けてしまうことになる。

　カップルは通常，双方の状況把握が的確であるといってセラピストを説き伏せようとする。それに取り込まれないことが重要である。こうした状況下での好ましい反応は，「おふたりは，それぞれ全く違ったお話を用意していてくださいね。そして，その二つのお話を聴かせていただいて，その両方の間に橋渡しできるようにお手伝いすることが私の役目なのです」と言うことである。このように言うと彼らは，相手のために自分を変えることが期待されてはいないのだというメッセージを受け取る。人間は変化に抵抗する傾向があり，なかでも他者の要望に添うように変化することに対しては，特にその傾向が強い。したがって，変わるという言葉より，拡げる，伸びる，適応するといった言葉を用いると，より受け入れやすい。

それぞれのパートナーと交互に会話する

　セラピストがバランスを維持するためのもう一つの方法として，両者との対話を交互に行う方法がある。注意の矛先をカップルの一方からもう一方へと頻繁に変えると，自分は軽視されていると思われずに済むし，セラピスト自身もどちらか一方と気持ちが強く結びついていると感じることもなくなる。一方で，私たちセラピストはパートナー個人のスタイルにも歩調を合わせてゆく必要がある。よく喋る女性と，無口な男性という組み合わせのカップルに出会うことはめずらしいことではない。ダナバン（Donovan, 1999, p.14）はゴットマンとレベンソン（Gottman & Levenson, 1986）を引用して次のように述べている。一般的に対人的な葛藤状況では，女性の方が自ら情動をコントロールする能力が高いので，そのために不満を言葉に表す立場を取る。一方，男性パートナーは，情動を抑制するために身を引いてしまう。セラピストならば誰しも，その逆の力動があるカップルにも遭遇したことがあるだろう。忘れてはならないのは，カップルのそうした状況を均一化しようとしないことである。よく喋る方のパートナーを静かに制止して，あまり喋らない方に向かって「あなたも同じ考えですか？」または「あなたはどう思われますか？」と尋ねるだけで十分である。そして私たちセラピストは，ふたりのやり方を受け入れて，どちら

かのスタイルの方が望ましいのだというニュアンスを与えないようにする。表現のスタイルの違いは，確かにふたりの間の問題になるかもしれないが，それに対して何らかの評価をする素振りを少しでも示そうものなら，どちらか一方の気を挫くことになりかねない。

　元クライエントである一人の女性と話す機会があった。その女性はその数年前に，家庭内暴力のセラピーで夫と一緒にセラピーを受けていた。その女性の報告によれば，それ以降，暴力のエピソードは全くなく，結婚生活は大幅に改善したとのことであった。私が彼女にセラピーの中で，何が一番助けになったと思うか，と尋ねたとき，彼女は躊躇なく「先生が決してどちらの側にもつかなかったことです！」と言った。そのことがなぜ助けになったのかについて，彼女はそれ以上説明できなかった。スプレンクル，ブロウ，ディッキー（Sprenkle, Blow, & Dicjey, 1999, p. 348）は，ピンソフ（Pinsof, 1995）の理論を引用して，クライエントのシステム全体とセラピストとの間に結ばれてゆく同盟は，クライエント個人といくつかのサブシステムの間にできる同盟群の総和より大きなものなのだろうと言っている。私の考えだと，言い争っている二人が，信頼しているセラピストが相手側の視点を受け入れていると知れば，そのセラピストに対する自らの態度を見直すことになると考える。

穏やかに直面させる方法

　職業上の倫理から，クライエントの行動に正面から立ち向かわねばならないことがある。SFTではクライエントの情動的風土を損なわないような形で行われなければならない。

　ビルのケースは，告発される代わりに，地区弁護士の事務所からセラピーへと送られてきたものであった。ビルがアンと喧嘩の最中に，脅迫しながら怒声をあげているのを近隣住民が聞きつけて，それを警察に連絡した。アンは一緒にカップルでのセラピーを受けたいと希望しており，ふたりの間には身体的暴力が一切存在しなかったので，この要望は合意に達した。

　あるセッションの中で，最近アンがした愚かな判断ミスに，ビルは感情を顕わにしたことがあった。ビルは「バカ」とか「能なし」と相手が傷つくような言葉で罵倒した。公平さを維持する手腕がセラピストに問われることとは別に，このセッションで，一方のクライエントが，もう一人から言葉で脅されているのを許しておくのは，倫理的に問題である。アンは自分が衝動的に行動してしまったことを認めて後悔していたが，それでもビルの怒りは治まらなかった。

セラピスト：あなたはアンがどうしてあんなことをしてしまったのか，本当にわからないんですね。そのことで凄く怒っていらっしゃることはよくわかります。ただ当然のことですけど，そういうことは起こることなんですよ。私たちは誰しも，やらなきゃ良かったのになぁって思うことを，時々やっちゃいますよ。（ビルは怒り続けている）（穏やかな口調で）ビル，あなた自身は愚かな判断をしちゃったなぁと思ったことはありませんか？

ビル：ええ，ありますよ……でも，少しは考えた上でのことですね。

セラピスト：でも所詮，私たちの考えることって，完全なわけじゃないですよね。もしあなたがミスをしてしまった時に，アンにはどう対応してもらいたいと思いますか？

ビル：ぼくがやってるのと同じことです。アンはぼくを怒鳴っていいんです。ぼくは誰かに怒鳴られるより以上に，もっと自分を怒鳴ってますから。

セラピスト：アンさん，どうお考えですか？

アン：（泣きながら）私だって自分に厳しくしているんです。とても悪いと思っているわ。でも落ち込んでいる人を蹴飛ばすのは，いけないと思う。

ビル：（顔を赤らめながら）あぁ……こうやって，どれだけぼくらは損失を被って，それだけ稼ぐのに，どれほど大変なことか……。

アン：わかっているわ……。

ビル：わかった，わかった……僕がいけなかった，……申し訳ない。

セラピスト：この先，あなた方のどちらかが何か失敗をしたとき，相手のために何をすれば一番助けになるでしょうか？

アン：お互いに罵声を浴びせないことだわ！

ビル：自分自身を責めていることに気づくことですかね。傷口に塩を揉む必要なんてないですね。

　このセラピストのやり方は，アンにビルに恐れず，立ち向かってゆくように指導するのではなく，アンにとって良いお手本になるような穏やかな態度で，ビルに直面化をする方法であった。ビルはセラピストと信頼関係があり，セラピストは，ビルがアンから直面化を突きつけられると，自分を防衛しがちになることを確信していた。セラピストがビルの共感性を喚起するためにまずビルの気持ちの中に踏み込んでいったのに気づいていただきたい。アンの感情に想いを馳せると，ビルの内面に多少の恥や罪の意識が呼び起こされた。こうしたクライエントの情動的風土を乱さないように，セラピストは焦点をビルから，このカップルの未来へとシフトさせ，ふたりの関係のお互いの責任を強調した

のである。

セッション中の揉め事の扱い方

カップルの抱えた問題は，態度によっても言葉によっても表現されるため，セッション中には言い争いがよく起きる。これは解決志向セラピストにとって，とりわけジレンマになる。というのは，カップルの関係では，肯定的側面を創り上げていこうとするのが，解決志向セラピストのやり方だからである。別の見方をすれば，カップルの言い争う行動から，彼らが抱える問題についての貴重な描写が得られることもある。

セッションが継続している期間中に起こる揉め事をどう扱うかは，それがセラピー期間のどの時点で起きたのかによって，ある程度決まってくる。初回ないし第2回目のセッションでのことなら，その争いを止めずにパターンを把握するために，十分な時間をかけて様子を観察し，それからできるだけ優しく止めに入るのが最適だろう。それは以下のように問い掛けるのが良い。

「このような言い争いを，いつもご自宅ではどんなふうにして終わらせているのですか？」

「これがご自宅で起こっている実態ですか？」

「セッションの時間をこんなふうに使いたいとあなた方は望んでらっしゃるのですか？」

もしカップルが過去に起きたことで言い争っているのなら，「お考えになっていることが正しいと思っているのはよくわかります。でも私たちは，過去に起きてしまった出来事を変えることはできないんですよ」と言えば良い。

このように言うと，大抵の言い争いは止まるのだが，再び始まらないように，建設的な焦点づけを続けなければならない。言い争いに伴う否定的な情動が強く喚起されているので，すぐに肯定的な側面を問うのは望ましくない。そうすると，さらに否定的な側面につながるようなリバウンド効果をもたらしてしまうようだ。そのカップルにとって，言い争いが何を生み出しているかを問う方が，より有効である。そうすれば埋もれていた新しい情報が明らかになり，さらなる解決への機会がもたらされてゆくだろう。

例を挙げよう。タラとシドは，絶えることのない言い争いをいずれも止めたいと思っていた。その初回セッション中，セラピストの介入をものともせずに，互いの話の腰を折ってばかりいた。その結果，ふたりの怒りはますますエスカレートしていった。相手の怒りが，一体互いにどんな意味を持っているの

でしょうかとセラピストが尋ねると，ようやくふたりの言い争いが止まった。タラが言うには，シドの怒りとは，タラは何もちゃんとできないという意味であった。一方シドに言わせると，タラの怒りは，タラがどんな批判に対しても全く耐えることができないという意味だった。両者ともこうした解釈を否定した。しかしセラピストはこれにより，ふたりが何に怒っていて，今までとは違う方法でこれからどのように対処していくのかという建設的な会話へと，話題を移行させる良い機会を得たのだった。

　セラピーのセッション期間の後半で言い争いが発生した時，またその時にクライエントが自分たちの中にすでに少しの進歩を自覚している場合においては，すでに芽生えている肯定的な変化という観点から，この言い争いを鎮められないことをどのように説明できますか，と尋ねてみるのが効果的である。もう一つの言い方は，すでに起きている変化から学んだことを考えれば，どのようにこの言い争いを終結させられますか，と言うのである。こうした二つの手法がいずれも功を奏さない場合は，互いの前では話題に出したくないような出来事が起こっていないかどうかを調べるため，そのカップルを別々に呼んで話をすることが最善の策だろう。

　暴力問題の前歴のあるカップルの言い争いに対処するには，ふたりを別々に分けた上で，それぞれと別々に話す方が良い。潜在的な犠牲者は大抵女性だが，まず女性の安全の目安が立てられているのかを確認しなければならない。もし必要ならば，セラピーの場から逃がして，シェルターを探す援助をしてもかまわない。そしてセラピストはその後，その潜在的な加害者との関わりを継続し，新たな犯罪行為をしないようにする取り組みを考える。こうすると，カップルの双方との間にセラピストとクライエントの関係を維持することができる。

統一した解決を作り上げる

　カップルが，その関係に同じものを望んでいるにもかかわらず，双方が別々の目標を述べることがよくある。

　フランとサムはふたりとも婚姻関係を継続させ，もう一度相手をもっと身近に感じたいと明言した。ふたりは，まずより良いコミュニケーションをとるように努力することに合意し，それがふたりの口喧嘩を減らせるはずだった。ところが数分も経たないうちに，ふたりは金銭問題とフランの嫉妬の問題のどちらを話し合うかで口論し始めた。

　このAかBかの二者択一的（either-or）なプロセスへのとらわれを回避するために，セラピストはそのカップルに手を貸して，ふたりの個人的な視点に橋

を渡すやり方で，彼らの問題の見方を再定義させる援助をすべきである。例を挙げると，会話を続行させながら「金銭」と「嫉妬」を「相違」という一つ言葉に置き換えるのも良いだろう。こうしてその会話は「相違について口論」というふたりが合意しているテーマになってゆく。

　もう一つの選択肢として，フランとサムが「どんな時にもっと強く結ばれていると感じますか？」と問うやり方である。これこそふたりが望んでいたことに他ならず，ふたりの目標をまさしく別の視点から見たものである。

　さらに別の方法として，もう一歩踏み込んで，クライエントが話題にしていない問題に触れていく手段もある。「おふたりとも，相手からコントロールされているように感じる，とおっしゃっているのでしょうか？」と問い掛けてみる。そしてふたりともが，そうだと答えたならば，面接を次のように進めることができる。フランに対しては，金銭面でサムがコントロールしていないとわずかでも思える兆しは何でしょうかと尋ねる。そしてサムには，フランが嫉妬することでコントロールしていないとわずかでも思える兆候は何ですかと尋ねる。さらにあなた方は，過去にそのような場面で，相手からあまりコントロールされていないと感じたことはなかったでしょうかとも尋ねることもできる。

　この事例から次のことがわかる。セラピストはプロセスの見通しなどのように，セラピスト自身のアイデアを応用し，クライエントが自身の思考に焦点を当てる手助けをしなければならないことが時々ある。このようにアイデアを提供して，それがクライエントにうまく当てはまった時には，理解したことが伝わり，クライエントからとても喜ばれ，クライエントの情動的風土をも高める。しかしながら，たとえそのアイデアがうまく受け入れられなかったとしても，それが刺激になってクライエントが問題を少し違った方向から考え，もっと希望の持てる表現ができるようになる契機となるかもしれない。前述のフランとサムの例で言えば，お互いを「コントロールする」という表現よりは「子ども扱いされる」と感じているのかもしれない。クライエントが用いる表現が常に最良である。

　クライエントがセラピーに望んでいることを叶えるには，クライエント自らが変化することへの責任を負い，何か違った行動を起こさなければならない。これが実行されていないことが明らかになるのは，カップルの一方または双方から改善のあと事態が悪化している報告がある時である。この情報を調べるには，そのカップルの個別セッションで聞いてみるのが一番良い。セラピーが進展すると，クライエントは，自らの期待が違っていたと気づくこともある。パートナーが期待に応えているのに，気持ちが改善されないこともある。人は，長

期間にわたってよからぬ事態に置かれると，愛情が冷めてしまい，昔の想いが甦ることはもはやないのかもしれない。

コミュニケーション

セラピーにやってくるカップルのほとんどが，自分たちの重大な問題の一つとして「コミュニケーション不足」を挙げる。多くの場合，これは自分の言動が相手に誤解されていることを，言い表している。この考えに沿ってゆくには「お互い，相手のことばを学ばないといけませんね」と言うと良いだろう。この文脈でいう「ことば」の意味は，人が言語的，非言語的にどのように自分を表現しているかということである。愛情だけでは理解にはつながらないことを知って，それに驚くクライエントが多い。カップル間の言葉や行為を明確にするために，質問をすることよって，セラピストは理解の架け橋を築き上げるのである。このようにもっと肯定的な側面に光を当てることにより，以前は相手への思いやりの欠如と見なされていたものが，お互いの相違点であると理解され，そこに相互の適応の可能性が開かれてゆく。

事例：ミリアムとネイト

数カ月前にミリアムはネイトと別居したが，最近になって結婚生活をやりなおそうと戻ってきた。話し合われたテーマは，ふたりの性的関係についてだった。ミリアムはネイトとの性交渉に重圧感を覚えており，一方でネイトは拒まれたり避けられたりしていると感じていた。

セラピスト：どんな方法でも良いですから，あなたがプレッシャーを感じることなく，ネイトさんがセックスを始められることを想像できますか？

ミリアム：ええ，もしネイトがもっとやさしくアプローチしてくれれば，……全てにおいて……タイミングも……あの「おい，どうだい」は，あまりに……。

セラピスト：もっとロマンチックにしてもらいたいとおっしゃっているのですか？（セラピストはふたりが目を見合わせたのに気づく。ネイトはばつが悪そうに笑っている）

ミリアム：（怒った様子でセラピストに）見てください。彼ったらいつもこうなのです。あたしが困っていることを言うと笑うんです。

ネイト：笑ってなんかないよ。

ミリアム：笑ったわよ。すごく笑ったわ。

セラピスト：ネイトさん，笑ったのは，どういうおつもりだったのかしら？

ネイト：わからないんです。ただどうにもならないと感じるから，とってもイライラするんです。ちゃんとできず，イライラするんです。

セラピスト：イライラする，と感じると笑ってしまう，こうおっしゃっているのですね。

ネイト：多分。でも，笑ってしまうことを，そんな風に考えたことなんて全く初めてです。

セラピスト：ミリアムさん，そのことを知っていましたか？

ミリアム：いいえ。わかるはずないわ。笑われた時って，すごく傷つくんです。

セラピスト：何が傷つくんでしょう？

ミリアム：私のことなど全然気にかけてくれてないし，私が望む事だって。

ネイト：それって，僕が思っていることだよ。夕べ僕が帰ってきた時，ミリアムは電話中だった。僕がキスしたら，ミリアムったら僕を嫌がった……（ネイトが話していると，ミリアムは静かに泣き始めた）いつも，愛していることを伝えようとする度に突っぱねられて，……それでどうやってロマンチックにしていられるでしょう？　そりゃ，確かに僕も怒ったり，口やかましくなったりして，それで帳消しにしているかもしれない，……僕もそんなふうにしてしまっているのはわかっているけど……でも，僕の怒りは，いったいどうすりゃいいのでしょう？

セラピスト：（まだ泣いているミリアムに向かって）とっても落ち込んでいらっしゃるようね。

ミリアム：ええ。結婚生活をうまくやっていきたいと思って頑張ってきたけれど，いつもうまくいかなくて。

セラピスト：お話を整理させて下さいね。ネイトさんがおっしゃったのは，帰宅したときに，ちょっとキスみたいなことをしようとしたら……。

ミリアム：（話を遮って）私の電話の最中でしょ？　セックスをするために電話を切るつもりはないわ。

セラピスト：（ミリアムに）あなたにとって，その時のキスは，そういう意味なのですか？　つまり，彼はセックスをしたいと？

ミリアム：ええ。

セラピスト：（ネイトに向かって）彼女の言うとおり？

ネイト：違います。それはまさしく良い例ですよ，こうやって僕はいつもミリアムから拒否されるのです。

セラピスト：（ネイトに向かって）あのキスがどういう意味なのか教えていた

だけますか？

ネイト：僕はただ，家に帰ってミリアムの顔を見ると，嬉しい気持ちで一杯なことを伝えたかっただけです。キスのたびにセックスを求めるつもりなんかありませんよ。

ミリアム：あのう，私はちょうど母と口論中で，ネイトのことに気を向けたくなかったんです。ネイトに言わせたら，あたしのやることなすこと全部が，愛してないってことになってしまうんです。

ネイト：（涙ぐみながら）そんなに簡単なことじゃないんだよ。君が戻ってきてくれたことだけで僕を愛してくれていると信じるのは。僕に対する行動で示してくれなきゃ，君が本気だってことをどうしてわかるんだ？　また出て行かれるんじゃないかって，いつもビクビクしているから，その保証が欲しくなるんだ。僕が求めていることを，君に理解してもらえないような時，僕が傷ついていることを，君は考えないの？　君がそうやって泣いているのを見て，本当にホッとしたよ。それでぼくはわかった。多分，君が本当に僕のことを気にかけてくれていることを。もう君のことを傷つけたりしないから……本当だよ！

セラピスト：あなたがおっしゃっていることや，あなたのなさっていることは全ては，ミリアムの愛を確認するための努力だということですか？

ネイト：ええ。

セラピスト：あなたが望む時に，ミリアムがスキンシップやセックスをしたくなくても，彼女があなたのことを愛していることを確信できる方法はないのかしら？

ネイト：言葉に出してくれれば良いんだ！　そう，時々ミリアムは愛している，と言ってくれるけど，でもまだ足りない。その言葉を聞きたい。そうすれば，それ以外の方法で躍起になって試そうなんて思わない。

ミリアム：（セラピストに）知らなかったわ。ネイトがこんなに辛く思っていたなんて。それにネイトのすること，何もかもをそのまま受け取らなくても良いってことも。今度からはそのことを忘れません。そして突き放したりしないで，ネイトを安心させるようにします。でもネイトが感じていることを，教えてもらったほうが助かるんだけど。だって私は読心術者じゃないんだもの。

いかにセラピストが，この夫婦の通訳者のように振る舞っているかに注目してもらいたい。そうした過程を通して，ふたりはお互いの意向をより良く理解

できるようになっていった。

心理教育

本当の意味で「解決志向」であるために，クライエントに対する技術指導や教育を，一体どのくらい行うべきであるかという議論は，解決志向のブリーフセラピストの中で頻繁に交わされてきた。それに対する私の答えは，もしもクライエントに明らかにスキルや知識が欠けていることがわかったならば，そのクライエントのためになる内容を伝えることを真剣に検討すべきである。

スプレンクルら（Sprenkle et al., 1999）によれば，ポストモダンのセラピストたちは，クライエントに何かを教えることを渋る傾向があるという。

> ポストモダンのセラピストは，自分たちが教えている，訓練していると考えることも嫌がっているようだ。そうは言っても，クライエントを援助すること，例えば人生の物語を「再著述する」作業には，指導的な要素を含んでいる。情報の提供とは，ほとんどのMFT〔夫婦と家族を扱うセラピスト（marital and family therapists）〕が行っていることの大部分を占めており，これは多分，一般に考えられているよりもずっと高い比率だろうと思う。(p.344)

スプレンクルらはさらに，ミニューチンとウィタカー（Whitaker）のセッションの録音テープを解析したところ，ふたりの応答のうち，かなりの部分が知識の提供や解説，そして指導の実施に分類されたと指摘している（Friedlander, Ellis, Raymond, Siegel, & Milford, 1987）。

カップルに提供できる役立つ概念として，その関係を発達段階からみる方法がある。大抵のカップルは，初めて出会ったときの関係が維持できるか，あるいは一層良くなるとさえ期待する。これは非現実的な淡い期待である。カップルの関係の第1段階は情熱的な段階であり，ふたりは「恋による盲目状態（blinded by infatuation）」であり，お互いを全く知らないでいる。ふたりは相手が望むような者になろうと努め，好きでない面は何でも最小限に見積もろうとする。一旦ある程度の信頼ができると，ふたりはリラックスして，より自然に行動する。この時点が，相手に受け容れられるか，あるいは不信感や隔たりを作ってしまうのかのわかれ目となる。カップルはこの段階で長い間行き詰まることもある。そこから移行する段階は，情動的な親密さを持った段階であり，この段階においてこそカップル間に，真の関係が芽生え，それが末長く発展してゆくのである。その真の関係ができてくると，ふたりは違いをなくそうとしたり，無理に相手を変えようとするのではなく，互いの違いに関心を持つよう

になる。つまりそれは「ふたりには違いはあるけれども，あなたのことを受け入れて，あなたのことが好き」というメッセージが伝わるような態度で，相手を認めていくことであり「自分の望んでいるような人でいてくれるときだけ，あなたのことが好き」ではない。人はそれぞれ個別の持ち味があるのだから，通常は違いがあって当然であり，健全な人間関係ではよく話し合いがされるため，そこには勝者も敗者も生まれない。情動的な親密さとは，お互いが自分の幸せだけではなく，相手の幸せにも関心を寄せて，その努力を惜しまない状態なのである。

　このタイプの「教育」はある種の再構築である。コミュニケーション術をもっと明確に教えるために，具体的なスキルを伝授することは，より一層，直接的な教育と言える。

スー：仕事から帰る前に家に電話を入れて，店で何か買って帰らなくてもいいのかと確かめてちょうだいって，一体何回頼めばいいの？
フレッド：仕事が終わるときにいつも考えることは，君が子どものことを手伝えっていうから，急いで家に飛んで帰らなくては，ってことだよ。
スー：（怒りながら）ミルクを買いに私が店まで走って出かけなきゃならないのに，一体何よ？　ちょっとはこっちのことも考えてよ。
フレッド：（ますます怒って）おれもまったく同じことを言いたいね。

　このような状況の場合，このカップルが怒りにならないような少し違うコミュニケーションの方法を知っているかどうか，それを使ったことがあるかどうかを確認することが有益だろう。もし，知っていて使っているのなら，どんな状況で使い，どんな違いがあっただろうか？　しかしながら，いつもがこの様なやり取りであるなら，他の方法を，例えば「私（I）メッセージ」のような技法を提案してみることも一つの手だろう。

性的な親密さ

　どのカップルの関係にとっても，性的な親密さは本来的な部分である。自分たちの性的な親密さについて，憚ることなく語るカップルが多いが，一方セラピストがその話題を取り上げるまで，そのことに触れないカップルもいる。私の印象では，クライエントはこの話題を話したがる傾向があり，セラピストにこの話題に触れてもらいたがっているようである。一般的に，ふたりの相互関係で傷ついているカップルであれば，性交渉の頻度と満足度に陰りがあることが報告されている。相手から傷つけられたと感じている場合，男性よりは女性

の方が，性関係を持つ気になれないと訴える。カップルの性的な親密さを取り戻すことは，ふたりの間の相違点に橋を架けるうえで，極めて重要な手段であるが，双方がそのことをさほど優先させるべき問題だと考えていない場合は，後回しにすべきである。なぜなら性的な親密さには，深い信頼感が不可欠だからである。ふたりの関係がしばらく傷ついた状態であった場合，傷ついた性的な痛手を一層危うくするよりも，別のことでふたりの信頼感を再構築する方がずっとよい。

時には性的な関係だけは満足しているが，その他の関係は全くうまくいってないという場合もある。こうした情報は貴重なリソースになる。つまりお互いに性的な満足感を得るためのスキルを，ふたりの関係の別の側面に転換する手助けとして使えるかもしれない。以下のように伝える。

> 「相手に喜びを与え，相手が何に喜ぶのかを聞くような繊細なコミュニケーションが，素敵なセックスには必要です。あなた方おふたりは，その点にとても優れていらっしゃるようですね。あなた方おふたりが，愛し合う時に，お互いに繊細な思いやりを伝えるためにどんなことをなさいますか。別の事をしている時に比べて，愛し合っている時には，お互いへの想いにどんな違いがありますか？（クライエントを不愉快にしない範囲で，できるだけ詳細な情報を探るべきである）。あなた方の問題（金銭上の問題，子育て問題，あるいは口喧嘩等）を扱う上で，こうしたやり方を使える例としてどのようなものがありますか？」

サメーション・メッセージ

カップルへのサメーション・メッセージに関して，強調しておかなければならない点がいくつかある。

1. セラピストは，聞いたことを必ずふたり別々に伝える。
2. カップルへは別々に返答すること，そしてその内容には，セラピストがふたりの相互作用の経過をどう見ているかを必ず含めるようにする。例えば「私の印象では，あなた方は辛いと感じることに，それぞれが違った反応をしています。例えばメアリーさんは感情的に罵るし，ジェフさんは感情を隠す印象があります」という具合に言う。
3. セラピストは，ふたりの共通点を可能な限り多く探し出して伝える。必ずしも肯定的な内容でなくても，怒りの強さや絶望感の程度などでもよい。共通因子が他に何も見つからないならば，そのセッションへの来談

にふたりが同意したことを指摘すればよい。
4．もしカップルが感情について述べたら，セラピストは「あなたがおっしゃっていることは」の形式でコメントする。あるいは，もし双方が何も感情について述べなかったなら，ふたりの感情でセラピストが感じたことを「私の感想は」という形式で必ずつけ加える。

結　　論

　カップルのセラピーでは必ず，双方への受容と理解の伝達に関して，注意深くバランスをとる。治療契約が個人ではなく，双方の関係に対してなされていることを強調するには，セッションの合間にどちらか一方が電話をかけてきて，相手のことを話すような行動を絶対にさせてはならない。何を話し合うにせよ，双方が参加する合同セッションの中で話しをさせる態度を，断固貫くようにする。さらに双方が個人セッションを希望する場合には，もう一方がそれを承知したかどうかを必ず確認すべきである。もし知らないなら，個人セッションを希望する者に，電話をかけたことと，その理由について相手に話すように強く言うべきである。カップルのもう一方にも，同じような個人セッションを受けてみないかと常に尋ねるのは，決して一方だけをひいきしていないことを知ってもらうためである。

　カップルはいずれ家族へと発展する。親子関係や兄弟関係は，情熱的な絆で結ばれたふたりの大人の関係とは異なる。したがって次章ではファミリーセラピーについて説明する。

第9章
ファミリーセラピー

　夫婦とは，無関係だったふたりの大人が一緒になることを選択するため，また両者の関係を終結するために，通常，法律上の手続きが伴う関係である。一方，家族とは，変わらぬ絆で結ばれていて，世代を越えてつながっている。子どもが一人前に自立するまで親が彼らの面倒をみるというのは，生物学的，社会的観点からも必要なことである。しかし子どもが独立しても，家族関係は終わるわけではない。最も望ましい家族状況であれば，それぞれの持つ領域での希望や，変化していく絆にも家族のメンバーがうまく対応する。反対に状況が悪ければ，未解決の問題が陰を長く落とすことは避けられない。家族関係の状態の如何によらず，子どもが成人すれば，年老いて自分の身の周りの世話をできなくなった親やきょうだいの面倒を看る道義的責任を負うことは，多くの国でも同じ事情である。このような絆があるがゆえに，家族へのセラピーとカップルへのセラピーでは異なる観点に立つことになるが，この絆こそが治療上の大きなリソースとなる。

　第8章のカップルセラピーで概説したセラピー上の原則は，家族を対象にした場合にも同様に当てはまる。したがって本章ではこの両者の大きな相違についてだけ述べることにする。

査　　定

　家族を査定することは，カップルの場合とは事情が異なり，ファミリーセラピーが適切かどうかを判断することではない。なぜなら，家族は離婚などできないし，よほど悲惨な状況でない限り，親が親権を放棄することはない。つまり，家族の関係を継続するか終了させるかという問い自体があり得ない。家族には何らかの関係が，常に存在し続けている。問われる事は，その関係の質的な問題であり，誰がその質を改善しようと望んでいるのかである。家族を査定する目的は，セラピストが家族の誰をセッションに招き，どのような組分けをするのかを見定めることである。

児童や思春期の子どもがいる家族

　初回セッションから，児童や思春期青年期の子どもを参加させるかについては，通常，ファミリーセラピーの学派によって異なる。システミック・アプローチのセラピストならば，家族のいつもの姿を観察したがるだろうし，それを基にその家族システムのどのパターンを断ち切り，どのように変化させるかを考えるだろう。そのためシステミック・アプローチのセラピストは，システムについてのさまざまな視点からできるだけ多くの情報を収集するが，それには未だまとまった話ができない3歳児からの情報も含める（Minuchin & Fishman, 1981 ; Napier & Whitaker, 1978）。

　構築主義のセラピストならば，誰がセラピーに来たがっているかについて決定することを家族側に任せる傾向がある。こうして非専門家に歩調を合わせ，クライエントのスタンスを受け入れる。

　当然のことながら，セラピストが関与する家族メンバーが多いほど，解決の糸口はより多くなる。その一方で，変化には動機づけが必要とされるため，最も強い動機づけを持ったメンバーを参加させることが重要であることを決して忘れてはならない。子どもは，大切な情報をもたらしてくれるが，家族セッションをかき乱すこともある。子どもを前にしては言えない，あるいは言いたくないような内容を親が持っているかもしれない。家族内にどれほどの秘密があってよいかについては，セラピストによって意見がわかれるだろう。

　私の個人的な意見では，人間形成期にある年少者を庇護するため，「精神科医」の診察を受けて不必要な病名を付けられた彼らが，自分を欠陥者と考えないように配慮することが好ましいと思う。親が子どもに他人との関わり方を教育するのは世の常なので，問題の起きている状態について，まず両親に尋ねてみることが適切である。両親が自発的に何か違うことができると判明すれば，ゴールは見え，必ずしも子どもたちを参加させなくてもよいだろう。しかしながら，よくあることだが，問題の所在は子どもにあると親たちが考えている場合には，家族セッションが開始される前に，子どもに関与して評価をすることが不可欠となる。親との協力が重要な理由は，セラピーを中断させてしまわれては元も子もないからである。

会話を組み立てる

　少し世間話をしてから会話を開始するのに自然な方法は，家庭内の序列に従って，両親から始めて最年少の子どもまで順番に話しかけていくことであ

る。性差別的な誤解を招かないように，私は両親のふたりに同時に目を向けて「それでは，ご自身のことかご家族のことを，おふたりのどちらか少しお話しいただけますでしょうか？」と質問する。この質問は，彼らの相談内容の描写へと導くだろう。セラピストが常に忘れてはならないのは，どちらが最初に話し始めたとしても，必ずふたりの話の内容を聞くことである。

　次の段階では，再度両親の方を見ながら「セッションが終わった後に，どんなことが起きてほしいと思いますか？」と尋ねる。この質問をすると，両親に目標について考えさせることになる。ここで再び，ふたりを何度も代わる代わるチェックすることが効果的である。私は，両親の話をすべて聴き終わってから，問題と目標についての子どもの考えを尋ねることにしている。よくあることだが，問題があること自体には親子間で意見の一致をみても，その原因について見解が異なる場合がある。一般的に思春期より前の子どもは，自分の行動を変えないといけないことを比較的素直に認める。その一方で，思春期の子どもたちは，自信がないようなふりをするか，あるいは日々味わっている不条理への不満を漏らすか，のどちらかである。このような思春期の行動特性という発達上の問題点を反映しているからといって，彼らを無視してはならないし，**すべてのクライエントはユニークである**という仮説を忘れないように注意する必要がある。若者の特徴は，ひとたび安心できて理解されたと感じると，セッション内で数多くの価値ある情報を提供してくれることである。

　家族と関わる場合の大切なルールは，家族メンバー内での違いばかりを話すのではなく，たとえ否定的なものであっても家族が共有していることに会話内容を向けることである。とりわけ思春期の子どもとその親の場合，あらゆる問題について，子どもと両親との間に深い溝が横たわっていることに双方が気づいている。両者は，共通点が皆無で赤の他人だとか，戦闘中の敵のような関係であるとか，そんなふうに喩えることがよくある。確かに子どもを自立させると同時に，保護も行う親の役割は，簡単ではない。反対に，親の望むものでなく，自分自身がどんな人間になりたいのかをはっきり認識し，しかもそれに対する親からの是認と支持を望む子どもの立場も難しいものがある。家族の中で誠実さ，愛情，気遣いがあるのと同じように，不安，恐怖，落胆を誰しもが年齢とは関係なく持っているものなのだということに気がつくと，解決の良い素地が形成されていく。ものの見方が「AかBかのどちらか」から「AもBも両方とも」の共存的な視点へと変化することによって，解決の糸口が捕らえやすくなる。

事例：家族T

　この事例の抜粋記録は，ファミリーセラピーの初回セッションの査定と構造について記したものである。

　T夫妻は14歳のロンと12歳のボブという二人の息子と一緒に来談した。一家は，ロンの反抗的な行動と不登校の問題で，スクールカウンセラーから紹介されてきた。T夫人は，家族全員がセッションに参加すべきであると強硬に主張していた。

セラピスト：（説明としばらく世間話をした後，両親に向かって）さて，ここに今日いらっしゃった経緯について，もう少し聞かせてくださいますか？学校から勧められたことは聞いていますが。

T夫人：ええ，このごろロンが困ったことばかりやってくれて……。この子に何があったのかわからないのですが，もともとはいい子でした。学校でも何も問題なく，成績も中の上で良い友達もいたのに……それが今ではひどい成績で……先生に口答えをしたり，授業もサボったりするので（泣きながら）本当に心配なんです……。

セラピスト：おっしゃることは，本当によくわかりますよ……。（T氏に向かって）ご主人は，このことをどのように思っていますか？

T氏：ええ，もちろん私も，困ったことになったと思っています。でも私は妻ほど動揺していない。つまり，ある意味，いけない行為なのですけど，男の子は時々手に負えなくなるもんじゃないかなって思います……。私が彼ぐらいの年齢だった頃を覚えていますし……。

T夫人：えっ，あなたが人さまの郵便箱を壊して物を盗んだら，あなたのお父さんはどうされたかしら？

T氏：そうだな，親父を知ってるだろう。即刻ベルトで引っぱたかれただろうけど，でも今とは時代が違うんだよ。

T夫人：（セラピストに）ロンの友達の親御さんから聞いたのですが，男子生徒の中には，他人の家の郵便箱から物を盗む子がいるらしいのです（ロンの学校での問題から話題がずれてしまっている）。

セラピスト：どんなものを？

T夫人：雑誌とか，子どもたちが見ちゃいけないようなものとか……。この子たちのやり口ときたら……ね。私たちは，子どもたちがインターネットを使ってやっていることを見たのです……。つまり，昼間はずっと留守にし

ているご近所の誰かの住所を使って，ポルノ雑誌を注文して，そこの人が帰宅する前に郵便箱からそれを持っていくのです。ある時なんか，郵便箱から見つけたものを持ってきて……。

セラピスト：どんなものを？

T氏：これは重大な犯罪行為だぞって，ロンに言ってやりました……。幸い，個人の小切手は盗んでいなかったのですけど……。カタログ類とか，懸賞金の広告なんかを盗っていたのです。

セラピスト：〔両親だけの話を長時間聴くのではなく，この問題について息子に話をふった〕（ロンに）そうすると，ロン，君の意見は？

ロン：（肩をすくめながら）うん，その通りだよ……でも，ぼくらは，何も傷つけてないし，何も盗んでない……，高価なものは何もね。

セラピスト：そうなの。教えてほしいんだけど，今，君のご両親が言ったことについて，例えば郵便箱のことや学校での変化……，君の成績のことについて，どう思うのかな？〔問題をロンがどう考えているのかを査定するために，できる限りどんな返答もできるように質問する〕

ロン：面白くないだけだよ。つまんないね。

セラピスト：〔理解と受容に努めた〕そうか，……なるほど……君の年頃になると，物事を今までとはすごく違うように感じ始めるよね。好きなものも変わるしね。さっきここでご両親が言った内容で，何か気になったことはあるかな？

ロン：あるよ。でもあまり心配なことはもう起こんないよ。全教科に受かったし……。大学へ進学したいんだ……，郵便箱の件は，もう止めているんだけど。

セラピスト：（肯定的に）そうか，君が将来のことを考えているのは嬉しいね。君のような若者は未熟だから，自分たちの行動が先々に及ぼす影響について何も考えてないってことが時々あるのよね。（T夫妻に）ロンが自分の将来について考えていることはご存知でしたか？

T夫人：そのようには思えませんでした。

T氏：私にはわからなかったですね。

セラピスト：ロンが大学へ行きたいって言うのを聞いて，きっと安心されたんじゃないかと思いますが。

T氏：ええ，ロンはとても賢い子です。だからできる限りチャンスを与えてやりたいのです。自分に自信を持ってもらいたいし。

T夫人：私たちはロンの力になりたいと思っているのですが，ロンがあんな態

度をとるものだから．それで，私たちは気をくじかれて．

セラピスト：ロン，お父さんとお母さんが，このように思っていたことを知っていたかな？

ロン：えっ……知らない……，お父さんとお母さんは，いつも怒っているんだ．

セラピスト：ご両親が怒っていることは，君にとってどういう意味になるのかな？

　ロンは両親が怒っているのを見ると，自分は見切りをつけられているように感じ，自分はそんな状態を変えることはできないと思っていたのを，T夫妻は知った．一方，息子が将来をあきらめてしまっていて，それを親としてどうすることもできずに不甲斐なく思っていた両親の気持ちをロンは知った．それからセラピストはボブとの会話に移った．

セラピスト：それでボブ，この話についてはどう思うのかな？

ボブ：わかんないよ．あほらしくて．いつも家の中は怒鳴り声ばっかり．

セラピスト：〔ロンの行動に，両親がどう対応しているかを確認するため，循環的質問を使用した〕君やロンのしたことを，お父さんとお母さんが怒る時，家の中はどうなるの？

ボブ：うん，外出禁止か，電話禁止になっちゃう．ロンはいつも外出禁止にされているよ……，そしてパパとママは怒鳴っているんだ．

セラピスト：（T夫妻に）外出禁止は効果がありますか？

T夫人：いいえ，ぜんぜん効かないですね．

T氏：私はいつも妻にやり過ぎだって言います．いちどに1カ月の外出禁止はあんまりだと．〔この時点で，セラピストは両親の意見の食い違いについて返答しなかった．それは話の焦点をぼかさないようにするためだった〕

T夫人：だって，電話を取り上げても効き目はなかったからよ．

ロン：もう止めてくれるなら，僕は良くなるよ．

セラピスト：〔ロンとの関係も繋ぎ留めながら，同様に本来の家庭での序列を築くため，両親と歩調をあわせた〕ロン，君の考えていることはわかったよ．でもお父さんとお母さんは，君の周りで起こることに構わなくなったら無責任な親になってしまう．それに君が犯罪行為をしたら，ご両親は法律上の責任も問われてしまう．でも君を見ていると，学校は退屈であっても物事は順調だし，郵便箱のことも絶対しないって自信を持っているように見えるよ．お父さんとお母さんに，君の気持ちをわかってもらういいアイデアはあるかな？

ロン：しばらく見守ってほしいんだ。学校でもこれからちゃんとやるし……。もうすでにやっているし。
T夫人：信頼できたら，苦労はしないわよ！
ロン：そうやって，ママはいつもチャンスをくれないんだ。赤ん坊みたいに扱うんだから。ママは学校や友達の家にも電話をかけているしさ。
T氏：妻は本当に心配になってしまう……妻は心配症なのです。妻も義妹たちも，子どもの頃から家で何も悪いことをしたことがなかったみたいで。
セラピスト：ロンが今の問題行動をもうしないだろうって，信用できますか？
T氏：まあ，完全にというわけには。ロンは以前にも，もうしないと言ったことがあるのです。でも状況は今や相当に悪くなっています（T氏にはなんとかしなければという気持ちが感じられた）。
セラピスト：それでは，ロンが本気で言った言葉なのかを証明するため，何かいい方法はないでしょうか？
T氏：いやぁ，そんな良い方法はないですね。我々が学校からの成績書をもらうか，ご近所の郵便箱に近寄ってない知らせを受けるまではね。共犯の少年たちと付き合うのは止めさせるべきだと思っています。
ロン：(怒りながら)あいつらを悪く言わないでよ……あいつらのせいじゃないんだ。
セラピスト：では，ロン，約束を守るためにどんなことができるかな？
ロン：僕を放っておいてほしい……。僕の事をいちいち調べないで……。
セラピスト：学校で？　……それとも家の近所で？
ロン：僕は，ママがあれこれと僕の学校のことを，詮索するのを止めてほしい。……どれだけ宿題があるのとか……もう終わったのとか。……どこへ出かけるのと聞くのをね。
セラピスト：お母さんとお父さん，これについて，どう思われますか？〔ロンは母親だけに，プレッシャーをかけないでほしいと言ったが，ここでは双方の親に語られた〕
T夫人：そうですね，でもそうしたら，事態が悪くなった時にはどうしたらいいのでしょうか？　それに私たちは，ロンがどこにいつ外出するのかを知るべきだと思うんです。
セラピスト：(T夫妻に同意しながら)ええ，ロンはそうするべきですね。
T氏：私は，彼がそうすることができるということを，我々に示させてみようと思います。
T夫人：……それで，どこへ行くのかを言わなくても？

T氏：いや，勉強のことだよ。彼の居場所は知っておく必要があるよ。

ロン：どの子だって，報告なんてイチイチしないよ……まるで赤ちゃん扱いされているみたいだよ……。

セラピスト：（T夫妻とロンの双方に協調しながら）ロン，子どものことを大事に思う親なら，子どもがどこにいるのかは知りたいのよ。それから，お父さんとお母さん，ロンは，もし誰にも監視されないのなら，学校で自分の態度と勉強に責任を持つと言っています。でも，ものごとは，常に小さな歩みから出発するのが良いですよ。ロン，家と学校での君の行為について，ご両親が信頼できるような小さな一歩になるものは何だろうか？

　ロンは，もし両親が宿題について尋ねるのを止めれば，終わった宿題を毎晩両親に見せること，また，放課後まっすぐ帰宅するのかどうか，どこへ出かけるのかを知らせる，と言ってやる気をみせた。セラピストは，ロンと両親に別々に来談するよう依頼した。ロンとは毎週1回のセッションを3回行った後，2週間後にもう1回セッションを行った。両親とは，2週間をあけて2回会った。ボブは参加しなかった。ロンには，長期的にみれば彼のためになると思われるような選択を自分ですることと，自分が言ったことをやり遂げることを後押しした。両親には，ロンの変化を小さな歩みと考えることと，それを批判するのではなく後押しする必要があることを促した。ロンと両親が双方ともに，自宅と学校での進歩を報告したころ，弟のボブを含めた一家全員が再度，合同セッションに参加した。皆がアイデアを出し合って，以前と何が違っているのか，それを継続するためにどうしたら良いかを考えた。

参加したがらない親

　親の中には子どもたちが「修繕」されることを期待して，セラピーに連れてくる人もいる。そういった親たちは，そのセラピーのプロセスに関わろうとする意図がない。これは彼らが打ちのめされて，子育てに自信喪失状態になっている兆候なのかもしれない。このような場合，協力を得られる最良の方法は，子どもだけを面接し，両親には相談役として関与してもらうことである。こうした枠組みの中では，親たちに安心感を与えることができ，また彼らの参加する意義を徐々に認識させることができるかもしれない。それさえも渋るようならば，「それでは，あなた方の言い分をお聞きしましょう」と少なくとも一度は来訪させる努力をすべきである。

　そのような「コンサルテーション」での最初の一歩は，全ての発言内容を聴

くことであり，それによって親はもっとよく話すようになるだろう。セラピストは決して不誠実であってはならない。例えばある親が，たまに一貫した態度を示しただけなのに，首尾一貫されていますねとお世辞を言うべきではない。けれども，「良い親になることが，あなたにとってどんなに大切かは本当によくわかります。あなたは決まりを定めて，一貫性を持たせる努力をされているし，それを継続することは大切ですよね」と言うことはできる。このように言うことは，クライエントが嘘っぽいなとわかっているコメントよりも，自信を持たせる点で勝っている。自信は何か違ったことをやる勇気と連動している。合同セッションを提案するのは，合同セッションに対する親の態度が，変化したと判断できた後にすべきである。

親が一切関わりを望んでいないことが明らかな場合，残された選択肢は子どもだけに関与するやり方である。

子どもだけに会う場合

子どもだけに会う場合の優れた点は，親が同席した時と比較して，セラピストが子どもたちともっと密接に協調できることである。親たちはセラピストに，自分たちの代弁者の役割を期待する。しかしながら，親がセッションに同席していなくても，子どもたちの考え方をセラピストが受け容れると同時に，彼らに現実を受け容れさせるように折り合いをつけるのは容易な作業ではない。

若者たちは親たちに向かって，何かにつけて「放っておいてくれ」と要求するのが常である。したがって，親の要望や禁止事項について子どもたちが抱く訴えに対しては，前述の事例で示したように，寛大かつ現実的な態度で対応しなくてはならない。親の要望通り行動するように子どもたちに勧めることは，信頼を損ねる。セラピストは子どもたちと協調するために，「親たちに放っておいてもらうために，君たちがほんのちょっとでもできそうなことは何かな？」と問いかけることができる。これによって，子どもにある程度の統制をかけると同時に，セラピストが子どもたちから支持的だと思ってもらえる選択肢が見えてくる。

また時には親自身のさまざまな理由で，ネグレクトや育児放棄をしている親を持つ子どもたちがいる。こうした子どもがかなえられない希望に向き合い，彼ら自身のリソースを使えるように援助することは，痛々しいが必要なことである。こうした状況を以下の事例で説明する。

事例：トロイ

　トロイは11歳の男児である。彼は，彼が放課後に参加していた，郡が主催する非行少年のためのプログラムから紹介されてきた。トロイと他の3人の少年は民家に押し入り，テレビと金品を盗んだため，不法侵入と窃盗の罪で告発されていた。この郡のプログラムからの紹介の場合，通常の手続きであれば，最初のセッションに両親が同席し，セラピストの勧めがあれば必ず両親が家族セッションに参加することになっていた。セラピストが予約の調整をするためにトロイの母親に電話をした時，彼女はぶっきらぼうな口のきき方と冷たい反応だった上，もっと小さな子どもがいて，その子どもをみてくれる人がいないのでインテーク面接へは行けないと参加を拒んだ。トロイの母親がしぶしぶ短時間の電話に応じた時に，トロイは年々状況が悪くなる一方なので，もう見切りをつけてしまっている，とはっきりと言った。この母親はトロイが2歳の時に，最初の夫と離婚したことをセラピストに話した。この前夫はアルコール依存症で彼女に暴力を振るい，その後警官に暴行を働いて投獄されたという。現夫とはトロイが4歳のときに再婚をして3人の子どもをもうけた。現在の彼女は妊娠中で，2カ月後には子どもが生まれる予定だった。母親はトロイのことを，生まれた時から「厄介な子」だったと表現した。トロイが4歳のときから，癇癪や虚言，手に余る行為に対応するため，母親は断続的にセラピーに連れて行っていた。

　トロイは肌が浅黒く，目鼻立ちの整った少年で，同年齢の子どもより大人びて見え，上唇の上に生えかけた薄い髭が観察された。彼は闊達に喋り，視線の合わせ方も適切だった。トロイは犯罪行為をすんなりと認めていたが，その理由は年少のために働けないし，両親が小遣いを全然くれないので，お金を手にするにはそうするしか他に方法がなかったと言った。トロイは継父のことを，無情で言葉で虐待する男だと言った。また継父のこうした虐待から，自分を守ってくれなかった母親への怒りも露わにしていた。「お母さんは，ぼくのことを負け犬だと思っているんだよ。ちょうど刑務所にいるお父さんみたいだと思っているんだ」とトロイは話した。

　トロイは同年代の子どもたちとは違って，セラピーに来ることに難色を示してはいないようだった。セラピストは先ず，治療関係の構築を念入りに進めた。セラピストは何週間も時間を割いて，トロイと雑談したり，彼が熱中していることについて話をしたり，漫画を描いたり，また辛かった家庭生活の色々な話を聴いた。そして機会を見つけては，セラピストは何かにつけてトロイを褒め

た。例えばある日，トロイがいつもなら三つか四つの授業をサボるところを，その日は一つしかサボらなかったと話した。セラピストは彼の決断を褒めて，前回のセッションの日以来，この他にどんな良いことをやれたのかしらと尋ねた。トロイが継父と口喧嘩する代わりに家から出たと話した時には，セラピストはトロイに，どうやってそんなに賢い解決法を見つけたのかと詳細に質問をした。賢明な解決方法や長所として強化できることについてはどんなものであれ，セラピストはいつ何時でも「コンストラクティヴ・イヤー（肯定的な構築を行う耳）」（Lipchik, 1988b）を持って傾聴したのだった。

　トロイは定期的に来談し，冬の天候や休日でセッションが止むなく休みになるのが残念そうだった。セラピストはトロイとの信頼関係が構築されたと気づき始めたので，彼がセッションから何を得たいと思っているのかを話題にし始めた。トロイは最初その質問に面喰ったように見えたが，話をしているだけで気持ちが良いと言った。セラピストはこの一連のセッションの目的を説明し，彼が何について取り組みたいのかを考えるように促した。

トロイ：それ考えたけど……どうしたいかってことだけど。先生と話すみたいにお母さんと話す方法を知りたいんだと思う……。
セラピスト：お母さんとだけ？
トロイ：うーん。あの人〔継父〕のことはわからない。でもたまにはお母さんが僕の言う事を聴いてくれたらいいんだけどなあ。
セラピスト：そうか，これは素直な目標だと思う。でもね，お母さんは君と一緒に来る時間がないかもしれないね。でもね，他人と上手に会話ができる方法を身につけようとしても，その人一人でやってもうまくいかない場合もあるよ。
トロイ：じゃ，ぼくたち無理かな？
セラピスト：いいや，やってみることはできるよ。ただ君が会話の方法を身につけようと努力しても，お母さんが望み通りに応答してくれるかどうかは約束できないよ。
トロイ：それでも構わないよ。
セラピスト：じゃあ，君が望んでいるような会話をお母さんとした時のことを，少しでも思い出せるかしら？　そんな感じの，たとえほんのちょっとした会話でもない？〔トロイは母親との間でのわずかな例外も思い出せなかったが，亡くなった母方の祖父と，一人の学校の先生，そして近所に住む一人の同世代の友人との上手な会話については思い出すことができた〕どう

して君は，お母さんではなく，この人たちとはうまくできたのかな？

トロイ：わからないよ。

セラピスト：その人たちと話している時の君は，どこか違うところがあるのかな？

トロイ：うん，僕の心の中に，善人と悪人のふたりの漫画の主人公がいて，こいつらがそれぞれ違った時に主役になるんだよ。僕が家にいる時は悪人がいつも主役で登場して，うまく喋れている時にはそいつは絶対に登場しないんだ。

セラピスト：君はそれでいいの？

トロイ：ああ。両親は悪人だから，悪人は，悪人の両親と戦わなきゃならないんだ。

セラピスト：そうすると，君の漫画の中で悪人同士の戦いは，どんなふうに終わるの？

トロイ：誰かが最後には善人に変身して，悪人らが滅びる。でもそんなことは，家では決して起こらない。両親は絶対に善人にはならないし，ぼくもそうなんだ。お母さんは，僕のことを嫌いなんだよ。お母さんはいつも「おまえはお父さんそっくりよ。本当のお父さんとね。お父さんとそっくりで，お父さんと同じことをして，だから最後にはきっと，おまえはお父さんと同じようになるんだわ」ってね。

　セラピストはトロイの言う善人と悪人が，その他の善悪諸々のキャラクターとの間に繰り広げるさまざまな交流を，漫画に描かせ始めた。またセラピストは学校の先生や，同世代の友人との交流を持つように促し，その人たちと一層上手な会話を交わすように彼を勇気づけた。セラピストは学校の美術の先生との関わりを持たせ，そして今度は，その美術の先生がトロイを美術部に入るよう薦めてくれた。「善人」の存在がトロイの生活の中で大きくなるにつれて，彼は自信を付け始めた。セラピストは，その「善人」が自宅に居るときでも主役になれないだろうかと思った。トロイは何回かそれを試験的に挑戦したが，自分に対する母親の態度が全く変化しないことを身をもって知らされたのだった。セラピストはそれによって受けた彼の失望感を，セラピーで取り上げた。

セラピスト：君ががっかりしたのはよくわかるよ。でも上手に会話するために，やれることは全部やってみたよね？

トロイ：（ののしりながら）……それが何になるんだよ？

セラピスト：君だけが，お母さんから無視されているの？

トロイ：違う。お母さんは誰にも意地悪なんだけど，特にぼくに対してはひどい。お母さんはぼくのことが嫌いなだけなんだ（泣きながら）。

セラピスト：それは本当に辛いね。でもそれが君にどんな意味を持つの？

トロイ：ぼくが悪いってことだよ。

セラピスト：そう？　じゃあ，どうして君のことを認めている人が多くいて，君はその人たちとは上手に会話できるのかな？

トロイ：わかんないな。

　トロイは良い少年なのだが，母親がさまざまな問題を抱えているためにトロイを尊重していることを表現できずにいる，という考えで，セラピストはトロイと関わった。おそらくトロイが大きくなり，父親とは全く違っていることに母親が気づいたときに，初めて彼女は自分がどれだけ幸せであるかを表せるようになるのだろう。

　トロイは母親の拒絶に対処しながら，哀しみと怒りの日々を過ごした。セラピストは，怒りや孤独感を感じた時に，トロイが自分自身に問いかけるべき質問を与えた。その質問は「自分は悪い子だと母親に思わされた時，自分にどのように話しかけるべきだろう？」，さらに「自分を大切にするために，そして自分が悪い子だと感じたからといって，ヤケにならないために，どのようなことをすべきだろう？」というものであった。

　トロイの学校での行動は徐々に改善され，全教科を終了し，暴れる行動もさほど見られなくなった。トロイの母親はセラピーに参加することを拒み続けていたが，このケースを担当したソーシャルワーカーが，トロイの家庭での行動は改善していると母親が言っていた，とセラピストに報告してくれた。

　このようなケースの状況でのセラピストの仕事は，情動的に自立をしてもらうためのサポートと手立てを授けることである。これは，子どもが大人になるまで毎週会うことでもないし，治療関係に依存させることでもない。その本来の意味は，クライエントの要望を，セラピーを超えた実社会へ徐々に向けてゆくのをサポートすることであるが，必要とされる場合には，何時でもそばにいることなのである。

子どもと親の仲立ちをする場合

　子どもが一方の親との間に問題を抱えていることを打ち明けた時，セラピストがその親とのコミュニケーションを図るうえで探るべきことは，脅威にならず，

しかも子どもからの情報の秘密を損ねることのないように留意することである。

　児童や思春期の若者たちは，特に片親の場合にありがちなのだが，彼らが必要な時に何もしてくれないと不満を述べる。セラピストは親から何もしてもらっていないという子どもの欠如感を，親との個人セッションで伝える努力はできるが，必ずその前に，親には子どもの不満を言ってもらうようにして，それらについてどのように理解しているかを話してもらうようにする。こうするとセラピストは，かくも挫折感や怒りの辛酸を舐めさせられた子どもと一緒に過ごすことはさぞや大変に違いないと返すことができる。このようなセラピストの発言を親が受け容れると，今度は例外の質問につなげていくことができる。この例外の質問によって親は，子どもと一層多くの時間を過ごすと事態は好転するのだと気づくようになる。さらにこのような質問によって，一般的に親から数分間でも注意を向けてもらうだけで子どもが改善することがどれほど多いかということについて，セラピストが語るきっかけが得られる。時には親たちが怒りのあまりに，それ以上の時間を割くのを望まないこともあるが，ひとたびセラピストとの間に治療関係ができると，何らかの変化を起こしたくなるような，より良いチャンスに恵まれるものである。

年老いた親や，成人したきょうだいがいる家族の場合

　全人口のうち，高齢者の占める割合は急激に増加の一途を辿っており，将来的にも増え続けていくとみられている。その結果，解決志向のセラピストたちは，年老いた親を介護する人たちから相談を持ちかけられる機会が益々多くなっている（Bonjean, 1989, 1996）。高齢化問題は，多くの喪失と不安を伴っているために，情動的側面が重苦しくのしかかる傾向がある。年老いた親の介護によって，親子間やきょうだい間に横たわる未解決の問題が浮かび上がるのと同様に，新たな問題も表出してくる。

　成人したきょうだいの間に生じた問題を解決するために，ファミリーセラピストの門が叩かれる場合もある。本書で示したSFTの基本的な理論と実際は，全てのこうした家族問題にも同様に当てはまる。以下にいくつかの留意点を挙げておく。

1. 個人の気持ちと家族で共有している気持ちを述べてもらうことを忘れない。
2. 年老いた親と成人した子どもたちは，可能な限り自分たちの日常生活を

自力で管理する方向を模索していることを忘れない。一つの小さな変化が多くの違いを生み出してゆく。
3. 「AかBかのどちらか」ではなく「AもBも両方とも」を考える。
4. 年老いた親と子どもたちにとって，未来に焦点を当てることは，現在維持されていることや過去から活性化されることに結びつくものでなければならない。**過去は変えられないのだから，未来に集中するべきである**という仮説は，そう遠くない未来に，現実に死別に直面する人に関わる場合に，適応されるべきである。**すべて否定的なものはない**，あるいは**クライエントは自助のための固有の力を持っている**という仮説はさらに重宝する。
5. 高齢者を軽んじたり，子どものように扱うことはくれぐれも慎む。
6. セラピスト自身の反応を用心深くモニターして，過剰な一体感やあわれみの感情を抱かない。セラピストの目標ではなく，クライエントの目標に到達することをサポートする。セラピストは，**すべてのクライエントはユニークである**，それゆえ，すべての家族状況もユニークなのだということをよく肝に銘じておく。

結　論

　家族と関わることは，セラピーを実施するうえで最も難しいと思われていることが多い。幅広い年代の人や，さまざまな状況の人と関係を作るのは容易でないし，同時にその人たちの間の絆を築き上げることは難しい。セッションにどれだけの人数の家族メンバーが参加するにせよ，家族全員は気持ちの上では常にその場にいるのであって，ファミリーセラピストは参加者個人の事情に通じておく必要があり，家族の間で起きる相互作用も十分に把握しておかねばならない。家族と関わる際に，チームワークは極めて重要なリソースである。チームが利用できない場合，セッション終盤の休憩がセラピストにとって必要不可欠である。その時間にセラピストは，自分の考えをまとめてサメーション・メッセージや提案をどうするかを決定する。ファミリーセラピーは，セラピーの中で最もやりがいのある方法の一つだともいえる。何故ならば，家族構成しだいではあるが，現時点でうまく機能している解決方法が，他の家族に対しても，現在または将来的に効果がある可能性がいつも存在するからである。

第10章
自らの意思で来たのではないクライエントへのカウンセリング

　サイモンは34歳，アフリカ系アメリカ人の男性である。彼は従業員支援プログラムによってセラピーを受けるよう命じられ，また3カ月間の謹慎も言い渡されていた。この命令に従わなければ，彼が12年間の激務で得た給与待遇の良い管理職の地位を失うことになる。サイモンがここに命じられてきた理由は，彼の部下からのクレームが頻繁に報告されるようになったことである。それは部下に対して，正当な理由もなく，人を見下したり攻撃的な態度をとるということであった。アルコールの摂取量が多いことも報告されていた。

　サイモンの第一印象は，酒臭いことだった。彼はけんか腰の態度で，自分は不等に扱われた，部下が自分を追い出そうとしていると言った。その理由を尋ねると，自分が部下の怠惰な態度や，効率の悪い働き方に寛大でなかったからだと答えた。サイモンは約1年前に部長になり，その間生産高を45％増加させた実績があった。彼は，自分のことを厳しい管理者だと思ったことはあっただろうか？　時にはそう思っていたかもしれないが，おそらく彼はどうして部下が簡単な仕事ができないのか，時間を有効に使えないのかについて，単に理解できなかったのである。サイモンは部下を公平に扱い，自分自身が達成することができなかったようなことは部下に決して要求していないと思っていた。会社からのカウンセリングの依頼理由として，彼の過剰なアルコール摂取が挙げられていることに言及した時，彼は激しく否定した。

　サイモンは，妻と二人の幼い子どもに対して責任があるので，たとえ自分に対する苦情に同意できなくても，セラピーに来ることに同意したと言った。セラピーに役立つような話題はありませんかと尋ねた時，彼は皮肉たっぷりに「まるで流行遅れになるのを恐れるように，買い物をする妻を何とかしたい」と言った。私はもしそれがあなたのストレスの一因と感じているなら妥当でしょうと返答した。また奥さんが望むなら，一緒に連

れて来ても良いですよと彼に伝えた。これにはサイモンの反応はひどく否定的だった。

　私たちはサイモンがセラピーに来るのを承諾したものとして，残りの時間で今後のことについて話し合った。怒りが原因で問題が生じたのではないという彼の意見を尊重し，自由にセラピーのテーマを選ばせようとすればするほど，サイモンは家庭と職場での行動を回想するようになった。時間が終了するまでにサイモンは，もしフラストレーションにうまく対処する方法を学べれば，自分にとって有効だろうと考えた。

　次のセッションにサイモンが来た時，彼がまたずっと飲酒をしていたことは明白だった。彼は先週職場で起こったことを話した。その内容とは，彼の部下が，1週間前に一緒に仕事のやり方を再検討したのにもかかわらず，また間違えてしまったということであった。彼はその部下の前では怒りをコントロールすることができたが，一日中その事について思いを巡らした。「どうして彼女は，こんなことをするのだろう？」彼は怒り狂った調子で言った。どうすれば彼は「部下が自分へのあてつけでやった」のか，あるいは，彼女はそのやり方を十分に覚えていなかっただけなのかを判断することができるだろうかと，私は考えた。彼はこのような仕事は1日で覚えられると言った。さらに，私が彼に，部下に自分と同じように仕事を成し遂げることを期待しているのではないですかと尋ねた時，驚いたようだった。サイモンにとって仕事における成功とは，どれだけ一生懸命頑張るかであって，他の人よりうまくやれているというものではなかった。

　3回目のセッションの間，サイモンからほとんどアルコールの臭いがしないことに気づいた。彼は以前より，リラックスしているように見えた。彼は妻への不平を言い始めた。妻がほとんど毎晩，夕食後に子どもを連れて外出することに腹を立てていた。彼の言い分では，彼女はしょっちゅうショッピングモールに行き，お金を浪費するという。そのような快適な生活スタイルを楽しんでいる妻を，妬んでいるわけではなく，家族の将来を安定させるためのプランを，妻がわざと妨害していると感じていた。サイモンが妻とこのことについて話し合うと，二人の間には言い争いが起き，決して解決しなかった。私はこの問題を取りあげてみてはどうだろうと提案したのだが，再び彼は拒否した。

　サイモンは少年時代の辛い思い出を話してくれた。この話は，私が彼に「他人にも自分と同じ水準に達成することを期待するのかどうか」について質問したことが引き金となった。彼が小学2年生の時，読書グループの

輪に入れてもらえず，拒絶された思いや自分がグループに適応しないというような感覚を味わったという。それどころか彼はグループの中に入れてもらえず，そのグループの子どもが読んでいた本とは違う本を持たされ，教室の一隅に座るよう指示された。彼は今では，自分はすでに読み方を知っていたのでそのグループから分けられたのだとわかっている。彼は読み書きを4歳で独学した。しかしその時は，不公平な罰を受けたように感じた。このことは，彼が部署をうまく管理しているのに罰を受け，カウンセリングを受けるよう命令されたような感じと似ていた。彼はまた部下たちが彼の掲げた目標を理解せず，彼について不満を言い，その上協力しないことに怒りを顕わにした。

　私はサイモンが，部下のそのような行動の意図を考えたことがあるのだろうかと思った。サイモンは部下たちが，自分に偏見を持っていると疑っていたのだろうか？　それについてサイモンは，子どもの頃，自分の肌の色のために人が自分を拒絶することに気づいたと話した。そして彼は現在でも，白人社会では黒人は被支配者だという偏見に敏感であった。しかしながら，彼はこの人種問題は今回のことには影響していないと思っていた。

　その後の6回のカウンセリングで，私たちはサイモンがフラストレーションを感じたときに生ずる怒りを建設的に扱う方法に取り組んだ。彼は徐々に人に対する期待感が柔軟になり，より人の扱い方が上手な管理者のスタイルを身につけるようになった。時々彼は家庭の不満を述べたが，全体的に見て彼は，うまく対処できているようだった。彼は未だアルコールの臭いをたまにさせることがあるが，セッションが開始された頃の強い臭いではなかった。3カ月間のセラピーの後に，サイモンは部長からとても良い評価を得た。彼の行動は顕著な変化を遂げ，飲酒はもはや仕事に悪影響を与えていない，というのが彼の部下と上司の間の一致した意見だった。私は彼の努力と目標に達したことを祝福した。彼は驚いたことに「ありがとう，でも今はもっと取り組まないといけない，大きな問題があるのです」と言った。さらに彼は，妻がそのうち私と話したいと言っているが，自分自身はそれに対してまだこころの準備ができていないとも言った。合同セッションをする前に私はいつも，セラピーを行っているクライエントの配偶者とは個別のセッションをしていると説明をした。サイモンはこのことに乗り気になった。

　彼の妻のナンシーは，その2日後に訪れた。椅子に腰掛けて最初にこう言った。「あなたがご存知のように，サイモンはアルコール依存症なのです

よ」ナンシーの話では，サイモンと初めて会った頃から，毎晩のように，1，2杯のビールを飲んでいた。しかしここ数年の間，仕事の責任の重さに比例して，アルコールの量は増えていった。1年半前に昇格してから，あまりにも飲酒量をコントロールできなくなったので，酒に酔ってケンカ越しになる夫から逃れるために，彼女と子どもたちは，サイモンが仕事から帰宅した時に家に居ないようにしていた。サイモンは飲酒の量を3カ月間減らしたが，ナンシーはこの問題はまだ取り扱うべきだと思っていた。ナンシーはさらに，サイモンとの関係，とりわけ家計に関する問題と言い争いを和解する方法を取りあげたいとも感じ，またその点で変化が必要だとも思った。

　ナンシーとサイモンは，それからセラピーを8カ月間続けた。その間にサイモンは酒を飲むのを止めた。「きっぱり止めるよ！」と彼は断言した。私は医療による介入を行わない場合に起こりうるさまざまな問題を心配したが，彼は頑としてはねつけた。私はこの時，彼に歩調を合わすほうが良いと判断した。彼も私の意見に歩みよって，もし断酒が非常に難しくなり，ナンシーや子どもたちに，悪影響を及ぼすようなことが起こったなら，入院すると同意した。結局，断酒をしても快適な状態になるまでの6週間は，頭痛に苦しんだがそれも徐々になくなっていった。サイモンとナンシーはふたりの関係を修復するために，いくつかの目標を設定してセラピーを開始した。セラピーが終結した時，彼らはその結果に満足した。

　サイモンは非クライエント（以後「自らの意思で来たのではないクライエント」と呼ぶ）であったがクライエントになることを選択した。彼は自身の目標だけでなく，妻の目標と紹介されたところの目標にも達した。これは望ましい結果であったが，このような結果は常に期待できるわけではない。しかしながら，このケースが示したように「自らの意思で来たのではないクライエント」に関しては，協力し合うことや，時間をかけてゆっくり進むこと，そして信頼関係を構築し，情動的風土を確保することが大切だと言える。解決志向的な質問は，クライエントが面接の目標を検討する気になるまで，副次的なものとすべきである。

　セラピストの中には，サイモンがお酒を飲み続けていたにも関らず，面接したことに異議を唱える人もいるかもしれない。私の経験では，面接することはクライエントとの協力関係を維持することと合致している。つまり最終的にはセラピーの妨害になるものではない。サイモンの事例で考えると，特にセッ

ションに来る以前はアルコール依存の問題があったが，私たちが関係を構築し信頼を深めるにつれて，徐々に飲酒量が減っていった。サイモンはアルコール問題を，解決する心の準備ができた後，止めることを宣言して，ついにこの問題をうまく解決した。もし飲酒パターンに変化がなく，問題解決に向わない状況であったなら，私はサイモンをアルコール専門相談機関に委ねたであろう。しかしながら，クライエントはセラピーを開始した最初の頃より，信頼関係を構築した後は，もっとセラピーを拒絶しなくなるものである。

自らの意思で来たのではないクライエントの定義とは？

クライエントがセラピーを望まない主な理由は，セラピーを受ける必要性を感じていないか，セラピーを恐れているためである。典型的な例を挙げると，親に連れて来られる子ども，かかりつけの医師によって紹介されて来た人，大人になった子どもに連れて来られた年老いた親，またサイモンのように雇用者に命じられて来訪する人，あるいは反社会的な行動のため司法当局から送られてくる人などである。

このように自らの意思で来たのではないクライエントの多くは，心理療法を受けると自分がおかしいとか，悪いと言われるので，不愉快にさせられると思っている。セラピーは自分を援助してくれるものだと知りたくない人々もいる。それは，彼らは不十分なので，自分自身で問題を何とかできないということを意味するからである。ときどきクライエントは，セラピーを始めることに一旦同意したら，二度と止めることができないと恐れていることがある。多くの人は，誰かにセラピーを受けるように言われたから来たのだと言うよりほか十分な理由がない。ほとんどのクライエントは，セラピー開始時から受けたくないことが明確であるが，自分たちが変化を求める気がないことが明らかになるまで，承諾しているふりをしているクライエントもいる。

一見，セラピーを受けたくない人とうまくやっていくことは，自らの意思できたクライエントよりも，難しいように見えるかもしれない。確かに，自らの意思で来たクライエントは，その時点ですでにある程度の意欲があるので有利である。しかしながら，ターネルとエドワーズ（Turnell & Edwards, 1999）は，セラピーに来たくないクライエントとの「関係性こそが，よい成果に最も重要である」と指摘している（p.33）。なぜなら，その関係性はセラピストによって導かれるので，セラピーの成果は，クライエントの手中にあると同様にセラピストの手中にもあるからである。

セラピスト−クライエント関係

　自らの意思で来たのではないクライエントの多くは，あからさまに，あるいは秘かに，彼らを差し向けた人または制度そしてそれに関連する人たち皆に敵意を持っている。クライエントは，そういう人たちを押し付けがましくて，極めて批判的な人だと感じるような体験をしている。多くのクライエントは今の状況を，より良く変化させたいと望んでいることには疑いはないし，その変化を望むために，今までとは違うことをしてみたいと思っている。しかし，通常はどのように，そして何を変えるべきかについて選択の余地は与えられないし，変化するように指図する人たちの期待に沿っていない努力に対しては励ましも与えられない。このようなさまざまな要因が合わさったために，結局クライエントは「反抗的」とか「不従順」というレッテルを貼られてしまい，援助者との対立関係を強めてしまう。

　法律関係者や社会福祉担当者，またメンタルヘルスの専門家は，普通は悪意もないし冷酷でもない。しかしながら，彼らとクライエントの関係は，クライエントが彼らの仕事に何を要求し期待するかによっている。法律関係者は何よりもまず，その地域社会を守ることを考えなくてはならない。社会福祉担当者は，たいてい多忙で，個別的に満足のいくような介入はできない。メンタルヘルスの専門家は，一般的にクライエントの行動を病的なものと考えるので，クライエントの病的な部分を除去しようとする。

　自らの意思で来たのではないクライエントの場合において，解決志向のセラピスト−クライエント関係にかかわる特別な問題は，クライエントとの結びつきが必要であるということと，クライエントとセラピーを受けるよう命じた人や制度の両方の要求に応えることである（Rosenberg, 2000 ; Stanton, Duncan, & Todd, 1981 ; Tohn & Oshlg, 1996）。クライエントが私たちを法律や社会福祉サービスの代理人だと見なす場合，彼らが私たちを信頼するのは困難だろう。一方，セラピーを紹介してきたところは，解決志向の考えを知らない場合が往々にしてある，そこで，**小さな変化は，より大きな変化をもたらす**，または，**すべて否定的なものはない**，という信念が基盤となっているプロセスになじむための時間と忍耐が必要となる。ケースにおいて，私たちがクライエントと他の専門家たちとの間に三角関係を感じることなく，クライエントに対して肯定的な態度をとり，また他の専門家たちと協力的な関係をとることとの間のバランスをとることは難しい。

　自らの意志で来たのではないクライエントはさらに自分自身の力の及ばない

範囲で起こる不幸や（あるいは）反社会的行動による長期にわたる問題を示す傾向がある。それゆえ，セラピストが，**クライエントは自助のための固有の力とリソースを持っている**，ということを信じ，さらにクライエントが自分の強さを再発見する必要があるという期待をもって受け入れるような態度を持ち続けることは，行き過ぎた解釈であると感じることも時にはある。

　自らの意思で来たのではないクライエントとのセラピスト－クライエント関係で最も重要な側面の一つは，クライエントがそのケースに関連している他の専門家との関係と，私たちの関係が少し異なるものだと体験することである。この違いが明確になるには時間が必要であり，さらに職業的に要求されている制限を設定しながらも，私たちがこころからクライエントのケアをしているのだとクライエント自身が理解するまで，その違いが明確になることはないだろう。

　その方法の例を挙げると，保護観察期間や，執行猶予つきのクライエントによる幼児虐待，近親姦，または違法行為の繰り返しについての義務的報告などが含まれるだろう。マリリン・ラコート（私信，2001）は，クライエントとの関係を守る一つの方法は，セラピストよりもむしろクライエント自身が，不法行為を報告するように仕向けることだと指摘している。これは，クライエントが自分に対して責任を持っていることを権限を持つ者に示すこととなり，セラピストをもっと中立的な立場におく。

　配偶者の虐待に関する仕事では，私はその被害者と加害者の，セラピストと擁護者の両者を演じようと努力している。加害者は，私がこれから先の暴力を見逃すつもりがないことを理解しているにちがいない。それにもかかわらず，もしセッション中に加害者とその配偶者との間が緊迫状態になった場合，あるいは家庭内の暴力が増えてきたと報告される場合には，私は被害者の身の安全を心配するのと同じくらい，加害者が問題行為をしないよう懸念する。被害者になり得る可能性のある人と話す場合では，安全を確保する計画を迅速に考える。また虐待を行う可能性がある人と話す場合は，再び犯罪関連の専門家の世話にならずに済むように，現段階でどのように援助できるかをについて話し合う。

　しかしながら，全てのことが話し合われ，実行された時には，自らの意思で来たのではないクライエントに，セラピストから伝えられるメッセージは他のクライエントが得る内容と何ら変わりはない。これは**クライエントを変えることはできない。クライエントだけがクライエント自身を変えることができる**，という仮説に基づいている。セラピストが，他者を変えることができないのは

明白であり，これは紹介機関も同じである。しかしそれは，クライエントが自己責任を持って解決に向かう努力をセラピストが受け入れて支援することを意味する。これは万能薬ではないけれども，セラピーを受けたくなかったクライエントに，かなりの変化を遂げさせることはよくある。

クライエントとの協力

　セラピーを受けることを避けたいと思っている，自らの意思で来たのではないクライエントに歩み寄って協調する場合，理論的かつ倫理的な問題が起こる。このように自らの意思で来たのではないクライエントに歩み寄ることは，私たちが彼らの抵抗を取り去り，話を聞き入れる意志があるという態度を示すための治療的な戦略である。自らの意思で来たのではないクライエントの協力の仕方に私たちが合わせる時（彼または彼女がセラピーを受けたくないことを認めながら），私たちが紹介機関に逆らってクライエントの味方をしていると思われるだろうか？　もしそうでないとしたなら，私たちは，紹介機関の要求にクライエントを従わせるために戦略を使っているのだろうか？

　自らの意思できたのではないクライエントにセラピーをする選択をした数多くのセラピストは利他主義であるゆえに，これらのことを受け入れるようになる。例えば児童保護を担当しているセラピストは，できることなら子どもを安全に自宅で生活させたいと思っている。そのためには子どもの安全が確保されている限り，セラピストは身体的虐待や性的虐待をしていることを，最初は否定する親であっても歩み寄って協調していくだろう。オーストラリアのセラピスト，ターネルとエドワーズ（Turnell & Edwards, 1999）は，協調が必ずしも悪い行動を受け入れる意味ではないと指摘している。「その人と協調すべきであって，虐待と協調するのではない」，そして「期待されていることに焦点を合わせるべきであって，間違っていることに焦点を合わせるべきではない」（pp.33-34）。このような焦点化によって，自分自身にとって最も良いことは何かを考えるのに必要な信頼と安心感が構築され，それはまた，紹介元の目的とも合致するとよいだろう。

　配偶者からの虐待のケースを担当する場合，加害者と協調するときの私の論理は，何よりも先に，その男性を配偶者として選択し，ともに生活をしている女性の安全確保をサポートすることである。研究結果によると，暴力を経験した約75％の女性は，警察の取り調べやシェルターでの滞在後に，再びパートナーのもとに戻っているという（Feazell, Mayers, & Deschner, 1984 ; Purdy & Nickle, 1981）。これは，安全で適切であると判断される環境のもとで，カップ

ルの関係の改善を援助するための十分な理由に思える（Lipchik, 1991 ; Lipchik & Kubicki, 1996 ; Lipchik et al., 1997)。

　パートナーの一方が相手に対して暴力をふるっているカップルを担当する場合は，セラピストは一般的なカップルに実施するセラピーと同様な方法で，どのようにカップルがお互い協調しているかということに同調しなければならない（私たちが，暴力を正当化する考え方を受け入れていると誤解してはならない。その人の考え方や，対人関係のスタイルを理解しようと試みているのである）。暴力には歩み寄らずに，当事者と協調することができるというターネルとエドワーズ（Turnell & Edwards, 1999）の助言が，この場合に適用されるのが望ましい。私の経験では，加害者へのこのアプローチは，否認を減らして，本人自らの責任感を増すのに一番早い方法であることが確認されている。さらにそれは，暴力を受ける女性の身の安全を守ることにもなっている。加害者は，セラピストが彼女の話のみならず自分の話も受け入れてくれていると感じると，彼女が暴露したことに対して，報復を考えなくなるものである。

情　　動

　自らの意思で来たのではないクライエントは，情動的に混乱している。このような混乱状態は，すぐに承認され，共感的に受容されるべきである。「ここは違う」というメッセージを与えるために，一般的にセラピストは，クライエントの置かれている状態について，彼らが感じていることを根気よく引き出さなくてはならない。これは，感情を発散させることが，理論的に矛盾しているというよりは有効であると考えられる必要がある場合の一つである。感情を発散させた後に，どのようにセラピストが大変役に立つか，クライエントはセラピーの時間をどのように使いたいと思うかについて質問すると，クライエントとの関係が敵対というよりはむしろ協調的なものとなる最良の基盤を提供することになる。さらに第4章で論じたように，怒りや不満が消失すると問題解決への道が明確になるかもしれない。

技法の使用

　技法を無責任に，よく考えもせず使うと，良好なセラピー関係の発展や維持の妨げになる可能性がある。そもそも来ること自体必要ないと思っているのに，雨の中バスを待たなければならなかったクライエントが文句を言っているときに，例外の質問をすることを想像してみてほしい。クライエントはその質問そのものが，まず意味がないと思うだろう。

ある母親にミラクル・クエスチョンをすることを想像してみてほしい。彼女は身体的虐待のため自宅から子どもを引き離された後，親教室を完了し，そして多くの変化があったが，自宅を訪れたソーシャルワーカーには十分な変化だとは決して思われないという不満を訴えている。

これらの質問は，時に，クライエントの感情を軽視することになる。技法を早く使いすぎると，自らの意思で来たのではないクライエントを，著しく苛立たせることに私は気づいた。彼女らをより防衛的にさえさせるように思え，それゆえセラピーに対する彼女らの嫌悪感を強めることになりかねない。

一つの良い目安として，セラピーで話すことが役に立つとクライエント自身が思うようになるまで，技法を使うことを先送りすべきである。それまでは，解決思考の質問をしたところで，返ってくる答えはわかりきっている。

セラピーシステム

クライエントが，判決の一環として，あるいは処罰の代わりとして，セラピーを受けるように命じられた場合，セラピストには彼らにセラピーをするかどうかを選択できないことがよくある。セラピーを実施するのに十分な条件が整っていない場合を除き，私たちにはクライエントがセラピーを受ける心構えができるまで彼らにセラピーをしないという選択肢はない。

さらに私たちは自動的に，クライエントの人生をコントロールするシステムの一員となっているため，そのシステムを構築している人たちの取り組みが連携できている時のみ，最終的にクライエントに利益を与えることができるのだと理解しなくてはならない。

解決志向のセラピスト，サリーは薬物中毒者のリハビリテーションプログラムを実施している家族サービス機関に属していた。スタンという32歳の男性は，マリファナ保持と売買の罪のために，保護観察中であった。判決内容の一部で，このプログラムで治療をすることを命じていた。スタンはナンシーというガールフレンドと，彼女の10歳になる息子，アルと暮らしていた。アルは学校では，情緒障害児のクラスに在籍しており，さらにアルと家族のために，セラピーを施す地域支援のプログラムにも登録されていた。サリーは法的なシステムと，スタンに関わる法的な関係者とメンタルヘルスの関係者が構成するシステムの一員になっていた。つまりそのシステムは，スタンに判決を下した裁判官，スタンの保護観察官，スタンにうつ病の薬を処方している精神科医，定期的に家庭訪問していたアルのプログラムのソーシャルワーカー，そしてナンシーやアルとともにスタンが隔週で会っていたアルのファミリーセラピスト

で構成されている。サリーは，スタンに対して解決志向の技法を使うこと以外のことも考える心構えができていなければならない。サリーが自分を治療システムの一員であると考えれば，きっとスタンにとってもっと役に立つだろう。さらに，彼女は法廷の判決にも制約されていた。もし他のメンタルヘルスの専門家たちとソーシャルワーカーがスタンと彼の家族に行っていたアプローチをサリーがわかっていたならば，彼女の行うセラピーはより大きな効果があっただろう。マリファナの喫煙頻度を徐々に減少させるために，サリーが動機づけを行い，小さな一歩を踏むように取り組んでいる間に，他の専門家たちは，スタンがマリファナを喫煙することを，薬物依存や疾病として話し合っていたのだろうか？　もしそうならば，スタンは混乱したメッセージを受けとり，多分すぐに悪い状態に戻ってしまうだろう。最終的に，司法当局がスタンに行うサリーのセラピーに期待していることと，彼女の属している機関が期待していることに気づくことが彼女にとって役に立つだろう。相談機関は，地域内の他の組織との関係に基づいて，相談ケースの方向性についてセラピストとは違う考えをもっていることが時にはある。

　このような複雑なプロセスの指針となる概念は，システム論的な考えに基づいた臨床ケース・マネージメントである（Bachrach, 1989；Frankel & Gelman, 1998；Kanter, 1989；Moxley, 1989；Raiff & Shore, 1993）。すなわち，カンター（Kanter, 1989）は，臨床ケース・マネージメントを単なる調整サービスをする行政上のシステムではなく，「メンタルヘルス業務の一つの形態」（p.361）と定義づけている。ライフとショア（Raiff & Shore, 1993）は，臨床ケース・マネージメントが，一般的なケース・マネージメントよりも「変化や選択そして関係のペーシングに焦点を当てるもの」と考えている。彼らは「臨床ケース・マネージメントは，査定，計画，連携，観察，権利擁護という包括的な技術を基盤に構成されているもので，さらに，これらをクライエントの参加やコンサルテーション，そして他に治療をしている臨床医，個人的な心理療法，心理教育や危機介入との連携と一体化させるものである」（p.85）と確信している。

　一般的なケース・マネージメントと同様に，臨床ケース・マネージメントにおいて，介入とは「マイクロレベル」（個人と人間関係の領域），「メゾレベル」（制度，組織，地域社会の問題），「マクロレベル」（社会政策，政府，文化の問題）で実行すべきものである思われる（Frankel & Gelman, 1998, p.12）。このようにセラピーを概念化する方法は，そのシステムのプロセスにかかわる視点を維持し，内容（クライエントのどこが悪いのか）にとらわれるのを回避するのに役立つ。

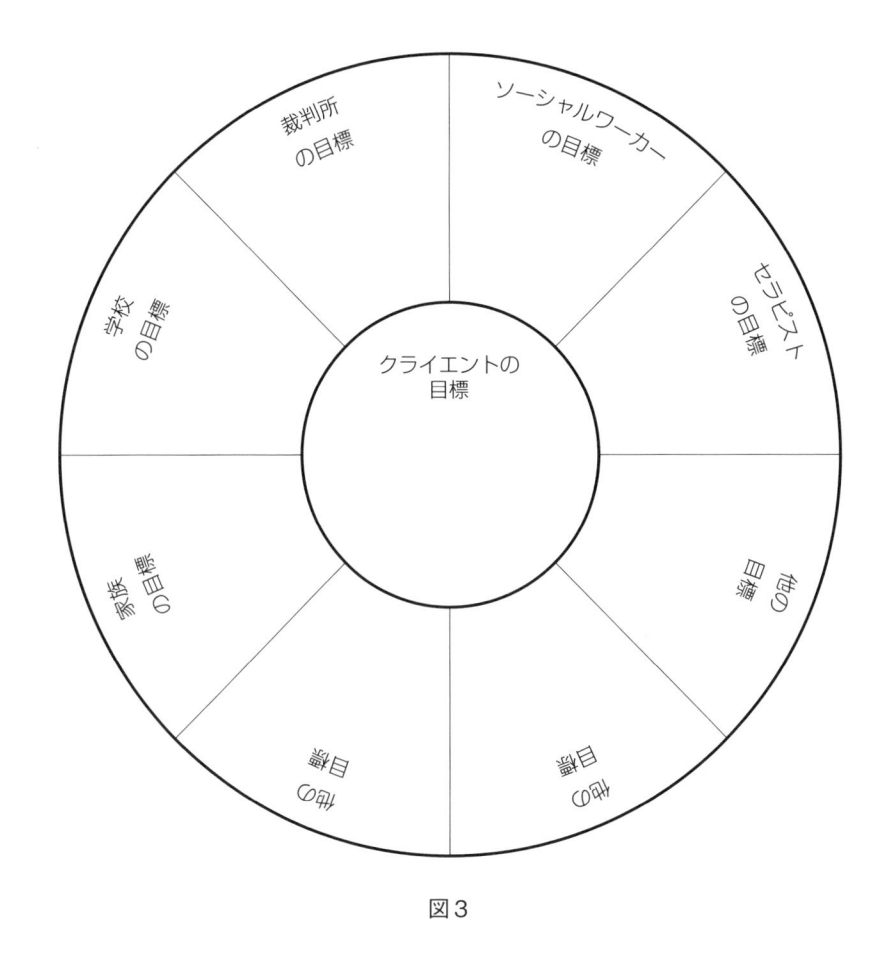

第10章　自らの意思できたのではないクライエントへのカウンセリング　197

図3

　明白なことだが，私たちは，収束するというよりは拡散するような変数から構成される複雑な状況について述べているのである。児童虐待が発覚した場合には，たどるべき手順があるかもしれないが，家族関係，他の援助機関の関与がある場合，または経済や文化的な要因のような詳細な内容に話が及ぶ場合には，同じケースは一つもない（Alizur, 1996）。図3に示されているものは，一つのケースにかかわる全ての人と目標を図式化した体系図である。これは解決志向のセラピストの仕事と，他の援助者の仕事を調整して，クライエントが矛盾したメッセージを受け取らないようにするために作成されている。
　解決志向の視点では，セラピーの方法の調整とはセラピープロセスの焦点付けと，セラピーの内容についてのコミュニケーションを調整することを意味す

る。ハーレーン・アンダーソン（Harlene Anderson）は「お互いの協力がうまくいくための重要なポイントは，他の専門家が用いている信念体系の言語を用いて話すこと」と言っている（Wynn, McDaniel, & Weber, 1986, p.298より引用）。別な見方をすると，そのシステムのメンバーをクライエントのように遇しなければならないということである。

事例：ビーのコンサルテーション

　ビーは解決志向のファミリーセラピストで，家族援助機関の里親ケア治療部の一員である。ビーはマクギー家のコンサルテーションのためにやってきた。その家族のIP（Identified Patient）は9歳のスージーで，2年間里親に預けられていた。里親に預けられる前は，かんしゃく，放火，家庭や学校での手に負えない行動に対処するために2度にわたる短期の入院生活があり，滞在型の治療センターでも3カ月間過ごした。母親のリーは，スージーがそのような状態になる以前は，大量のアルコールを飲酒するような生活をしていたが，1年半前には回復していた。

　リーはトムという男性と6年間暮らしていた。彼もまた，過去にアルコール依存から回復していた。このカップルが断酒する以前は，トムはリーに医学的治療が必要となるほど何回か暴力を振るっていた。リーは1度も彼を警察に突き出さなかった。なぜならば，原因は自分にあると自分を責めていたからである。彼女はうつ病を繰り返し，そのためにトムとの関係が離れることになり，その結果，自殺念慮や自殺企図を引き起こして入院した。リーはトムと別れる決心をするが，1,2カ月以上続いたことはなかった。

　リーには，もう一人14歳のデイビッドという息子がいた。彼は無口な少年で，少し学習障害があり，スージーとは異父きょうだいだった。

　ビーが属している機関は，できるだけ早くスージーを本来の家族に戻すことを望んでいた。なぜならば，公的な機関の代表をしているソーシャルワーカーがそうするようにプレッシャーを掛けていたからだった。6カ月間，スージーは里親の家と学校ではとてもうまくやっていた。しかし，自分の家に戻った際，どうなるかはわからなかった。それは母親リーの精神状態によるだろうと思われた。

　下記の質問事項は，コンサルタントがビーに考慮するように求めたものである。質問は解決志向のアプローチを反映したものであった。

　1．誰がIPか。そのIPが望んでいることは何か？

答え：スージーがIP。彼女の望みは，母親とトムとデイビッドと一緒に暮らすこと。

2. 他に誰がこのケースに関係しているか？ その人物は何を望んでいるか？

   答え：
   a．家族であるリー，トム，デイビッド。皆はスージーが家に帰ってくることを希望している。
   b．里親。彼らはスージーと一緒に暮らすことを希望。彼らはスージーを養子として引き取ることさえ望んでいる。
   c．スージーのセラピスト。彼女はスージーが里親の元に留まることを希望。スージーが薬物治療を受けなくなってから，精神科医はケースに関与していなかった。
   d．ソーシャルワーカー。彼女はスージーを自宅に帰したい。
   e．学校。学校関係者は，学校で望ましい行動をする限り，スージーの住む場所には関知しなかった。
   f．ビーの属する機関。この機関からビーは，可能な限りスージーを自宅に戻すように働きかけることを指示されていた。
   g．ビー。彼女は，もし可能なら連携している関係者たちと協力して，スージーの家族が目的を達成できるようにスージーと彼女の家族を援助したい。また彼女は彼女の雇用者の希望に添うことを望んでいる。

このようにシステムの異なる関係者がそれぞれ反対の目標を持っている場合，全員を満足させる解決法はありそうもない。したがって，このコンサルタントは，スージーと彼女の家族にとってうまくいっていることを見つけるように提案した。

3. 何がうまくいっているのか？
   答え：スージーは，6カ月間，里親の家と学校ではうまくやってきた。母親とトムは1年以上，飲酒をしていないし，暴力もない。母親は，自分のセラピストと精神科医の両者とも良い関係である。デイビッドには問題がない。

4. どのようにこの肯定的な情報が強化されたら，スージーが家に戻り，望ましい行動ができるようになるか？
   答え：スージーの問題行動は，母親のうつ病と関連があるようだった。

さらに，母親のうつ病は，トムと一緒に暮らしていた期間だけに生じたので，リーがトムとの関係を終わらせた方がよかった。しかし関係が完全に終わったことはなく，家族が述べた目標でもなかった。

そこで，このコンサルタントはビーに，このケースを母親の視点から考えるように提案した。スージーに関して出された前述の四つの質問事項をリーについて答えようとするうちに，ビーはもっと多くの情報を集めることが必要だったことに気づいた。その次のコンサルテーションで，彼女は以下の情報を提供することができた。

1. 誰がクライエントで，その人は何を望んでいるか。
    答え：リーがクライエント。彼女はトムと自分の子どもたちと一緒に暮

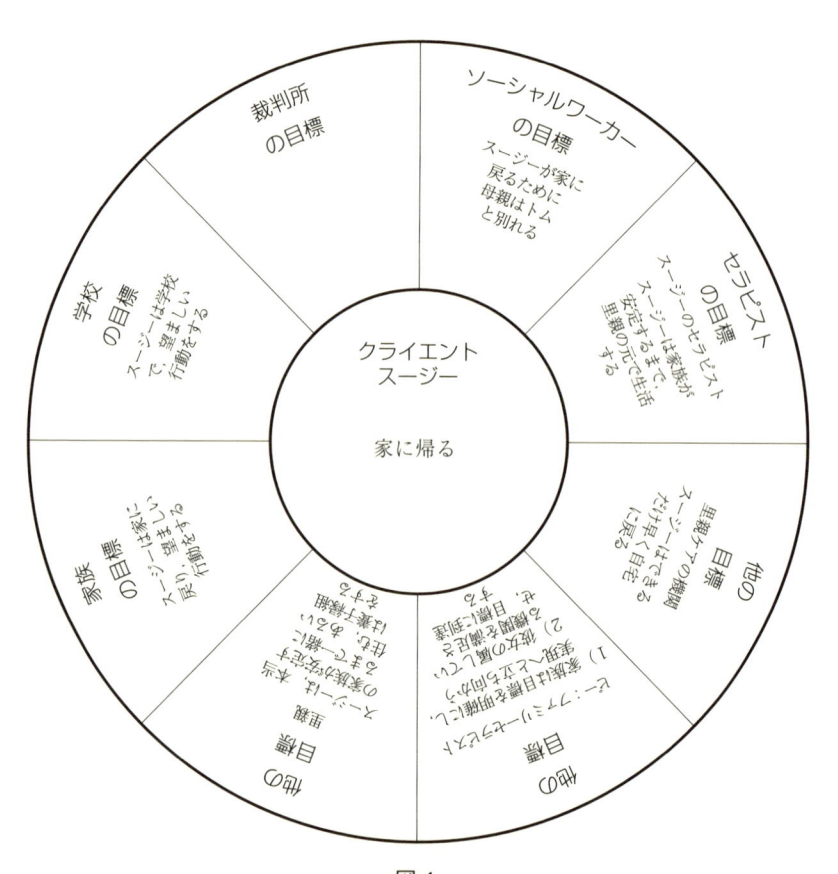

図中のテキスト：

- クライエント スージー 家に帰る
- 裁判所の目標
- ソーシャルワーカーの目標：スージーが家に戻るために母親はトムと別れる
- セラピストの目標：スージーは家族が安定するまで、里親の元で生活する
- 他の目標：スージーが早く自宅へ戻れるよう家族セラピーに参加する
- 他の目標：リー：ファミリーセラピストと一緒に 1) 家族の目標を明確にし、2) 彼の母親を励まし、家族ベースでもっと自信を持ち、目標達成に向けて行動する
- 家族の目標：スージーは家に戻り、望ましい行動をする
- 学校の目標：スージーは学校で望ましい行動をする

図4

第10章　自らの意思できたのではないクライエントへのカウンセリング　201

らしたい。彼女はトムかスージーどちらかを選ぶようなことをしたくない。
2．このケースには，他の誰が関係しているか？　彼らは何を望んでいるか？
　　答え：
　　　a．トム。彼はリーと彼女の子どもたちと衝突せずに暮らしたいと思っている。リーとの関係において悪い影響をもたらすので，リーのうつ病のエピソードが終わってほしいと望んでいた。
　　　b．リーの精神科医。彼はリーがトムと別れるべきだと強く感じている。彼はこの2年間，別れる方が有益だと説得し続けてきた。
　　　c．リーのセラピスト。彼女は精神科医と協力して，リーにトムと別れるように説得し続けている。
　　　d．ソーシャルワーカー。彼女もこの状況を解決するには，リーがトムと離れるべきだと確信している。
　　　e．ビー。彼女は家族が，目標を達成することを援助したい。また他の専門家と協調して，彼女の属している機関の目標も達成したいと思っている。
3．何がうまくいっているか？
　　答え： リーがうつ病になっていない期間がある。その時にはスージーとうまく付き合うことができる。リーとトムの関係では肯定的な側面もある。ビーは，喧嘩しているにも関わらず，リーとトムはお互いにとても惹かれあい，心からいたわりあっていると信じている。彼らは禁酒を含む共通の目標を持っており，さまざまな形でお互いを支えあっている。彼らは少しばかりのお金を，うまく管理して使っていた。
4．このような肯定的な情報は，リーのうつ病に変化をもたらすためには，どのように強化されることができるか？
　　答え： ビーが情報を集めている間，何年にもわたってリーが自分の考え（トムとずっと暮らすこと）と，彼女の精神科医とセラピストが一番良いと思う考え（トムと別れること）の違いに，頭を悩ませていたことを知った。リーは医療担当者の考えを，深刻に受け止めているので，このジレンマは自殺を企てるほど，時には耐えられない状態になる。入院期間中，彼女はトムと別れなければいけないという思いが強くなり，退院した際は別れることもあった。しかし，しばらくすると，トムを恋しくなり，家に戻ってきてくれるよう言っ

図5

中心（クライアント リー）:
1) トムと暮らす。
2) スージーが家に戻り、望ましい行動をする。

外周の各セクション:
- **ソーシャルワーカーの目標**：スージーが家に戻るためにリーはトムと別れる
- **セラピストの目標**：リーのセラピストトムと別れなさい
- **他の目標**：精神科医トムと別れなさい
- **他の目標**：ファミリーセラピスト 1) 家族が目標を明確にし、家族へと生産的に貢献する 2) スージーを機関の目標 3) 出席率を向上する
- **家族の目標**：1) リーが病院にいる時トムと暮らす 2) 3人で一緒に考える 4) 仕事の面接に行く 両親はアドバイス 3人は一緒に家に戻る
- **他の目標**：母親がケア 3人は一緒に家に戻る
- **学校の目標**
- **裁判所の目標**

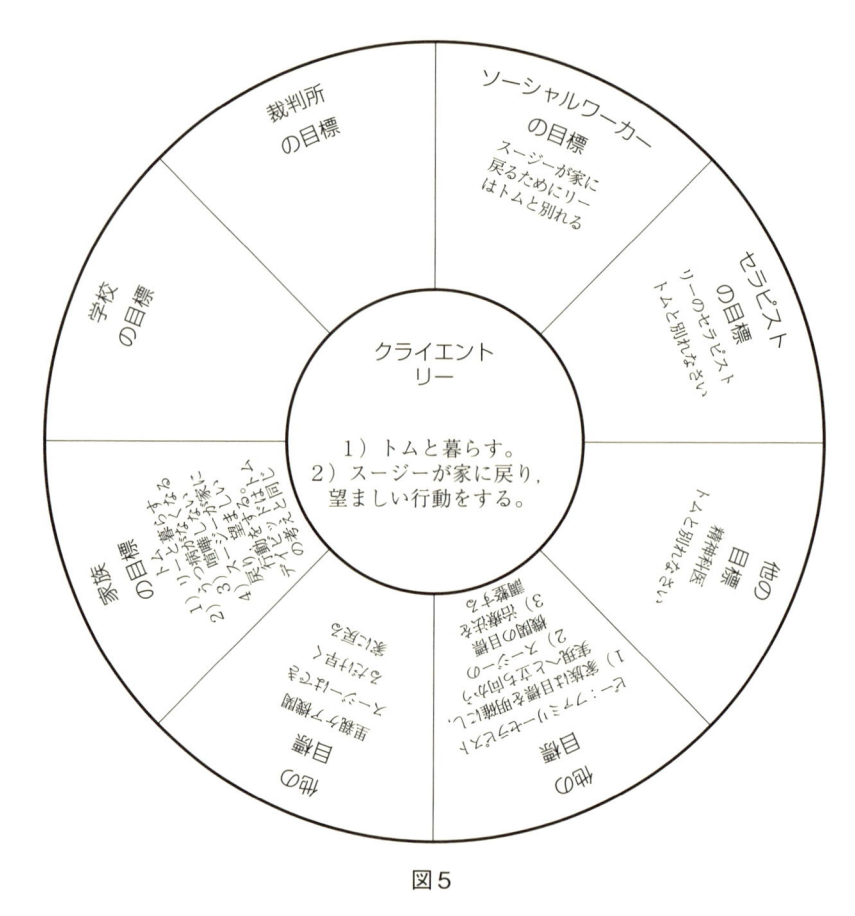

た。リーはトムが家に戻ると、いつでも自分を恥じた。なぜなら彼女は、自分の行為はセラピストと精神科医を失望させたと思ったからである。徐々にこの想いは、うつを引き起こし、その繰り返しを招いた。トムはリーが自分から離れようとすると、非常に取り乱してしまうと言った。ふたりが喧嘩を始めると、スージーは顕著に扱いにくくなる。トムはよりスージーに厳しくなり、リーはよりスージーのいいなりになって埋め合わせをしている。

　明白なことは、この状況を解決するために、今までとは異なる治療計画が必要だった。一つの選択肢として考えられたことは、もしリーとトムの関係に変化があるなら、この家族にも何らかの変化が起きるかどうかであった。今までカップルセラピーが提案されるこ

第10章 自らの意思できたのではないクライエントへのカウンセリング 203

とはなかった。なぜなら，彼女のセラピストと精神科医は，精神力動的視点からこのケースを考えて，トムと別れることができるようにリーの自我を強化していこうと働きかけをしてきたからである。二人の関係に変化を引き起こすためには，ビーは，どのようにしたらリーとトムのカップルセラピーを依頼するために他の専門家から必要な支持を得ることができるのかを考えた。

コンサルタントの援助のおかげで，ビーは他の専門家の視点を活用し，組み入れることを基にして，彼らとの話し合いのためのアウトラインを作った。

「私がお電話しているのは，あなたがリーの現在の様子をどのように考えているのかについて尋ねるためです。その理由は，スージーのことで決めなければならないことがあるからです。トムが家にいない時には，リーとスージーの状態が良くなっていることは知っています。しかしリーは，自我がそれほど強くないため，トムとの関係を終わらせることができないようです。0から10までの尺度で，10が素晴らしい状態そして0が最悪だとすると，あなたが彼女にセラピーを開始した時に比べて，今のリーの自我の強さは何点ですか？〔何らかの進歩が報告されるという可能性がある〕はい，私も彼女が多少進歩したように思います。また，あなたがリーに行っているセラピーは，良い効果が現れていると思います。薬のおかげで彼女は精神的に安定して，アルコール依存からの回復もうまくいっているようですね。私はスージーを自宅に戻すことは，少し難しいと感じているのです。あなたはそのことについて，どう思いますか？〔おそらく他の専門家は，スージーは里親の元に残る必要があると感じているだろう。その時，ビーはリーの自我を強化するため，またリーの家でスージーの行動が安定するために，彼らから今までとは異なった戦略を，引き出すように努力するだろう〕私はリーと話をしながら，トムとの間に悪い出来事があるにもかかわらず，良いこともたくさんあるという事実を知ると，いつも心を打たれました。そして，彼のアルコール依存からの回復も順調のようです。彼女はこのようなことについて，あなたにも話していますか？」

「私はリーがとても良い関係をあなたと持っていることや，彼女はいつでも人を喜ばせようとしていることを知っています。しかしそれと同時に，私たち全員は彼女が受動攻撃型の人であることを知っています。私はこのケースのコンサルテーションを受けていまして，実験的に，リーにこ

れまでと違ったアプローチをするのに，私に協力していただけないかと思っています。たぶん私たちがリーに，トムと別れるように促すことを止めてみたら，彼女はそれほど，抵抗しなくなるでしょう。彼女は私たちと対立するというよりも，異なった選択をするかもしれません。彼女もまた，より円満にトムと住むには何が必要なのかについて，いくばくかの考えを持っているかもしれません」

「私の提案は，リーに関わっている全員がそれぞれの方法で彼女に『あなたが心底トムと一緒に暮らしたいことが，やっとわかりました。なぜなら，あなた方の関係をみると，悪いことより良いことの方が多いからです。私たちが今やそのことを理解したので，問題がうまく解決できるように，あなたとトムを援助したいのです。関係改善のための，カップルセラピーをしませんか』と伝えることです」

ビーはこの試みのために，郡のソーシャルワーカーを加えなければならなかった。彼女たちはこれまで一緒に働いたことがあり，うまくいっていた。しかし，このケースでは彼女たちの意見は互いに違っていた。その上，このソーシャルワーカーは，リーに見切りをつけ，そしてリーには変化する能力はないとあきらめていた。彼女はしだいに，リーに脅威を与えるような手段，例えば将来的に，リーに対して裁判所がスージーに会いに行くことを制限するとか，訪問に監視がつくとか，さらには彼女がトムと別れない場合は，親権を剥奪するといったことを言い始めていた。リーのセラピストは，ソーシャルワーカーが，提案されたプランに激しく反対すると考えていた。その時，ビーとそのコンサルタントは，次のような会話をこのソーシャルワーカーにしてみる計画を立てた。

「あなたがリーに，見切りをつけたことを知っています。私たち全員が一生懸命に取り組んできましたが，あなたはもっと改善することを期待していました。私たちも失望しています。私は最近，このケースについてコンサルテーションを受けました。そこであなたにある試みを考慮してもらえないかと思っています。この試みには精神科医やリーのセラピストも含まれています。スージーを家に帰すために，何か違う事をもう一回，試してみる価値はあると思うのです。あまり期待できませんが，それが功を奏して問題が早く解決したならば，あなたは面倒な裁判所の手続きをしなくても良いのです。あなたがこの提案に同意してくれるかどうかは，わかりませんが，私は以前このように行き詰まったケースで，このアプローチが効

果的であったことを見てきています」

　当然，このような話し合いによって思惑どおりの影響を，他人へ及ぼす保証は何もない。しかし，もしそうでなくとも，提案そのものが他人の考えの中で少しの変化を生み，それが他の変化を導く可能性がある。
　しかしながら，マクギー家のケースでは，他の専門家たちはビーの提案に同意した。リーとトムは6カ月間にわたりカップルセラピーを受け，リーはセラピーが終わりに近づくにつれ，自分自身でトムとの関係に終止符を打つことを決めた。セラピーを通じてリーがわかったことは，トムはいつも自分を見ていてほしいという気持ちが強く，リーにとってはそれが負担であった。トムはリーが自分の感情を支えることができないことがわかり，別れることにした。このカップルが別れた後は，リーはトムに戻ってきてくれと言わなかった。スージーは家に戻り，リーはきちんと彼女の世話をすることができた。
　ファミリーセラピストのビーが治療システムにおいて間接的な介入を行う責任を負うべきだという考えは，間違いなく疑問が生じるだろう。私たちはクライエントに向き合うように，同じ専門家同士が互いに心を開いて話し合い，また互いの違いを協議するべきであると常に考えている。もちろん特に，全ての専門家が共通の理論の方向性を共有するならば，それはいつも好ましい方法である。しかし専門的な関係では，個人の関係と同様に，階層的な問題や，他の揉め事でうまくいかないことがよくある。
　システムの調整には，一歩離れて見て，専門家のみならず，家族やシステム内の全ての役割の相互作用を考える能力が必要である。これはファミリーセラピストの専門家としての技術である。数多くのメンタルヘルスの専門家は，問題はIPの中にあると教え込まれている。あるケースが行き詰まって，それに対してただ一人が他の専門家が持っていないような専門的な見解をもっていたとしても，その人の提案は必ずしも広い心で受け入れられるとは限らない。しかし，相手に対して敬意を持って接し，誰も危険にさらすことがない限り，クライエントに対して，他の専門家を説得して自分の考えを試してもらえるようにする方法を見つける義務がある。

結　　論

　自らの意思で来たのではないクライエントのセラピーにおいて，その中でも特に裁判所等に命じられたクライエントは，解決志向の考え方だけでなくエコシステム論的観点が必要である。自らの意志で来たのではないクライエントへ

のセラピーは，ファミリーセラピーと類似している。なぜなら，それにはしばしば異なるニーズをもつ関係者を援助する必要があり，その結果，一つの共通の目標を達成したいからである。ファミリーセラピーより難しくさせているものは，解決するための土台に必要な，総合的なリソース（例えば，家族の絆）がないことである。それどころか，クライエントは常に援助者と法律は，自分と敵対する関係であると見なしている。解決志向モデルは常に，ここで述べられているような複雑なケースに対しての答えになるとは限らない。しかし，個人の持つ強さや相互作用のプロセスに焦点を当てることで，行き詰まりや失敗を避ける可能性が通常の場合よりは増す。

第11章
長期のケース

　「長期のケース」というフレーズには，どのような意味があるのだろうか？これは治療開始前，あるいは治療の初期に，一つのケースが短期か長期かに分類される何らかの区別があることを示唆している。このような考え方は，解決志向の理論と実践に合致していない。MRIモデルとSFTはブリーフモデルとして知られているが，その意味において「ブリーフ（brief）」は，二つのモデルが志向するアプローチの副産物であって，できるだけ早く治療するという目的の副産物ではない。主な目標は，効果的に問題解決をすることである。実際，ケースがどのくらいの長さになるかについて早計に判断することは，クライエントとの協調を妨げ，またSFTの前提の「**セラピストはクライエントを変えることはできない。クライエントだけがクライエント自身を変えることができる**」という仮説と矛盾する。

　例えば，事故によって片脚を失ったばかりで，今までの仕事をもうすることができなくなったクライエントのケースを，「長期」になるだろうと考えることは合理的ではない。このような状況では，ほとんどの人は喪失を嘆いているあいだ，長期間にわたって多くの治療的サポートを必要とするだろう。しかし，中には独力で事をなすことに価値を見出す人がいる。そのような人にとって，セラピーが長引くことは，自分が自立していないことに注意を向けさせてしまい，問題をさらにひどくするだけである。彼らに必要なことは，話を傾聴して理解してもらうこと，どのくらい上手に対処しているかを褒められること，そして現在と将来に使えるような過去に用いた対処方法を思い出すことである。

　一方，シングルマザーがセラピー開始時に「3歳の息子に，本人のベッドで寝る習慣をつけさせたい」という目標を挙げる場合，この問題は「短期」のケースになりそうだと思うかもしれない。しかし，その目標は，子どもの睡眠習慣よりもっと多くのことへ影響を及ぼしている母親の生き方（例えば，彼女自身の主張性の欠如）を反映している嘆き（内容）なのかもしれない。ケースがどのくらい短期であるかは，取り上げられた問題（内容）に対する解決が，クライエントを満足させるかどうか，つまりクライエントが問題解決のプロセスと関連するほかの問題を提示するのかどうか，およびクライエントの変化への能

力および準備性にかかっている。

　ケースの長さは，例えばマネージド・ケアのケースか，裁判所の照会によるケースかといった，その紹介元によって決まるという状況がある。マネージド・ケアは，あらかじめセラピーを6または10セッション以内と決めている。一方，裁判官は1年またはそれ以上のセラピーを命令することがある。どちらの規定も不適切なサービスに成り得る。ケースの期間は，何らかの時間枠によるのではなく，クライエントの要望に基づいて決められなければならない。このような状況に対処する最善の方法は，クライエントとともに彼らの要望について話し合うことである。わずか6セッションしか認められていないならば，どんなことが最も役に立つのか？　義務付けられたセラピー期間の12カ月が経過する以前に，目標が達成された場合はどうすれば最もよいのだろうか？　クライエントは自らの義務を履行しなければならないが，その方法の決定を手伝えるのだということを理解すべきである。

　解決志向のケースは，数カ月または数年にわたるかもしれないが，以前から長期のセラピーと考えられているものとは異なっている。というのは，解決志向のケースは，途切れなく毎週あるいは隔月の予約が続くのではなく，クライエントの要望により，連絡が途中で減ったり増えたりと変化する。各エピソードのセラピーはそれぞれの目標があり，それは全体の目標に寄与している。

　例えば，多発性硬化症で衰弱している妻を介護する男性のケースを考えてみよう。ストレス性の身体症状があるために，彼は医者からセラピーへ送り込まれた。しかし，クライエントが言うには，セラピーに通うことによって得たいことは，妻に対してもっと辛抱強くなりたいということなのである。もしこのクライエントが，もっと辛抱強い時には何が違っているのかを特定し（例えば，少しの時間，妻から離れるのが許される），それをさらに増やしたならば，セラピーはとても短期になる可能性がある。つまり，彼が必要な援助は，わずか2，3セッションに過ぎないかもしれない。

　一方，彼は何が違いを生み出すかをわからないかもしれないし，わかっていても，それをさらに行わないかもしれない。そのような時この治療の最初の段階は，クライエントが目標を達成するまで，数カ月間続くかもしれない。それ以降，クライエントが自分には問題があると再び感じるまで，面接が減るかもしれないし，来なくなるかもしれない。妻はしばらくの間，介護施設に入所させられているかもしれない。クライエントは妻を毎日のように見舞うのを一時的に中止することが必要だと感じるが，それをどのように妻に話してよいかがわからない。再び目標は明確化されなければならず，クライエントは遅かれ早

かれ，解決を見つけるだろう。このようなケースを「ブリーフセラピー」と定義するのは，クライエント自身の強さを利用してクライエントを援助し，できるだけ自己を信頼し続けてもらうという哲学が根源にあるからである。

　セラピスト－クライエント関係が長期にわたって必要であるような典型的な状況を検討する前に，ケースが終結する準備が整った時を，どのように判断するのかについて考察することが有益かもしれない。

終結：クライエントの問題

　私の経験では，ブリーフセラピーがうまくいっていると，セラピストとクライエントは，ほぼ同時に会うのを止める時期が来たと理解するようになる。そのような時，クライエントはもう話し合うことがないと感じていて，セラピストは将来クライエントが問題を防ぐために何をするか，あるいは問題が再び起きたら，それに対処するために何をするかという質問を，とても頻繁にしているように感じている。しかしながら，終結がそれほど明白でない状況が多々ある。

　一番明瞭な状況とは，クライエントは目標を達成したけれども再び悪い状態に陥ることを恐れるあまり，終結する勇気がないことを彼ら自身が認める時である。この状況が明確になる場合，クライエントがそのことを率直に言うか，あるいはクライエントが新しい問題を言い始めるのだが，私たちはクライエントがその新しい問題を解決する力があると信じている。このような状況になった場合，もう一つ達成すべき課題がある。それは，クライエントが面接を終えるための自信をつけていかなければならないということである。

　終結に対してクライエントの不安がはっきりと表れた時には，その不安をノーマライズし，必要がなくなったらキャンセルしてもかまわないと示唆しながら，それから1カ月の間に次の予約を入れさせるのが有効である。

　終結への不安が新たな問題を提示することによって表された場合，私たちが最初に判断しなければならないのは，クライエントがうまく対処したばかりのプロセスとその問題が関連しているかどうかである。一つの問題をうまく解決することは，クライエントにとって，全く異なる問題に立ち向かう勇気を手に入れることである。一方，クライエントがすでに怒りをうまく処理する方法を獲得していて，新たな問題が怒りを処理するようなことであるならば，私たちはクライエントがすでに獲得したばかりのスキルに立ち戻らせることができるだろう。私はかつて独力で事を成し遂げる能力をもっているクライエントを担当していたことがある。彼女は終結のための2回のセッション後，次回の予約

が必要だという言い訳を見つけてきた。私が彼女に最終的に伝えたことは，次に電話してきたときに，彼女が二つの問題を自分の力でとりあえずうまく解決したことを真っ先に報告できたなら，会うことにする，というものだった。彼女は「あなたは，もう私に会いたくないだけなのですね」と言った。私は「いいえ，ただ私は，あなたには独力で事を成し遂げる能力があるので自信を持ってほしいのです。あなたが私に会い続ける限り自信がつかないのですよ」と答えた。

終結：セラピストの問題

通常のセラピーの場合，セラピーを終結するか否かは，クライエント自身が目標を達成したと感じているかどうかによって，セラピストが決めている。達成していないのなら，セラピストはクライエントとともに，クライエントが何を望み，今後何を達成したいかについて再度明確にしなければならない。

しかし，私が解決志向のセラピストたちにコンサルテーションする中で気づかされることは，実際には，はるか以前に終了していたのにもかかわらず，そのケースが行き詰っていると信じているセラピストがいることである。その典型的な事例を次に紹介する。

事例：ジョーへのコンサルテーション

ジョーは1年半にわたり面接を続けているケースについて，コンサルテーションを依頼してきた。全体的に状況は改善しているのだが，何かが足りないために，クライエントが完全に目標を達成するのが妨げられていると彼は感じていた。

ジョーが28歳の独身女性，マンディと面接を始めた時，彼女は失業中だった。彼女はさまざまな種類の職を試し，満足がいかないという理由で，退職してしまうという経歴を持っていた。さらに彼女はある男性と付き合っていたが，その男性に利用されていると感じていた。マンディには抑うつ症状が出ており，自分がどんな人間であるか，人生で何をしたいかわからないと言った。ジョーはマンディに，セラピーを受ける必要がなくなったということをどのようにわかりますか，と尋ねた。彼女は，好きな仕事をしていて，少なくとも80％の時間は人生を楽しんでいると感じて，価値があると思える恋愛をしていることからわかると言った。

マンディは，まず仕事の場面に焦点を当てることを選択した。6カ月間（10セッションの間），彼女はあるレストラン・チェーンの案内係として働き，その

仕事を好んでいた。マンディの報告によると，この10セッション後，その仕事によって人生の楽しみが25％から50％まで進歩したと言った。

そのすぐ後に，マンディは交際を終わらせることを選んだ。彼女はボーイフレンドに彼女の要求に応えてもらうように何度か努力したが，彼の反応はなかった。ひどく扱われるくらいなら，自分は一人になるほうがましだと決意した。

次の5カ月間，セラピーの中で彼女は，この別れをひどく悲しんだが，将来の恋愛に期待を持っていることも明確にし始めた。彼女にとってさらに魅力的な別の男性とデートを始めた時，彼女はその男性との交際を自分で決めるための指針としてセラピーを用いた。彼女がジョーに1年間会い続けるまでの間，仕事やその交際で多少のストレスを経験する時を除いては，人生への満足度が75％から80％の間に上がっていた。ストレス時には一時的に，人生への満足度が50％や60％へと下がることがあった。

コンサルテーションの時には，マンディはセラピー開始後に勤め始めたレストラン・チェーンの支店のマネージャーになっていた。新しいボーイフレンドとの関係は，ふたりがお互いの違いを話し合って解決することができていたので，うまく進展していた。

ジョーはこのクライエントを，魅力的な若い女性で，ジョーが彼女を安心させることに，非常に依存するようになってきたと言った。ジョーは彼女がどれだけうまくやっているかを知っていたが，心配だった。それはマンディがまだ自分にあまり自信が持てず，人生の満足度が80％で安定していないというのが理由だった。コンサルテーションでは以下の点に焦点が当てられた。

仕事の状況

コンサルタント：クライエントは，仕事に打ち込み，仕事を好んでいるように思えますね。彼女が仕事で感じているストレスは，どのような種類のものですか？　また彼女は，ストレスに対処する能力があると思いますか？

ジョー：彼女の問題は，管理職にとってはごく普通のことです。私と彼女はたいてい，その問題に対処する方法を話し合っています。その結果，とても力がついてきたのです。

コンサルタント：それでは，彼女の判断は適切ということですか？

ジョー：はい。でも彼女には，それが適切な判断だという自信がないのです。

コンサルタント：1から10のスケールとすると，誰もが持てる自信を10とすると，彼女が問題に対処できることについて，どれほどの自信があなたに

はありますか？

ジョー：8……，9……

コンサルタント：それなら，マンディはどの程度自信があると思いますか？

ジョー：そうですね，時々は10であるように思います。しかし，事態がうまく行っていない時は，2または3に一時的に低下します。うーん……，彼女はとにかく，過剰に反応する傾向があるのかもしれない……，それは彼女のスタイルなのです。

この時点でジョーは，マンディの過剰な反応に対して，彼自身も過剰に反応していることや，彼女が問題の援助を求めてきた時には，彼女のリソースをもっと信じて対応することが必要なことに気づいたのであった。

交際

さらにジョーは，マンディの交際が安定しているのかどうかを心配していた。というのは，彼女のボーイフレンドは，まだ彼女に一緒に暮らそうと申し入れていなかったからである。コンサルタントは，マンディがまた利用されている兆候があったのかと思ったが，ジョーが言うには，その兆候は全くなさそうだった。ボーイフレンドの若い男性は，誠実で思いやりがあるようだが，6カ月後に修士号を取るまで，ふたりの関係をもっと深めることができないようだった。

コンサルタント：マンディは，その交際に関して何を必要としていると思いますか？

ジョー：彼女が得ようとしているものは，かなり大きいと思います。私はただ，彼女に二度と傷ついてほしくないのです。

コンサルタント：あなたの話から考えると，その可能性はかなり低いですね。

ジョー：私もそう思います。

コンサルタント：では，彼がマンディを傷つけるとしたら，あなたが彼女と最初に面接した時と比較して，どの程度，彼女はその問題に対処することができると思いますか？

ジョー：かなりうまくできると思います。彼女は仕事で充実しているし，以前よりたくさんの友達がいます。

再びジョーは，自分が過保護になっていることに気づいた。

人生の楽しみ

マンディは人生を楽しんでいる割合を，安定して75％だと報告していなかった。

コンサルタント：彼女が常に75％と言うようになったら，どんなことが起こりますか？
ジョー：面接は終結するでしょう。
コンサルタント：クライエントは終結したいと思いますか？
ジョー：いいえ，彼女は自分で何とかしていくのが怖いのだと思います。
コンサルタント：彼女とのセラピーを終結することについて，あなたはどのように感じていますか？

　ジョーがその時はっきりと気づいたことは，彼自身もマンディとの別れに苦心していることや，彼女のセラピーへの依存性を助長しているのは自分であることだった。

　コンサルタントは，仮にマンディが1カ月以内に別の町に引っ越しをしなければならなくなった場合や，保険給付金が切れてしまった場合，ジョーはその時に何をするだろうと考えた。ジョーはマンディが不安定になることに対して，あまり反応してはいけないし，彼女の強さを，さらに一層励まさなければいけないことを知っていた。ジョーはこの目標を達成するため，マンディの仕事上でのストレスと，交際に関する諸問題をノーマライズし，過去に同様の問題をうまく対処できた状態を振り返らせなければならないと思った。ジョーはいずれ訪れる状況に対処する方法を，まだ彼女と取り組んでいないことに気づいた。そこで彼は数回のセッションをかけて，マンディが「補助的な1回のセッション」を求めて面接に戻ってくる場合は，いつでもセラピーに来ていいと約束して，徐々に終結の話をしようと考えた。

　ジョーはまた，マンディとの関係が喪失することに対処し，適切な見通しを立てなければならないことを認めなければならなかった。彼が勇気を持って認めたのは，おそらくマンディが魅力的な若い女性であり，彼女の話し相手になることや，彼女からの賞賛が得られることを彼が楽しんでいたので，もっと早く終結を考えなかったということであった。セラピストが自分の諸事情から，クライエントに愛着を持ってしまうと，ブリーフセラピーが長期のセラピーになってしまうことは珍しいことではない。

終結に向けてのセラピストの自己評価

　セラピーに求めていることをクライエント本人に定義させるSFTや他のモデルの特色の一つは，私たちを正直であり続けさせる能力があるということである。クライエントがセラピーに何を求めているか，何が変わりつつあるかについて，クライエントが語っていることを，私たちが心から受け入れるならば，必要以上にクライエントと会い続けることはないだろう。クライエントがセラピーはもう必要ないと感じるのが早ければ早いほど，クライエントは自分がより強く，より能力が高いと感じるだろう。

　短期のケースが長期のケースとなる原因で，最もよく見られるのは「**クライエントは自助となる固有の力とリソースを持っている**」という仮説を，セラピストが忘れていることである。セラピストは時には完全主義的であったり，過保護であったりするので，必要以上にクライエントに会い続ける可能性がある。セラピストが意図していることは，クライエントがうまくやっていけることを確実にし，変化をさらに確固たるものとすることであるが，その一方で，「私なしで，あなたがやっていけるとは思えない」というメッセージがクライエントへ伝えられるのである。

　理想的な終結は，クライエントが解決を報告し，セラピストが1カ月後に次回の予約を入れ，1カ月を過ぎて，その時でもその解決法がまだうまくいっていると報告され，そしてクライエントとセラピストは別れの挨拶をする時に生じる。できる限り，多くの理想的な終結をするため，またできる限りケースを短期間にするために，私たちはクライエントに対して持つ感情を，率直に自己点検することが絶対に必要である。私たちが自分に問いかけなければならないのは，次のことである。「彼が希望するから，私は彼と会い続けているのだろうか，それとも私は人を喜ばせるのが好きなのだろうか？　彼女は一緒にいて楽しいと思うくらい，興味を抱かせる人，あるいは性的に魅力的な人なのだろうか？　彼は10セッション分の面接が保障されているのだろうか？　彼の問題は6セッションで解決したのだけれど，数セッション分の収入が私の利益となるが，彼の損失とはならないのだろうか？　私は，彼女のためになると思うが，彼らは特定していない目標を彼女に達成してほしいのだろうか？」

　もちろん，私たちはクライエントのことを好きでなかったり，うまくやれないと感じたり，あるいは怖かったりという理由で，急いで終結にするかもしれない時にも直面しなければならない。

慢性的な問題を抱えるクライエント

　身体，または情緒面で慢性的な問題を抱えるクライエントは，自立して活動する能力に違いがある。働いて経済的に自立している人もいれば，障害者年金で生活している人もいる。そのような人は，自分であるいは援助職の専門家に照会されて，心理療法を求めるかもしれない。

　慢性的な病気の苦しみの一つは，その病気によって貼られるレッテルである。そのような健康上の問題は，否定的な自己イメージや，他者からの偏見を引き起こし得る。また，諸々の期待と将来の成果にも影響を及ぼす。SFTの強さに基づく哲学は，このようなケースに役立つアプローチである。なぜなら「**全てのクライエントはユニークである**」，それゆえ，変化への可能性においてもユニークである，という仮説があるからだ。

　私が直接に経験したケースでは，9年前に慢性のうつ状態と診断された男性クライエントが完全に回復して，ライフスタイルを変化させた。これは彼の持っている強さに気づいた解決志向のセラピストが，彼を再評価してセラピーをしたからだった。これは例外的なものであるが，それでもやはり，私たちが担当する全てのクライエントに心を開き続けていなければならないことの証拠である。

事例：ヴァージニア

　ヴァージニアの事例は，レッテルがクライエントの強さと長期ケースでのセラピスト―クライエント関係の重要性をいかに覆い隠すかを示している（Kreider, 1998）。ヴァージニアは，障害を理由に社会保障の恩恵を受けている42歳の女性で，怒りの対処のためにソーシャルワーカーから照会されてきた。彼女はかなりの肥満体型で，口蓋裂の手術をしたことがあり，また内反足のために歩くのがぎこちなかった。実の母親は，彼女が3歳の時に亡くなっていた。父親はその2年後に再婚した。父親と継母はヴァーニアが16歳の時に親権を放棄した。その理由は彼女の攻撃的な行動を，彼らがコントロールできなかったからだった。それ以来，彼女は決して父親と継母に連絡を取ることはなかった。彼女は州の保護下に置かれ，いくつかの里親の家で生活した。そして17歳で慢性的な精神疾患のために入院することになった。彼女の記録には，統合失調症，慢性のうつ病，精神病的エピソードを持つ境界性パーソナリティ障害などのさまざまな診断が記されていた。病院では，行動を抑えるために強烈な鎮静剤が投与され続けた。11年後，幸運な出来事のおかげで，彼女は施設から解放され

た。彼女の病棟に新しく来た精神科のレジデントが，ヴァージニアのケースに興味を持ち，スーパーバイザーを説得し，今までの薬を全て止め，リチウムと精神安定剤に切り替えることになった。その結果は劇的なものとなり，ヴァージニアは社会事業のサポートのもと，自立して生活するほど回復した。私が最初にヴァージニアに会った時，彼女は数年前に出会った男性と一緒に暮らしていた。その他に彼女が親しくしていたのは，その州の別の地域に住んでいた里親家庭の母親だけだった。

ヴァージニアのソーシャルワーカーは，彼女を，人とうまく付き合うことができず，以前のセラピストからお払い箱にされた，困難なクライエントだと言った。最初のセッションで私が気づいたことは，ヴァージニアはかなり不安が高いことだった。なぜなら，彼女は視線を合わせるのを避け，人生の全てに関する怒りを，間断なく話し続けたからだった。

私は12年間にわたり，ヴァージニアと関わった。そのうちの6年は，次に記した治療段階からなるものだった。

1．最初の2カ月，ヴァージニアは不定期に訪れ，基本的に非協力的だった。彼女は解決トークに全く反応しなかった。**全て否定的なものはない。そして，ブリーフセラピーはゆっくり進む**ので，私は彼女の情動的風土に集中して待つことに決めた。ヴァージニアは4匹の猫を飼っており，「ベイビー」と呼び，優しく話しかけていた。私は頻繁にその猫たちについて質問した。

始まって3カ月になると，ヴァージニアは毎週定期的に訪れ始め，これまでの経歴について話し始めた。彼女はまだ目標については話そうとしなかった。

2．ヴァージニアは，社会事業が提供するサービスのワゴン車でセッションへと通っていた。面接を始めてからおよそ6カ月後に，彼女のソーシャルワーカーが電話をかけてきて，ヴァージニアがワゴン車の運転手たちを口汚くのののしったので，ワゴン車を運営する会社が，彼女へのサービスを拒む恐れがある，と言った。

私はセッションでこのことを取り上げたが，ヴァージニアは自分の責任を完全に否定した。このことで，今後私たちが会えなくなったらとても残念だと伝えたところ，最初，彼女は無視したが，最後には自分と話ができる人，特に自分に何をすべきだなどと言わない人がいればいいのにと言った。私は運転手たちへ向けた彼女の怒りは理にかなっていると彼女を受け入れ，その出来事について彼女に尋ねた。彼女が運転手たちを侮辱したのは，彼らがワゴン車に乗っている障害のある人を扱う時に，十分に気を遣っていないと思ったからだとわ

かった。

セラピスト：誰かが傷ついていたり，不快だったりすることを，あなたが心配する時，運転手をどなる代わりにどんなことができると思いますか？

ヴァージニア：口をつぐむこと。

セラピスト：でも，それは難しいでしょうね！ 特に，あなたが心配している時には。

ヴァージニア：そう！ あの人たちだって，黙ってはいないわね。

セラピスト：心配することがあった時，あなたは運転手を怒る以外のことをした時はありましたか？

ヴァージニア：どのようなこと？

セラピスト：さあ。ワゴン車に乗っている時，あなたが怒っている時，他にどんなことをしているの？

ヴァージニア：黙るか，叫び声をあげるかよ！

セラピスト：他にどんなことをすることができますか？

ヴァージニア：自分を叩くこと。

セラピスト：人によっては，心配になった時，担当の人に危険な状態に気づいているかを尋ねるだけにする人たちもいるようですよ。

ヴァージニア：あの人たちは，私にしゃべらせたくないの，それだけのこと。

セラピスト：口を開かないこと…それがあなたのしたいことですか？

ヴァージニア：うーん……，怒っている時は，それができないの。

セラピスト：何か役に立つことをやってみたらどうですか？

ヴァージニア：はい！ でも……そんなことが起こるには，奇跡が必要かな。

　彼女が「奇跡」という言葉を使ったのを基に，私はミラクル・クエスチョンを尋ねた。彼女は，最初は答えられなかったが，ミラクル・クエスチョンによってある例外を思い出した。彼女は何か他のことを一生懸命に考えている時には，時々自分をコントロールできた。ワゴン車に乗っている時，どんなことを彼女は考えたいのだろうか？ 彼女は，自分の飼っている猫と答えた。そこで怒りを感じている時に，猫の名前を何度も繰り返してみることにした。

　ヴァージニアは1週間取り組んでみたが，再度爆発してしまったので乗車を断られてしまった。このことは，再び彼女の怒りに油を注いでしまったので，私はかなりの時間をかけて，電話で話を聞き，彼女がまず初めにかんしゃくをコントロールしようとしたことを褒めた。その後，ワゴン車の会社に電話をかけて彼女の代弁をすることを申し出た。彼女は嫌々ながらも同意した。ヴァージ

ニアはもう一度チャンスを与えられ，それからの苦情はなかった。それ以後，彼女に会うたびに，彼女が怒りをコントロールできていることを褒め，どのようにしてそれを実践しているのかについて詳しく話し合った。彼女は猫の名前を暗誦することに加えて，赤い車を数えたり，ワゴン車から見える外のものごとを観察したりし始めていた。

　3．この出来事の後，ヴァージニアは以前より意欲的になった。彼女はフラストレーションが低い状態で働きたいと言った。生活の中のどんなフラストレーションについて，最初に取り組みたいのだろうか？　それはボーイフレンド，サムとの関係だった。彼との関係で，どのことが彼女のフラストレーションになるのだろうか？　**「小さな変化は，より大きな変化をもたらす」** という仮説がある。ヴァージニアが話しかけても彼は返事をしないのだ。サムへのこの特定の不満に，彼女が取り組むことは難しかったが，彼女が口やかましく言うと彼が引き下がるというプロセスは改善しているようだった。サムは何回か私たちのセッションに参加した。私は解決志向の質問を用いて，カップルとしてうまくいっていることから取り組んだ。ふたりが感じていることをたくさん話し合い，ふたりの関係のポジティブな側面を繰り返し強調した。非常に険悪な関係を1，想像しうる最良の関係を10としたスケールでは，ふたりとも3から7へと変化したと言った。

　4．冬が近づいてきた。ほぼ毎週ヴァージニアと会うようになって1年が経とうとしていた。彼女のソーシャルワーカーは，彼女が以前よりリラックスしコントロールをしていると報告していた。そこで，私は面接を隔週にすることを提案した。私の提案は慎重を要し，拒絶していると思われないようにしなければならなかった。ヴァージニアは毎週私と会うことを楽しみ始めていた。私は障害のある人に対する彼女の共感的な気持ちを利用し，彼女が来る回数を減らすと，助けを必要としている人に時間が取れることを説明した。彼女が必要な場合には，セッションとセッションの間に電話で連絡をとることを提案した。彼女はこれを快諾し，ごくまれにしか電話をかけてこなかった。

　5．5カ月後，ヴァージニアの飼い猫の1匹が車に轢かれてしまった。この喪失体験は，例えば，実母の死亡や，彼女を救った精神科医との別れのような彼女の人生における他の喪失を思い起こさせた。およそ6カ月間，私たちは毎週のセッションを再開し，交互に起こる彼女の悲しみと怒りに対して援助したが，それはサムとの関係にも影響を与えていた。

　6．状況が再び安定した時には，私たちは徐々にセッションの頻度を減らし，時折起こる小さな危機に関しては電話で話し合った。電話をしている間は，私

は彼女の感情を発散させ，気持ちを軽くさせて，彼女が自分に良い感情を抱けるような方法で，気持ちを落ち着かせるためには何が必要か尋ねるだけで十分だった。

その後の2年間は，危機状態の時にだけヴァージニアと会った。例えば，家主と修繕箇所をめぐって争った時などであった。ヴァージニアは家主が不当に，彼女とサムの責任だと考えていると信じていた。最後には彼女は，過去にワゴン車の運転手たちへの対処法として学んだことや，交渉という今までしていなかった平和的な方法を練習し，これらを用いて解決したのだった。

7．私たちが最初に会ってから6年後，しばらく面接をお休みにする前のセッションにヴァージニアはやってきた。サムは失業して，とても落ち込んでいた。彼女はそれに対して怒りと不満を募らせた。私たちは再び毎週会うことになった。やがて里親の家庭の母親の健康状態が悪化し始めたので，サムとヴァージニアは最終的にこの母親のそばに引っ越すことに決めた。

ヴァージニアとの別れは私にとっても簡単なことではなかった。何年間も時間をかけた後，私はこの女性を高く評価し始めていた。なぜなら，しきりに怒っている彼女の外見の裏には，親切で正直で，そして知的さと驚異的な回復力を備えた人物が隠されていたからだった。彼女に対する尊敬の念が一層強くなっていった。

8．ヴァージニアは引っ越した後も，時々連絡をとってくれた。彼女は新しく引っ越した先で，セラピストと精神科医に会っていた。しかし，彼女からの電話は時々あり，2，3年後に一度会った。クリスマスとイースターにはいつもカードが来た。猫が死んだ時や，新しい猫を飼った時には連絡をしてきた。

3年後にサムが胃がんと診断された時には，電話が増えた。1年中ヴァージニアは，自宅でサムを介護した。彼が死ぬ2カ月前にふたりは結婚した。彼女は信じられないほど，忍耐強く，献身的に介護をした。彼の余命が残り少なくなった時，彼が棺の中で着るものは何にするかなど，サムの葬式をふたりで計画していた。サムの死後しばらくの間は，ヴァージニアからの連絡が減った。

それから8カ月後，ヴァージニアが真夜中に作ったという音声テープが郵送されてきた。彼女はとても深い悲しみのため，眠ることができなかった。彼女は私に，テープで返事をして，返送してほしいと頼んできた。4，5回テープの交換した後，ヴァージニアは徐々に良くなってきた。彼女のソーシャルワーカーは，地域で身体的にも情動的にも，あまり負担がかからないようなボランティアの仕事を彼女に探していた。最後にヴァージニアからの連絡が来た時には，彼女は再び引っ越そうとしており，その後連絡は途絶えた。

このケースは，長期でかつ支持的なSFTである。解決志向のアプローチの結果，このようにクライエントが持っている生来の能力しだいで，かなりの変化が生じ得る。SFTは基本的な仮説に導かれて進められるが，まさにケースワークのようにセラピー・ルームを越えて広がることが多い。

事例：声が聞こえる男性[注1]

SFTは人生でずっと声が聞こえ続けてきたクライエントに適している。クライエントの視点に対抗するのではなく，むしろ受け入れるセラピストとの関係は不安を軽減させることになるので，SFTはこのような関係を提案している。この関係が，クライエント自身がコントロールしている感覚と，機能しているという感覚を安定させ，強めることができる。

フレッドは，45歳の白人男性である。彼は障害を理由に社会保障で暮らしており，精神保健制度を25年間利用してきた。彼は一人暮らしで，ある大企業の社内郵便を配達するパートタイムの仕事をしていた。初めて声を聞いたのは大学に入った頃で，その後すぐに大学を退学した。彼はソーシャルワーカーに照会されて面接に来た。そのワーカーはフレッドが，飲酒をコントロールできないことを心配していた。彼は精神科医の指導のもとで薬物療法を受けていた。

セラピスト：ここにいる理由をあなたがどのように理解しているのか，教えてもらえますか？

フレッド：ケースワーカーが，行くべきだと言ったのです。彼は僕の家に来て，そこら中がビール瓶だらけなのを見ると，時々心配になるみたいです。

セラピスト：ビール瓶だらけの状況に関して，彼はどんなことを心配しているのですか？

フレッド：僕が飲みすぎていると思っているのです。僕は時々飲みすぎているかもしれない。でも僕が経験していることを，あなたが経験しなければならないとしたら，僕と同じように飲んでいるはずですね。あなたはお酒を飲みますか？

セラピスト：仕事場では飲まないね。（フレッドが笑う）ケースワーカーがそんなに心配しているなら，彼は本当にあなたのことを気にかけているのですね。あなた方は，長い間一緒に取り組んでいるの？

注1）この事例の記述は，ウィスコンシン州デーン郡のメンタル・ヘルス・センターのブレット・ブレイシャー（Brett Brasher）から提供された。これは，彼がしばしば扱うタイプの事例である。

フレッド：そうです。彼は週に2回来て，買い物に連れていってくれます。彼は請求書を書くのを手伝ってくれます。それでかなり違いますね。入院していた何年も前には，退院して再び自由になることなんて考えられなかったですよ。プログラムに入っていることで，すごく助かっています。

セラピスト：飲酒について，何を心配しているの？

フレッド：全く心配していないですよ。僕はとてもたくさんのお金をつぎ込みますが，時には，それしかすることがないんです。あのう，僕がバーに入ると，大抵，皆は僕をおかしなやつだという目で見るんです。でもしばらくして，何杯かビールを飲むと，僕は他の皆と全く同じようになりますね。

セラピスト：でも，ケースワーカーは心配していますよね。

フレッド：んー…時にはそれが唯一の方法なんです。

セラピスト：唯一の方法？

フレッド：（涙を流す）そうですよ！

セラピスト：あなたの頭の中で起こっていることをコントロールする唯一の方法なのですか？

フレッド：そう，まさにそうです！　たくさん飲むと静かになる，本当に静かになるんです。彼らが静かになると，僕は考えることができるのです。物事をちゃんとすることができる。悪魔の声が聞こえないのです。

　セラピストがわかったことは，お酒を飲むことがクライエントの声を静めるのに役立つということだった。これはクライエントにとって貴重な対処方法なので，クライエントがもっと適切な方法を見つけるまでは止めさせることはできない。したがって，セラピストはゆっくり進めることにして，まずは信頼関係を確立することに注意を注ぐことにした。2，3週間，セラピストはクライエントに飲酒を止めるように強くは促さず，彼と彼の生活に関心があることだけを示した。そうしている間にクライエントは，セラピストを自分の世界に入れ始めた。

フレッド：あぁ神よ。これはおかしいな。僕は，あぁ神よと言ったのです。神は救いだから。僕は神の声を聴いている。前は頭の中で聞こえる全てが，悪魔，悪霊だった。僕にはふたりの悪魔がいた。一人は自分を傷つけろと命令し，もう一人は，あなたが聞きたくないようなことを，すごくたくさん言う。今，僕は神の声に耳を傾けています。神の声を聴くと，悪魔の誘惑との戦いに役立つのです。神は僕に悪魔なんて気にするなと言います。声が全く聞こえない時もあります。この時はたいてい僕が働いている時で

すね。

セラピスト：それが起きるために，何をしていますか？〔クライエントがコントロールしていることを仮定している〕

フレッド：まず，働いている時には声なんか聞かないことを，その声に知らせるのです。12時から3時の間は僕の時間です。夜は辛い。僕は6時半頃に帰宅し，椅子に座ってタバコを吸い，そして声がやって来るのを許す。そうすると時々とてもエネルギーが必要なので眠れなくなる。

セラピスト：状況がだんだん良くなり始める時，それについて最初に気づくのはどんなことだと思いますか？

フレッド：もっと強くなっていること。もっとエネルギーがあって，もっと興味深い人になっていることでしょう。多分もう少したくさんの人と話し始めてさえいるでしょうね。

セラピスト：すでに，そういうことが起こった時はありましたか？

フレッド：時々あったけど，十分ではないです。

セラピスト：あなたのように声が聞こえる人にアドバイスをするとしたら，何を伝えますか？

フレッド：できる限りストレスがないような生活を送る必要があると言いますね。ストレスがない生活を手に入れて，それを長い間続けたら，聞こえてくる声により良い変化が生じるでしょうと。

セラピスト：その他には？

フレッド：食べ物に気をつけたほうがいいですね。悪魔が怖がる食べ物があるのです。モロッコライスやバスマティライスを食べれば役に立つ傾向がありますよ。

　ブレット・ブレイシャーは，クライエント特有のリソースを知ると，将来のためにそれを強化しようとし始めた。彼はこのタイプのクライエントのセラピーには，あらゆる可能性に対して開かれた制限のないアプローチを薦めている。声が聞こえる体験は何年間も続いていた。それ故に，変化に気づくということは望んではいたものの，同時に恐ろしくもある。クライエントがセラピストのところへ来る必要がなくなることを，どのように知るかという質問は，サポートがない未来像を喚起させるために推奨されない。進歩は仮のものとして，ゆっくり扱われなければならない。

　以下の会話は，セラピーを始めて2，3カ月後のものである。

セラピスト：最初に面接を始めた時より，今は物事を少しうまくやっているんだね？

フレッド：あー，そうですね，かなり良く。昨夜は1時間これといって何もせず座っていて退屈でした。

セラピスト：退屈だった？

フレッド：そう，退屈でした。僕は退屈を感じるのが大好きですね。それが平穏な時間です。退屈な時は何も入ってこない。僕のままでいられる。

セラピスト：平穏なのが伝わってくるね。

フレッド：精神病を忍耐と勇気でコントロールしようとしているのですよ。忍耐と勇気は，悪魔を倒すのに大いに役立ちます。

セラピスト：〔クライエントの未来に，本人が関与していることをクライエントに再確認させて〕今から6カ月後，この話題について私たちが話し合う時に，あなた自身が大丈夫だと感じるためには，あなたは何を知る必要がありますか？

フレッド：神が僕の傍にいることを知る必要がありますね。ご存知ですか？本当の統合失調症の患者は，心に穴が開いているって神は言います。神と話すと，僕は救われる。そして僕がわかっているのは，たとえ，この忌まわしい経験をしても，僕は心を育てているってことです。

セラピスト：心を育てる時に，心の種も植えてますか？

フレッド：えぇっと，教会に行くことは，悪魔を怖がらせることなのです。

セラピスト：〔心の種を植えることを追求するより，クライエントが考えていることを追跡した〕教会の中で，平穏な感覚を感じるためには何をしますか？

フレッド：教会にいる時には，僕が怖がっていないことを悪魔に知らせます。不安になる時は，勇気を出します。勇気を出すと，たくさんの悪魔に打ち勝てるのです。悪魔はそんなに賢くない。その後に，困ったことになるんです。特に僕の精神的エネルギーが低下して，守りをゆるめてしまう夜は困ります。

　さらにブレット・ブレイシャーは，頻繁に声が聞こえるクライエントの相談に関して，警告を発している。つまり，このようなクライエントには継続的なサポートが必要だが，彼らが生活の細部に，焦点を合わせすぎるのは逆効果にもなり得る。彼はよくクライエントに，1カ月間に何度面接するのが心地好いかを判断させている。この事例のクライエントは，月におよそ1回来ることを

選んだ。そして約4カ月後に彼は，飲酒をやめると宣言した。

フレッド：現在の僕は3週間，酒を飲んでいない。僕はここにやってきて，あなたに会って，まだ酒を飲んでいるということは，全く意味のないことだという思いに至ったのです。さらにわかったのは，神が思っていることは，僕が自分のことを理解する必要があるということです。

セラピスト：それはあなたに何か違いをもたらしましたか？　飲酒をやめたことや，その他のことに対して。

フレッド：そう。以前よりコーヒーを多く飲んで，タバコをたくさん吸っているのに気づきますね。タバコを吸っている時は，しばらくの間は平穏ですね。

　このクライエントは，酒を飲む代わりにすることを見つけていた。彼はタバコを肺まで吸い込むと，脳よりもむしろ呼吸に集中できることを話してくれた。さらに彼は，携帯電話を買ったが，聞こえてくる声が大きくなりすぎると，電話をかけて話を始めていると話してくれた。

フレッド：僕はヤッピーのように見えますよ（笑いながら）。

セラピスト：他に，どんなことが役に立つのかな？

フレッド：あなたと話すようになってから，友達が何人かできました。時々僕たちは集まって，何が今起きているかについて話しますね。辛いけど。ギターを弾くほうがマシです。

セラピスト：他の人に悪魔の声について話した時，悪魔の声からどのような反応がありましたか？

フレッド：えーと，彼らはそれが好きじゃないって。だんだん声が大きくなり始めるので，僕は祈ります。そして祈ると，沈黙を打ち破る強さを手に入れる。

セラピスト：その声が提案することを，あなたが聞かない時には何が起こりますか？

フレッド：そう，彼らは狂ったようになる。でも，僕がはっきりと理解しているのは，そういった悪魔と戦うことの長所は，精神的に大きく変化できることなのです。この病気は，僕が以前よりも神に近づくための変化だった。この病気は僕の救済です。僕は神にたくさんの借りがあります。僕は神にお返しをしたい。でも，どこにお金を送ったらいいのかわからないですね。

セラピスト：神がお金をたくさん必要としているとは思わないですよ。だから，

お金をどこへも送る必要はないですよ。
フレッド：そう，その通りですね。
セラピスト：お金を送る代わりに，お酒を飲まないで貯めたお金で，何ができそうですか？〔もっと多くの対処方法へとクライエントを導こうとしている〕
フレッド：僕はコンピュータを買うために，お金を貯めています。多分それから，インターネットに接続して他の人と話せるでしょう。タイプしている時には，僕が何を考えているか誰もわからないですね。

　変化はいつも順調とは限らない。このクライエントは，翌月までの間に大きな再発があった。その間，彼は人に尾行されていると信じていた。尾行の理由は，彼があまり教会に行かないので，聖ポールが彼を殺そうとしているというものだった。

セラピスト：どうしてそれが聖ポールだと思うの？
フレッド：僕はただそのことを知っていました。彼は僕の後ろにいた。恐ろしかった。
セラピスト：恐ろしそうだね。それが聖ポールだったというのは確かですか？
フレッド：（困惑して）そうです。どういうことですか？
セラピスト：聖ポールは愛の聖者ですよ。どうして愛の聖者が，あなたに彼の愛に疑心を持たせるようなことをしているのでしょう？〔リフレームを与えている〕
フレッド：わからないですね。

　セラピストとクライエントが聖ポールの使命について話し合っていると，クライエントは恐れていた考えを改め始めた。

フレッド：もしかして聖ポールは，僕を助けようとしているのでしょうか？
セラピスト：おそらく，聖ポールはあなたの周りの物事に，あなたがもっと気づいて，意識するように働きかけているのでは？
フレッド：それについて考えてみますよ。

　声が聞こえるクライエントを対象とした仕事は，クライエントとの協働を最も顕著に示している例であり，解決志向の仮説がいかにセラピストの指標になるのかをよく表しているだろう。クライエントの強さとリソースを忘れないようにすることや，ゆっくりと小さな変化に取り組むこと，そして私たちが彼ら

を変えるのではないことを十分に理解することは，本当に大変な作業である。情動的風土も重要である。なぜなら，情動的風土は，不安に満ちて，疑い深いクライエントが他の生活全般にわたって欠けている安心感をもたらすことができるからである。

クライエントの感情へ徐々に注意を向けることも重要である。ブレイシャーの指摘によると，声が聞こえる人は，自分自身の感情から遊離しているので，他人の感情を読み取るのが難しいという。セラピストとの関係は，他者の気持ちを読み取る学習の安全な拠り所になるだろう。

再発もまた学習する機会とみなされる。強調されるべきことは「このエピソードには，どんな違いがあるのか？」ということである。これによって一連の出来事が，より良い未来へと向けて作り上げられる。声が聞こえるクライエントは，たいてい，自分ではこのようなことはしないものである。

障害への適応

身体的な健康状態が突然悪化したり，あるいは徐々に悪化したりして，ライフスタイルに大きな変化が生じる経験をする人がいる。その結果，アイデンティティを喪失し，以前と比べて機能できなくなると，適応するのに多大な労力を要する。解決志向セラピストにとって，このような難問は，クライエントが喪失を嘆き悲しむのを助けることと，彼らの過去と潜在的なリソースを基に新たな生活を作り上げるのを助けることとのバランスをうまく保つこととなる。

事例：キャロル

キャロルは，このような事例の典型的なクライエントである。人生の盛りの時期である39歳に，彼女は，保険に入っていないドライバーが起こした交通事故で脊髄損傷を被った。彼女は既婚者で，8歳から15歳までの4人の子どもの母親であり，そして高級婦人服のブティックの共同経営者だった。夫はコマーシャル・アーティストだった。その怪我で，彼女は腸と膀胱のコントロールを失った。彼女は今では，これらの機能を機械でコントロールしなければならなくなったが，この方法は絶対に確実とはいえないもので，時々偶発的な事故を避けることができなかった。

キャロルは，主治医から照会されて面接に来ており，その主治医はキャロルが障害に適応するため，援助が必要だと感じていた。キャロルは初回セッションに，夫を同席させてほしいと頼んだ。彼女の説明によると，その時までに仕

事へ復帰したかったが，とても衰弱しており，これから起こるかもしれない「偶発的な事故」によって，他人を傷つけることを非常に恐れていた。キャロルはいつも人生のすべてをコントロールしてきた女性であったが，今は人生のすべてのコントロールを失うような経験をしているのは明らかだった。彼女は抗うつ剤や，不安を和らげる薬を拒んだ。その理由は，薬を飲んでしまうと，以前の彼女を諦めてしまうようなことになるからだった。セッションの終わりに私は，キャロルの苦しみを認めるが，以前と同じように，物事に対処していることに驚いていると伝えた。私は心からそう思った。というのは，このような状況になれば他の多くの人は，家庭や仕事上での責任のある行動を再開する努力をなかなかすることができないからである。私はキャロルがまだコントロールを保持していることを示すため，彼女が取り組もうとしている具体的な内容（子どもの宿題を手伝うこと，買い物のリストを作ること，共同経営者と連絡を取ること）のリストを作った。

　最初の予約の数日後にキャロルの夫が電話をしてきた。キャロルが極度の不安と，事故のフラッシュバックを起こしたので，夜に救急治療室へ連れて行ったという。待機していた，英語がうまく話せない救急治療室の研修医は，キャロルが精神病的エピソードを患っていると考えて入院を薦めた。キャロルの夫は，この研修医はキャロルの医学的な状態を十分に理解せず，その時の症状との考えられる関係を十分に調べなかったと感じた。キャロルが入院を拒むと，その研修医は抗不安薬を処方し，夫には，翌日にキャロルを精神科医に診せるように強く薦めた。

　私は，次の日に緊急でキャロルと夫に会った。キャロルは完全に希望を失っていると言った。自殺についてのアセスメントでは，彼女にはその危険性はなかった。しかし，前夜の出来事と，彼女は精神のコントロールをも失っているという研修医の見解が，彼女の状態を悪化させていた。キャロルを担当していた医師は，警戒態勢をとり続けており，彼女の医学的状態を検査するために，後日彼女と夫に会っていた。その日は金曜日であり，私たちは再び面接するまでの2日間を乗り切ることにした。

　キャロルに何らかの構造と予測可能性を与えるために，私たちは彼女の48時間のスケジュールを1時間ごとに詳細に書き出す作業に取り組んだ。この作業は，不安とコントロールを失うことの例外事項に基づいて作成された。彼女がアイデアを出し始めるにつれて，彼女はコントロール感をより強く持った。そのリストには，夜間にソフト・ジャズを聴くこと，夫や子どもがいない部屋で一人にならないこと，友人や親戚に電話で話さないことなどが含まれていた。必

要ならば，私に電話で連絡してもかまわないと言ったが，一度も電話はなかった。

私がキャロルと夫に月曜日にもう一度会ったときには，ふたりは良い週末を過ごしたと報告してくれた。検査結果ははっきりしなかったが，いくつかのテストが行われ，薬を一種類減らすことになった。その理由は，不安が増大したのはこの薬の副作用かもしれないからだった。それから約2カ月間，キャロルと私は面接を毎週行った。キャロルはいつも夫と一緒にセッションに参加することにこだわった。彼女はこの時間を，主に怒りと欲求不満を吐き出すために用い，そして私は共感し続け，彼女が努力して対処していることを強化し続けた。

徐々に，キャロルの怒りは，以前の自分を失った悲しみへと転じ，彼女はよく泣いた。キャロルの身体はまだ衰弱していた。非常に強い情動的なストレスは，感染症や他の彼女を弱らせる身体症状として現れた。そのため深い嘆きは，彼女を打ちのめさないやり方で，抑えなければならなかった。そこで，私は深く悲しむ時間を1日に20分間に区切ることを提案した。これによって，深い悲しみが押し寄せるごとに，それに負けないで，決められた時間がくるまで，悲しむことを延期させるよう自分に語りかける機会が得られるのだ。彼女は，自分が多少コントロールできることを示すことになるので，この提案に快く応じた。

およそ8カ月後，キャロルに改善の兆しが見え始めた。彼女は腸と膀胱からくる衛生上の問題を，以前よりコントロールしていた。彼女は前より泣かなくなり，未来志向的になり，そして将来の仕事について考え始めた。彼女は以前ほど頻繁に予約を必要としなくなった。

しかし，状況がキャロルにとって良くなるにつれて，彼女の夫と子どもたちが，長い間抑えなければならなかったストレスを発散し始めた。夫と長男の衝突が噴出し始め，長女が学校で問題行動を起こし始めた。キャロルの申し出により，私たちは家族の合同セッションを数カ月間実施し，過去の困難な出来事を聞いて，家族の各メンバーのニーズを考慮する一方で，現在の状況に見合う未来を考え出した。

それからの2年間，通常より頻繁な訪問を必要とする危機的なエピソードが何度かあったけれども，キャロルはゆっくりと，着実に進歩していった。時々，喪失に対する怒りが再出し，その怒りを家族，友人そして主治医にぶつけないために，助けが必要となった。そのような場合には，彼女はサポートされることと，怒りを吐き出し続けることを許される必要があった。彼女は運転できる

まで体力がつき，以前よりも自立して生活できるようになったけれども，もう二度と，以前のペースで活動ができないことを，受け入れなければならなかった。そのため，彼女は事業のうち彼女が担当する部分を売却するという辛い決断をし，自宅で満足してできる活動を探し始めた。

彼女が喪失に対処できるように，彼女の気持ちに傾聴し受け入れる他に，最もキャロルの役に立ったと思えたことは，事故以後の進歩についてのスケーリング・クエスチョンをしたことや，その進歩の一因になった内容を考えること，そして次に前進する小さな一歩には何が必要かを尋ねることだった。これはキャロルが，自力で何とかするスキルを上達させるのに役立った。セラピーがなくてもやっていけるという自信を，感じれば感じるほど，彼女のコントロール感は増し，コントロール感が増すほど，身体的にも情動的にも，より良いレベルで活動するようになった。

4年後，必要ならばいつでも電話をするという条件で，暫定的に終結とした。その段階の前に，父親が死んだことをきっかけに，彼女は新たに深い悲しみを経験する時期を過ごした。しかし，キャロルがその喪失から回復した時，彼女が与えられた状況下で彼女自身が目標とした最良の得点を10点としたスケールで，生活の質を8点と評価したのである。

結　論

解決志向セラピストは，短期のケースであるか長期のケースであるかについては，考えるべきではないと示唆される。問題が，生涯にわたって起こるさまざまな変化に適応しなければならないという内的または外的な不安と考えられる場合，両者を区別することは，クライエントとセラピストの双方にとって，ほとんど有益でないと思われる。ある人にとって，生き延びて幸福になることを目指した解決に，2セッションかかるかもしれないが，一方で，別の人にとっては，同じ解決に幸福な時期が散在しつつも，サポートと問題解決の期間が一生にわたるという形をとるかもしれない。肝心なことは，どのくらいの期間にわたってセラピーが続くかではなく，個々のクライエントにとって最も良い解決は何かということである。

いくつかのエピソードに対するセラピーを必要とするクライエントにとって，最も好ましい結果は**「小さな変化は，より大きな変化をもたらす」**という仮説に沿って，治療が行われることである。各エピソードが，全体的な機能不全の一部分として取り扱われるよりも，それぞれが解決策を必要とする別々の問題のように取り扱われる場合，クライエントは自分自身で希望と自信を保ち

続ける。同じように，機能が徐々に失われる場合，失われ続けているだけでなく機能が維持されていることも取り扱うことで，クライエントは嘆き悲しむだけでなく，勇気を保つことができる。

　ケースを長期にわたって取り扱うことは，短期間で仕事をする解決志向のアプローチを用いることに慣れているセラピストにとって，困難なことかもしれない。長期にわたる一連の仕事は，多くの場合，少なくとも，第一に忍耐強さが求められる。何年もの間，時々私たちに会いに戻ってくるタイプのクライエントは，家族や援助者に，無力で欠陥があるように扱われることにあまりにも慣れているので，自分自身が解決に貢献できることを理解するのに，長い時間がかかるかもしれない。また，クライエントとの長期の関係を持つと，職業上の別れを迎えることがより困難になる。その点に関しては，二重軌道思考でセルフ・モニタリングをすることが役に立つ。またしても，心に留めておくべき最も大切なことは「**クライエントは自助となる固有の力とリソースを持っている**」ということである。

第12章 危機に対する解決志向アプローチ

　本書で論じた理論の文脈で考えると，危機とはその構造的カップリングが危うくなっているような生命システムの生活における変化の時のことである。言いかえると，個人の人生やライフスタイル，人間関係の維持が脅かされている状態である。
　しかしながら，危機は災難の可能性と同様に，肯定的な変化を潜在的に有しているものとして見なされていることが多い。オニス（Onnis, 1990, p.43）によると，「危機」という言葉はギリシャ語の「クリノ(kirino)」（判断する，あるいは，選ぶ）に由来しているため，選択という意味，あるいは「目前に現れたさまざまな視点や好機に直面している瞬間」を示唆しているという。

危機に対するさまざまな反応

　フォンツ（Fontes, 1991）は，クライエントが危機の際に取る選択は，彼らを担当しているセラピストの信念しだいであると指摘している。例えば，危機状況と非危機状況を，全く異なるものとして見るアプローチ（Everstine & Everstine, 1983 ; Golan, 1978 ; Meyerson & Glick, 1976 ; Rapaport, 1962）では，概して構造と方向性を提案するのはセラピストの責任である。エルマードウイット（Elmer-Dewitt, 1989, p.79）は，危機を正確に分類するのは難しいので，個々の状況に合わせて介入されるべきだと示唆している。他のモデルでは，危機を一連の段階で見ていく方法を基盤にしている（Caplan, 1964 ; Rapaport, 1962 ; Sachs, 1968）。キャプラン（Caplan）は，介入は人と環境との間にある自然なホメオスタシスを，回復させるものとして捉えなくてはならないと述べている（Smith, 1978, p.397）。この考え方は，構造的カップリングを想起させるものである。フォンツ独自のモデルは，社会構築主義の考え方に基づくが，このモデルが示唆しているのは，真実は決定されることができないので，セラピストはまるで危機が起きているように行動するのが有益なのかどうか，また，前述した適切だと思われる介入法を使うのかどうかを，判断しなければならないということである。しかしながら，そのようなモデルでセラピストが認識しなければならないことは，クライエントは危機の意味を一緒に構築する

参加者であり，また可能な解決へと向かう参加者であるということである。つまり「構築主義の臨床家の行動は，どのケースであっても他の臨床家の行動と類似しているかもしれないが，おそらく仕事に対する態度は異なるだろう。私は絶対主義的視点にとらわれている臨床家よりも，熟練の構築主義の臨床家がクライエントに，ひどい事をやらかさないことを期待したい」(p.66)

本章では，実際に危機に直面している事例，あるいは危機的状況になるかもしれないような事例に対する解決志向のアプローチについて論ずる。

危機とは何か？

- 第4章で論じたベティという名のクライエントは，彼女の EAP（従業員支援プログラム）から送られてきた。その理由は，彼女がコントロール感を喪失したように感じた時に，発作的に泣き出すからである。
- 解決志向のセラピストがミラーの背後にいるチームと，サメーション・メッセージを練るために話し合いをしていた時，19歳の女性クライエントが自分の大腿部をナイフで切っていた。
- ある夫婦が娘を連れて来た。この娘はその前夜に鎮痛剤（タイルノール）を5錠飲んだ後に，自分のしたことを女友達に電話して話したという。この両親は娘を入院させたかった。
- セラピストはクライエントの妻から，夫が銃を携帯しているという知らせを受けた。

上記のケースで，共通していることは何だろう？

1. 自己，あるいは他者を身体的に害する危険性。
2. クライエント，あるいは他者の危険が，クライエントを除く他者（セラピストを含む）によって認知された。
3. 情動に対するコントロール感が欠如していると自分で思っている。

これらの情報の全ては，情動的に悩ましい状況を構成しており，クライエントを危機から助けようとしているセラピストに難問をつきつける。いうまでもなく，クライエントを危機から助けるという考えは，一般的に解決志向のセラピストがとる立場と対立する。つまり，クライエントが自らのリソースに気づいている限り**「クライエントは自助となる固有の力とリソースを持っている」**という仮説に基づいた立場とは対立するのである。しかしながら，対人援助専門家である私たちの義務は，純粋な理論的な枠組みを超える。私たちの義務は

社会的責任を要求するものでもある。

二つの役割をとることの必要性

セラピストとしての役割

　私たちが解決志向のブリーフセラピストとしての役割を果たす場合，人は人生で何らかの危機的状況に遭遇するものであると仮定する。いくつかの例を挙げると，病気，大切な人の死，ハリケーン，大吹雪，火事，暴力，仕事上の問題，人間関係などがそうである。一人の独自な個人の特定の状況がもつ意味は，その体験している事象を人生の一般的な出来事とみるか，あるいは危機的な出来事とみるかで決まってくる。一旦，クライエントとセラピストが危機的な状況の可能性について話を始めると，クライエントにとってその意味はクライエント次第で良くも悪くも変化する。クライエントの協調の仕方に基づいて，クライエントの変化を引きだすように関わり続けている間は，まだセラピストの役割を担っていると考えられる。

社会的コントロールの代理人としての役割

　資格を有する専門家として，私たちは社会（すなわち，政府や専門家で構成された組織）が作った政策や規則に縛られている。こうした臨床規定が発展してきたのは，クライエントを私たちやクライエント自身から守るためであり，また，クライエントから社会を守るためでもあった。それゆえ，コントロールができていないと自分で感じていたり，他者がそのように感じているクライエントと面接をしていて，それが，クライエント自身にとって，あるいは他者にとって安全ではない，あるいはコントロールできていない状況を作っていると感じたならば，私たちは社会的代理人としての役割を取らねばならない。さもなければ，そのクライエントが自傷行為や他者を害する行為をした場合，私たちはその悲劇的な事態を防ぐために，何をしたのかを説明しなければならないだろう。それができないならば，セラピーをする権利を喪失し，あるいは（かつ）告訴されるかもしれない。

どちらの役割を担うかについての判断

　二つの役割を担うことには問題がある。例えば，暴行で有罪となり，怒りに対処する方法を学ぶためにセラピーに送られてきたクライエントがいるとする。数カ月間は順調な進展があったが，セラピストは，彼が再び暴力的な行動をしたことに気づいたという状況を取り上げよう。このクライエントの妻は，その

行動を報告しなかった。セラピストは保護観察官に，その行動を報告する義務がある。そうなると，その保護観察官はクライエントを再逮捕するだろう。しかしながら，この報告によってセラピストとクライエントの関係はおそらく危うくなるだろうし，彼の妻や子どもはもちろん，クライエントのためになり始めたセラピーの進展をも妨げるだろう。セラピストが再犯を報告しなければ，法に背くばかりでなく，今後クライエントの妻が深刻な危害を加えられた場合には，その責任を背負うことになる。

では，解決志向のセラピストはどちらの役割を取るのか，あるいは両方を取るのか，これはどのように決めるのだろう？

ウィスコンシン州ウォーソー(Wausau)にあるノースセントラルヘルスセンターに勤めているマーク・ベッカーは，次に示したように，役割のスイッチを切り替える必要がある典型的なケースを提供してくれた。

事例：ランディ

14歳のランディと彼の家族が照会されてきたのは，ランディが家庭や学校で「カッとなり，切れてしまう」行動の回数が増えたためだった。具体的には，攻撃行動，物の破壊，または自傷行為や自殺の恐れがあった。

ランディは母親とふたりの兄たち(16歳と17歳)とともに，狭苦しいトレーラーハウスで生活していた。彼の両親はその数年前に離婚しており，父親は息子たちとはほとんど連絡を取っていなかった。さらに兄たちも学校での品行が良くなかった。

セラピストはランディが現在直面している困難な状況について，例外の質問をしたり，効果的に暴力行為を減少させる方法について尋ねたりすることからセッションを始めたが，何の情報も得られなかった。皆がランディの「カッとなり，切れてしまう」行動にはもはや施す術がないのだ，とどうしても感じてしまっていた。

自信と希望を再構築する試みでは，セラピストはこの家族に，現在の問題にこれまではどのように対処してきたかを尋ねた。どうしてこの事態がもっと悪化しないのだろうか？ お互いの強い絆があるから何とかやってきた，と家族全員が答えた。いろんな活動を一緒に楽しんでいると彼らは言った。さらに母親は，ランディが老人ホームでボランティアをしていたことをとても誇りに思っていた。

家族間の絆に関する会話をしたことによって，家族は元気づけられた様子だったので，セラピストはミラクル・クエスチョンをした。彼らは，ランディ

に奇跡が起きたら，カッとなって切れずにフラストレーションに対処して，自尊心を持って学校にちゃんと出席して，自傷行為の恐れがなくなるだろうと答えた。ランディの母親は，もし奇跡が起きたら，自分は高校を卒業して，今よりもっと良い仕事を見つけるだろうと言った。一人の兄は，もし奇跡が起きたら，自分は高校を卒業して，軍隊に入るだろうと言った。家族全員がもっと上等な場所に住みたいという希望を持っていた。

　自殺を懸念して，セラピストは明確に安全対策について説明し，今後の危機に備えるプランを練らなければならなかった。安全性の査定では，ランディには差し迫ったリスクはなく，入院の必要はないことがわかった。しかしながら，ランディと家族，そして学校職員とともに，危機に備えるために明確なプランが練られた。

　サメーション・メッセージでは，このセッションまでに至った苦闘が強調されており，また家族の強い絆に関することや，今後の目標について言及された。そこでランディと家族にある提案がなされた。それは，ランディが「カッとなり，切れてしまう」のを防ごうとするランディの行動すべてに注目すること，というものだった。たとえどんなささいなしぐさだったとしても，それに気を配るという簡単な提案だった。セラピストはさらに家族に，セラピスト自身がランディの担当教師たちと話し合い，何か役立ちそうなことを彼らにも見つけてもらうように依頼するつもりだ，と告げた。

　ランディの母親と学校職員は，この新しいセラピーの方法で励まされたにもかかわらず，ランディは学校で再び「カッとなり，切れてしまう」行動を起こしてしまった。そしてランディは，次のセッションの間ずっと怒っているように見えた。セラピストは母親に，誰もランディを変えることはできない，彼だけが自分のために変化することを決心できるのです，と話した。

　2日後ランディは学校で校長先生を蹴り，警察に連行されなければならなくなった。また彼は，母親や兄弟たちに暴力行為をしていることが報告された。ネコを壁に投げつけ，コードを首に巻き付けて自殺未遂も図った。

　次のセッションに母親と来た時，ランディは明らかに違っていた。彼は以前より落ちこんでいるだけでなく，もっと動揺していた。何が起こったのかという質問に，彼は「僕は人生の落伍者だ。生まれてこなければ良かった」と答えた。ランディの母親は，自分と他の息子たちの身の安全を心配していた。さらに，ランディが自殺をやり遂げてしまうのではないかと心配していた。

　このため，以前に家族が述べた絶望感に，恐怖感が追加された。入院を要するかどうかの判断をするため，セラピストはスケーリング・クエスチョンを使っ

て尋ねた。

セラピスト：（母親に）あなたはランディのことを心配しているし，また彼に何か脅えているようですね。その心配を0から10までの数字で示します。10は極度に心配，0は少しも心配していないと考えたら，今日はいくつですか？

母親：昨夜は本当に怖かったです。以前にもランディは怒っていることはありましたが，昨夜はひどかった。今は8か9だと思うわ。彼はこの頃，自分自身を傷つけることを話すようになりました。

セラピスト：現在のランディに対する恐怖心を，同様の数字で表すといくつですか？

母親：昨夜ランディがしたことを思うと，家族全員が過去に夫がしていたことを思い出したのです。夫と別れた時，もうこれ以上あんな暮らしはしたくないって家族全員が思いました。今の状況は前と同じだわ。ランディが同じことをやっているのです。

セラピスト：それでは，今日の恐怖感はいくつですか？

母親：これも8か9だと思うわ。

セラピスト：ランディ，君はお母さんがたった今言ったことをどう思うかな？

ランディ：気分が良くないよ。僕はくだらなくて，マヌケって感じ。

セラピスト：それでは，君が自分や他人を傷つけることを，どれくらい心配しているのかについて数字で評価してくれるかな？

ランディ：今なら多分7だね。でも昨夜は10だった。僕がカッとなって，怒っている時は危ないんだ。人を傷つけてしまう。殴ったり蹴ったりするんだ。

セラピスト：ふたりに共通していることは，今は恐ろしくて，危険をはらんだ状況におかれているということですね。

　セラピストはさらに，基本的な安全性に関する情報を収集した。するとランディには，自殺念慮が増していることや，著しい睡眠障害があること，そして短気さが増して，以前よりも顕著に気分が沈んでいることがわかった。さらに，全ての教科で落第点だったことをちょうど知ったばかりだった，とランディは付け足した。

　セラピストはこのエピソードを，過去に起こった諸々のエピソードと比較してその違いを判断するために，さらに続けて評価した。ランディと母親は，過去は6から7だったのに比べて，今の状況は8から9だと言った。以前ならその数字に達した時には，いつもランディは入院をさせられていた。しかし，彼

らは入院しても事態はほとんど変わらなかったと言った。入院は皆にとって小休憩になるだけで，彼らのバッテリーを再充電するだけにしか役に立たなかった。彼らのバッテリーは，この時点で再充電が必要だったのだろうか？　母親は自分たちの身の安全についての心配事を繰り返し話し，またランディは「疲れ果てた」と言った。

　どんなことをすればこの数字を少しでも下げることができるのか，という質問は失敗だった。母親は自宅にいる時に，安全を感じさせてくれるものを何一つ言えなかった。セラピストは社会の代理人としての役割を担わねばならず，この時点で彼らに入院を勧めなければならなかった。

　しかしながらこの解決志向のセラピストは入院について，「再充電するための小休憩」ではなく「異なる将来への第一歩」という文脈を組み込むように試みた。「小休憩」は将来への変化というよりも，むしろ現在の行動が継続してしまうことを示唆するかもしれないからである。

セラピスト：それでは，ランディが退院する日が近づいてくる，と考えてみましょう。その入院が有益だったということが，どのようにわかるのでしょうか？

母親：ランディが，何かに腹を立てたとき，怒りに対処する方法を持っていることを知るときじゃないかと思います。彼はいつも，新しいことを学ばずに退院してるように見えるわ。

セラピスト：それはどうして？

母親：ランディが家にいないと，私はこの子に対して申し訳ないって感じ始めるんです。ランディはいつも，自分は変わるって約束するから家に帰してほしい，と私に言うので，私はこの子を信じたいんだと思うんです。

セラピスト：そうですね，息子さんが家から離れていて，ホームシックになっているというのは，辛いですよね。でも，今度はランディを家に連れて帰る前にもっと確信を感じられたらなぁ，という風に聞こえますが。あなたは，ランディが新しい対処法を身につけていることを知りたいのですね。

母親：そうです。今回は，この子をすぐに家に戻そうとは思っていません。

セラピスト：ランディが物事をうまく対処するような準備ができた，とあなたが確かに感じるためには，どんなことがあるといいんでしょうか？

母親：この子が，物事をもっと真剣に考えることじゃないかと思います。自分のやったことを誰かのせいにしたり，何も起こらなかったかのように振る舞ったりするんじゃなくて，自分で責任を取ることでしょう。

セラピスト：それでは，ランディが責任感を持てるようになってきたっていうことを，あなたはどんな風に気づくのでしょう？

母親：家に帰らせてくれ，とせがむのを止めたらでしょうね。自分がしてきたことを謝って，それから，カッとなって切れてしまう行動に今後どう対処していくのかを，私たちに説明できたらだと思います。

セラピスト：あなた方両方が今までとは違った風に行動できたら，ランディの入院が，これまでとは違う将来への第一歩になる，とお母さんは感じているのですね。

母親：その通りです。ランディだけじゃなくて，私たち二人ともが変わらないといけないんです。私は，自分が言ったことを貫かないといけないんだわ。

セラピスト：ランディ，今お母さんが言ったことをどう思う？ お母さんがどうやってこの考えに至ったのか，わかるかな？

ランディ：うん，でも僕はお母さんのいうことに賛成してるわけじゃないよ。病院に最初行く時は，変わりたいって思うけど，でもしばらく入院してると，出たくなっちゃうだけなんだ。

セラピスト：君は，何度も何度も入院するのに疲れたんじゃないのかな。さっき話した内容から，君が家族をとても大事に思っていて，家族を傷つけるのを申し訳なく感じているのもわかっているよ。今回が最後の入院になるために，どんなことが必要だと思う？

ランディ：カッとして暴力を振るわないように，自分が何をすべきかを考え出さないといけないんだ。

セラピスト：これまでの入院でそれができなかったのは，どうしてなんだろう？

ランディ：自分の怒りでカッとなる態度のことよりも，病院から出ることの方を考えてるからだよ。僕が家に帰りたいってお願いし続ければ，お母さんが家に戻してくれるって，わかっているし。

母親：じゃあ言うけれど，今度はそうはならないわよ。

セラピスト：では，今回の入院が今までとは違ったものになるための第一歩として，君は，病院のスタッフがもう良いと言うまで，家に帰りたいって言わないことだね。そして，お母さん，もし彼が頼んでも，ダメだと言うことですね。

母親：大変ですけど，これを実行しなきゃいけないわ。

セラピスト：じゃあランディ，さっき君は，怒った時にどうするかを考え出さないといけない，と言ったよね。今回の入院中にその答えにたどり着く

めに，今までとは違って，どんなことをすべきだと思う？
ランディ：僕は，人からいろいろ訊かれるのが好きじゃないんだ。そうされるとムカつくんだ。でも，これからは質問をちゃんと聞いて，他のやり方を見つけなきゃね。
セラピスト：君はそれが好きじゃないとしても，お母さんが言ったことを曲げなければ，質問をちゃんと聞く方が簡単だと思うかい？　お母さんが，少なくとも君が何か答えを見つけ始めたって確信できるまで，君を家に帰らせなかったとして？
ランディ：そう思う。でも，お母さんに全然退院をせがまないっていう約束はできないよ。

　このセラピストが，初回のセッションでは入院を勧めずに，次のセッションで入院をさせることを判断した理由は何だっただろうか？
　危機に関する取り組みを経験したほとんどの解決志向のセラピストは，安全性の問題は最重要であるけれども，クライエントがその場で行動化したり，もしくはその兆しを見せない限りは，セッションの終わりまで入院については触れない。その代わりにセラピストは，セッションに参加している全員が何を考え，何を望んでいるのか，そして掲げた目標に向かうために，わずかな変化の可能性があるのかどうかを関連づけて，理解し明らかにしようとする。初回セッションでランディのセラピストは，語られる問題に傾聴し，例外と対処法に関する質問をして段階を踏んでいった。ランディの「カッとなって，切れてしまう」行動に対処できそうだと思っている家族は誰もいなかったけれども，彼らの会話から，良い家族関係と将来に対する希望が見えた。
　ランディの自傷行為の兆しと，他者への攻撃行動のため，セラピストは現状の安全性を査定し，今後の危機プランを練る義務を背負った。それゆえセラピストは，セラピストとしての役割を取り続け，この家族には自助となるリソースがあると信じた。ランディには過去の短期入院歴はあるが，明らかに役立っていなかったというインテーク情報にも，セラピストは注意を向けていた。ランディには計画的な自殺企図はなかったが，むしろ絶望を感じた時に衝動的に自殺を考えると話した。彼は武器を持っていないし，自宅にも所持してなかった。彼は窒息や嘔吐に対する恐怖心があり，自殺をするために，何かを飲み込む方法はとらないようだった。彼はとても良く睡眠を取っていたし，食事もしていた。カッとなり，切れてしまう行動は，ここ数週間で増加していたが，彼には変わりたいというやる気があるようだった。ランディは危機プランへの参

加を切望している様子だったし，セッションの終わり頃には，母親と兄たちは以前よりも希望を持ったようだった。

セラピストはまた，ランディに過去の短期入院歴があったが，これらは明らかに有益でなかったというインテーク情報に注目したので，そのアセスメントに基づいてセラピストの役割を取り，この家族に次週の面接の約束をした。

ランディの行動化がエスカレートし続けた時，セラピストは別の役割を取らねばならなかった。過去のエピソードと現状を比べて，家族がその苛酷さをどのように考えているかを査定した後，セラピストはランディと他者の安全を確保するため，入院を勧めた。それも，はじめから入院という異なるコンテクストを展開させることで，安全を確保したのである。

緊急性

命が危うくなっている時，あるいは情動のコントロールを失っている時には，クライエントや彼らの家族，その地域集団とセラピストが，可能な限り迅速にその恐怖を軽減したいと望むのは当然である。クライエントは，それを叶えてくれるセラピストを探してセラピーに来る。

自傷行為が見られたクライエントは，警察の介入を使ってでも，直ちに止めさせなければならない。銃を携帯しているクライエントには，保管のために，それを誰かに渡すよう説得しなければならないし，あるいは可能な限り，迅速に逮捕されるべきである。明らかに切迫した危険に直面している状況では，迅速に対処されなければいけない。セラピストは他者支援のために，自分自身が恐怖心に対処するツールを持つべきである。

しかしながら，解決志向のブリーフセラピストにとってさらにそれ以上に最も重要なことは，危機のときにクライエントの緊迫状態と一体感を持たないこと，そして**ブリーフセラピーはゆっくり進む**という仮説でケースを進めることである。セラピストがプレッシャーに負けて，急いで動くことは（危害を防止する以外は），実際は長い目で見れば有害となり得る。なぜなら，それは長期的な効果がある内的コントロールを促進するよりも，むしろ外的コントロールを与えるからである。可能な限りであるが，コントロール感を失っているクライエントの治療目標は，将来において類似している状況下で，自分に役立つような体験を持たせることである。

第2章で述べたように，私たちの内的会話を観察するための二重軌道思考は，非常に緊迫した状況で役立つテクニックである。

軌道1（セラピストをモニターする）：私は怖い。私は何をすべきかわからな

い。
- **軌道2**（クライエントをモニターする）：クライエントはどんな感情を持っているのだろうか？
- **軌道1**：クライエントには，コントロール感がないので無力感がある。これはまさに私が感じていることだ。
- **軌道2**：私が怖がっていたら，私は彼女がコントロール感を戻す手助けはできない。私がコントロール感を得るには，何が必要か？
- **軌道1**：クライエントがコントロール感を得るには何が必要かについて，クライエントからもっと情報を収集すること。**クライエントは自助となる固有の力とリソースを持っている。**

傾　聴

　人が恐怖を感じると，アドレナリンが分泌し始める。そのため，戦うか逃げるかといった，人が生き残るために必要な行動に，気持ちが集中してしまう。その注意は，背景となる地ではなく図に向けられる。危機か，あるいは非危機かという二つのコントラストは，異常に大きくなる。解決志向のセラピストにとって最も役立つ反応は，「AもBも」の見方，つまり灰色の部分の見通しに注意することである。つまり，これを最もうまく行うには，クライエントが話す内容を全て聞きながら，例外と強さに，意識して耳を傾けることである（第3章参照）。言い換えると，セラピストは，心を開いてクライエントの話す内容のあらゆる様相に注意を向けると，クライエントに潜在するコントロール感や，希望を引き出すための引き金となるような反応を見つけるチャンスが訪れる。

危機的状況における時間枠

　ジム・ダークス(Jim Darks, 私信, November 15, 2000)は，SFTの創始者の一人である。彼は，危機的な状況で治療する際には「危機的状況における時間枠(tight time frame)」を設定する必要性を指摘している。

事例：フィリップ

　フィリップは，32歳の独身男性である。自殺企図のため，兄のパットにセラピーに連れて来られた。このケースを用いて，「危機的状況における時間枠」とはどのような意味なのかを説明する。パットはその前夜の電話で，フィリップがひどく落胆しているのに驚いた。現職に満足してはいないが，もっとやりが

いのある仕事が見つかるほど自分には適性がない，とフィリップが感じていることをパットは知っていた。しかしながら，電話での会話の中でフィリップは，最近の仕事の業績で不当だと感じるような警告を二度も受けたことや，ガールフレンドの気持ちが薄れてしまったために関係が終わったこと，そして物事があまりにひどい状態になってしまったので，これを解決するには「清算する」しかない，と述べた。

　この電話での会話の後，パットはフィリップの家に行き，その心の状態を誰かに話すように説得した。最初は拒否したものの，母親のためにそうしてくれとパットが頼むと，フィリップは了承した。きょうだいの母親は，乳ガンの化学療法を近頃終えたばかりで，まだ気弱であった。パットは，フィリップのEAP（従業員支援プログラム）のホットラインに電話をした。電話でのアセスメント終了後，カウンセラーは，フィリップをその夜は一人にしないことと，翌朝連れてくることを強く勧めた。

セラピスト：（この状況について，すでに情報を得ていることを，フィリップに伝えることから始める）フィリップ，あなたはとても気持ちが落ち込んでいて，自殺のことを考えていた。だから，お兄さんが心配して，昨夜ホットラインに電話をしたのですね。

フィリップ：はい。

セラピスト：今朝もまだ，そういう考えを持っていますか？

フィリップ：えーと……うーん……僕は……そうだと思います。

セラピスト：（昨夜のことに，最初に焦点を向ける）では，昨夜は何が起こっていたのでしょう？

フィリップ：本当に，我慢の限界だったのです。

セラピスト：何が我慢の限界だったのですか？

フィリップ：テリー……僕のガールフレンドですが……彼女は，僕に仕事上でどんなにひどいことが起こっているかを知っていて，今度は彼女が，僕の事どう思っているのかわからないって言うのです（すすり泣き始める）。

セラピスト：それは本当に衝撃的だったでしょうね（フィリップが泣いている数分間，静かに待っている）。

パット：なあフィリップ，お前には僕たちがいる。……僕らはお前を愛しているんだよ。……みんなお前のそばにいるんだよ。お母さんだって良くなっているのだから。

セラピスト：お母さんはご病気ですか？

パット：乳ガンで化学療法を受けました。闘病中ですが，母は何とか持ちこたえるでしょう。

　フィリップはさらに数分泣き続け，その後，数カ月間に彼の生活に起こったことついて話し始めた。セラピストはその時，話の内容を遮ることや，質問をしなかった。セラピストはひたすら耳を傾け，共感的な口調と身ぶりで話した。それからその夜のことについて，もう一度焦点を合わせた。

セラピスト：それでは，昨夜は何のためにお兄さんに電話をしたのですか？
フィリップ：宝くじのことで電話しました。いつも僕たちは他のきょうだいと一緒に行って，束ごと買います。そろそろ宝くじの販売時期だから，いつ兄は買いに行きたいかなと思ったんです。

　セラピストは，クライエントのこの様な未来志向に注目した。これは肯定的な兆候である。セラピストは，フィリップの家族や友人関係が健全かどうかを査定し，フィリップのサポート体制を調べた。どのくらいの頻度で個人的に電話連絡をするのかを尋ね，それから，セラピストは危機的状況における時間枠に戻った。

セラピスト：それで，昨夜は宝くじの内容の電話だったのに，どういう理由で自殺のことを話したのですか？

　ダークスは，今日は違う，よくなっているということを前提として，直近に起こった苦痛を過去のものとしてしまうことが大切だと述べている。つまり**小さな変化は，より大きな変化をもたらす**のだから。

フィリップ：それで，兄がテリーも一緒に行くようなことを口にしたので，僕は切れてしまった。
セラピスト：だからあなたは気が動揺してしまい，パットがすぐ来てくれたんだね。
フィリップ：ええ。
セラピスト：それからどうなったの？
フィリップ：僕らはもう少し会話を続けました……
セラピスト：それは役に立った？
フィリップ：ええ。兄はいつも助けてくれるのです。
セラピスト：だから彼がすぐに来てくれたので，気が楽になった。
フィリップ：そうですね。

セラピストは，たとえ小さなことであっても，昨夜と比べて今朝は物事が違うという認識を喚起するように試みた。セラピストは兄のパットに，フィリップが朝食を食べたかどうかを尋ねた。すると，フィリップはシリアルを食べたと言ったことが確認できた。またセラピストは，このセッションに来るのに誰が運転したのかを尋ね，パットに運転をしてもらい自分の面倒をみてもらうようにしたことで，フィリップを褒めた。セラピストはパットに，フィリップが自分で身の回りの世話をした時のことを質問して，その情報を得た。セラピストは，昨夜と比べて何らかの変化を強化できそうな内容を，全て聴いた。このように情報を探ることは，もしクライエントが肯定的な話をした場合，クライエントはもう落ち込んでいないと仮定しているわけではない。むしろこれは，「AかBか」という二者択一的な思考から抜け出す小さな一歩であり，複雑で時間がかかるかもしれない解決を積み上げていく作業の始まりなのである。

セラピスト：ではフィリップ，昨夜と比べて今のストレスレベルはいくつですか？〔セラピストが，落胆や自殺ではなく，「ストレスレベル」について話し始めたことに注目〕10は極度に悪い，1は最も良いとすると，1から10の数字でいくつですか。〔もしフィリップが，まだ同じか，あるいは悪くなっていると答えたら，セラピストは入院について話し合わねばならない〕

フィリップ：（しばし考える）昨夜は9でした。今は8に近いと思う……7かもしれない。

セラピスト：実際，あなたにはいろんな困ったことがたくさんありますね。職場で，先ほどの数字が今日か明日に，0.5減るような状況はありませんか？

フィリップ：昨日，私の受けた2回の警告に関して，労働組合の代表に連絡を取りました。明日，その代表者と会合があります。〔さらに未来志向が示される〕

セラピスト：ガールフレンドとの状況はどうですか？ もし今夜，奇跡が起こり，明朝，起きた時に，ふたりの関係にもう少し希望が持てる気持ちになっていたら，どのように違うことをしますか？

フィリップ：彼女に電話するかな。

セラピスト：何を伝えますか？

フィリップ：僕は怒っているぞ，と彼女に伝えます。この状態はフェアじゃない。何が彼女を悩ませたのかを僕に教えてくれないのです。あんなやり方

では，僕には話す機会がなかった。僕はこのことを話したいです。
セラピスト：それは良い考えのようですね。けれども，一度に一つずつやりましょうね。今日はどうですか，あなたが帰る時は？　ストレスレベルが下がった状態を保つためには，何が必要でしょうか？

　このセラピストとクライエントは，当日と翌日にかけて，ストレスレベルを低い状態で保つ方法を話し続けた。ふたりは労働組合の代表との面会について，詳しく話し合った。そのためフィリップは，できる限りたくさんの返答をする方法を予想できた。ガールフレンドと話し合う計画を検討するため，セラピストは，フィリップとの面会予約を取った。パットや他の家族は，フィリップのためにその日の夕食をともにする計画をした。
　肯定的な進展の兆候が見えるからといって，クライエントが持ち込んできた自殺の脅威を，セラピストが無視できるというわけではない。そこでセラピストが，この時点での自殺企図の程度を査定すると，6のあたりであることが判明した。パットや他のきょうだいを含めて，安全性のプランが練られていった。セラピストは，フィリップに契約書にサインをするように求めた。それは，自殺企図を起こす前に必ずセラピストの緊急用番号に電話すること，という内容であり，フィリップはこれに同意した。
　ダークスは，できる限りの多くのクライエントをよく知っている人に依頼して，初回の危機セッションへの参加を要請するのが重要だと言っている。これは支援の目的だけでなく，クライエントとその状況を，多面的な視点で見ることができるからでもある。多くの情報を得て，すぐに変化を起こすことが可能かもしれない。危機的状況における時間枠の全体的な考え方とは，焦点を限定して，小さな変化を目に見える形でより効果的なものにすることである。全体的な視点から概観し，最初にリソースを探すことは，クライエントを困惑させる可能性もあり得るので危険でもある。

結　　論

　危機とは定義にかかわる問題であるので，クライエントを抱えるセラピストによって明確にされるべきである。**クライエントは自助となる固有の力とリソースを持っている**と**小さな変化は，より大きな変化をもたらす**という仮説は，あまり急いで放棄してはならない。しかし，一方で安全性は最初に考慮されなければならないことである。SFTについて本書で論じたすべてのことは，危機的状況では二倍適用される。つまり，注意深く聴くこと，クライエントの

物の見方を理解することであり，「AかBか」という二者択一ではなく，むしろ「AもBも」の視点を作り上げるための言葉を用いること，そして状況が許す限りできるだけゆっくり進むことである。SFTでは，クライエントが身体的にも情動的にもコントロールを全く失っている場合を除き，セラピストとしての役割を担ってセラピーを開始するのが最適だろう。コントロールする能力を引き出す前に，情動的に安全な状態を作り上げることによって，究極的には，クライエント自身がコントロール感を増加しやすいかもしれない。これはクライエントがアフターケアのために再度来談する場合，セラピスト－クライエント関係にも有益だろう。

おわりに

　どの人もすべて何よりもまず端的に人間である。
　　　　　　　　ハリー・スタック・サリヴァン（Sullivan, 1953c, p.32）[訳注]

　本書はクライエントとの面接において私が20年にわたって行ってきたことについての考えを集大成したもので，他者との相互作用を通しての蓄積，統合そして新たに創られたものです。本書の目的は恣意的なテクニックを使うことを避け，道を見失うのではないかという不安を抱くことなく臨床家が進むべき道を導くということでした。この取り組みの最大の成果は，読者がクライエントと面接する際，自分がしていることをなぜ行うのかについてもっと考えさせられるようになることでしょう。私たちがやることに向かい合い，また説明できるようになることは，熟達への長い道のりへの最初の第一歩です。たとえ不十分なことをしてしまっても，最終的にはたくさんのことを得ると思われます。
　SFTを教えてきた経験で確信したことは，どの人間もユニークな存在であるということです。当然のことながら，他の人たちよりもっと繊細で共感的な人がいます。優れたセラピストになる素質を全ての人が持っていないかもしれませんが，私たちは同じ人間です。何も言われなくても，基本的なレベルでお互いに必要なものをわかっています。だから，私はテクニックに加えて，セラピーでの情動的な面を強調してきたのです。技法と情動的な面の組み合わせがセラピーのスキルを早く熟達させるものだということに気がついたのです。
　人間の行動を理解することが急速に可能になりつつある神経科学領域の進歩は，将来，心理療法家としての私たちに新しい知識やスキルを確かに与えてくれるでしょう。私たちは心を開いてそれらを歓迎しましょう，しかし私たちが仕事をする際には，謙虚な心をもつことが重要であることを決して忘れてはならないのです。

　訳注）中井久夫，他訳（1990/2004）精神医学は対人関係論である．みすず書房，p.9より引用。

監訳者あとがき

　本書が出版された2002年の夏，著者のイブ・リプチックさんがご主人と共にはじめて来日されました。ブリーフセラピーネットワーク・ジャパン大会が札幌で開催され，そのワークショップ講師として，私たちが彼女を招待したのです。彼女のワークショップにおける介入はとてもマイルドで，参加者は皆，優しい気持ちに包まれました。というのは，これまでの，ともすれば，技法中心になりがちが解決志向アプローチとは，全く異なるワークだったからでしょう。人の話をよく傾聴すること，情動を大事にすること，さらには，セラピー期間の長短よりも，効果的なセラピーであることをしっかりと提示してくれたのです。これらのセラピストの姿勢は，心理療法の世界においては，もっとも大切なことですが，ブリーフセラピーの世界においては，どちらかと言えば，その奇抜な技法の方に焦点があてられがちであったし，今もそのような技法に魅力を感じている人もいるでしょう。

　本書は，解決志向アプローチがこれまでも大事なセラピーの前提としていたにもかかわらず，明確な焦点をあてて来なかった傾聴や情動の扱い，および長期の事例や終結に関する考え方を，理論と実践の両面から具体的にわかりやすく述べています。その意味で，解決志向アプローチの完成版であり，どの人にも是非，学んでいただきたい内容に満ちています。特に「変化」を志向する立場の人は，たとえオリエンテーションが異なっていても，心理療法の効果に貢献する共通要因を本書から見出すことができるでしょう。

　翻訳は彼女の来日をお世話していただいた，山田秀世さんをはじめとする，北海道の先生方にお願いしました。より正確には，自発的に是非，翻訳したいとの多くの声がワークショップ中にすでに挙がっていたのです。また，河野梨香さんに共監訳者として入っていただきました。しかし，私の仕事が遅く，翻訳を始めてから長い月日が過ぎてしまいました。訳の原稿は，私の研究室の院生たちと特別ゼミの中で再検討され，監訳が進行しました。彼らの中には特に訳者として参加してもらった人もいます。院生の皆さんには，たいへん感謝しています。そして，最後に窪田文子さんにお忙しい中，共監訳者として新たに参加していただき，訳語のさらなるチェックをお願いしました。

　本当に長い間，この出版を支えていただいた金剛出版の田中春夫さんに感謝申しあげます。田中さんは日本の家族療法だけでなく，ブリーフセラピーをも

育ててくれた，この分野における恩人です。ご退職される田中さんの新たな門出をこころよりお祝いいたします。

　　2009年　虫の音のオーケストラを聴きながら

　　　　　　　　　　　　　　　　　　　　　　監訳者代表　宮田敬一

文　献

Adams, J. F., Piercy, F. P., & Jirhc, J. A. (1991). Effects of solution-focused therapy's "Formula First Session Tasks" on compliance and outcome in family therapy. *Journal of Marital and Family Therapy, 17*(3), 277-291.

Ahlers, C. (1992). Solution-oriented therapy for professionals working with physically impaired clients. *Journal of Systemic Therapies, 11*(3), 53-68.

Alizur, Y. (1996). Involvement, collaboration, and empowerment: A model for consultation with human-service agencies and the development of family oriented care. *Family Process, 35*(2), 191-211.

Andersen, T. (1991). *The reflecting team.* New York: Norton.（鈴木浩二監訳『リフレクティング・プロセス』金剛出版, 2001）

Andersen, T. (1995). Reflecting processes; acts of informing and forming: You can borrow my eyes, but you must not take them away from me! In S. Friedman (Ed.), *The reflecting team in action* (pp.11-37). New York: Guilford Press.

Andersen, T. (1997). Researching client-therapist relationships: A collaborative study for informing therapy. *Journal of Systemic Therapies, 16*(2), 125-134.

Anderson, H. (1997). *Conversation, language, and possibilities: A postmodern approach to therapy.* New York: Basic Books.（野村直樹・青木義子・吉川　悟訳『会話・言語・そして可能性——コラボレイティヴとは？　セラピーとは？』金剛出版, 2001）

Anderson, H., & Goolishian, H. (1986). Systems consultation with agencies dealing with domestic violence. In L. C. Wynn, S. H., McDaniel, & T. T. Weber (Eds.), *Systems consultation: A new perspective for family therapy* (pp.284-299). New York: Guilford Press.

Bachelor, A., & Horvath, A. (1999). The therapeutic relationship. In M. A. Hubble, B. L. Duncan, & S. D. Miller (Eds.), *The heart and soul of change* (pp.133-179). Washington, DC: American Psychological Association.

Bachrach, L. L. (1989). Case management: Toward a shared definition. *Hospital and Community Psychiatry, 40*, 883-884.

Barker, P., & Herlache, M. (1997). Expanding the view of treatment with an MPD client and her family. *Journal of Systemic Therapies, 16*(1), 47-59.

Bateson, G. (1979). *Mind and nature: A necessary unity.* New York: Dutton.（佐藤良明訳『精神と自然——生きた世界の認識論. 思索社, 1982／新思索社, 2001）

Bateson, G., Jackson, D. D., Haley, J., & Weakland, J. H. (1956). Toward a theory of schizophrenia. *Behavioral Science, 1*, 251-264.

Berg, I. K. (1994). *Family-based services: A solution-focused approach.* New York: Norton.（磯貝希久子監訳『家族支援ハンドブック——ソリューション・フォーカスト・アプローチ』金剛出版, 1997）

Berg, I. K., & Kelly, S. (2000). *Building solutions in child protective services.* New York: Norton.（桐田弘江, 他訳『子ども虐待の解決』金剛出版, 2004）

Berg, I. K., & Miller, S. D. (1992). *Working with the problem drinker: A solution-focused approach.* New York: Norton.（斎藤　学監訳『飲酒問題とその解決——ソリューション・フォーカスト・アプローチ』金剛出版, 1995）

Bergin, A. E., & Lambert, M. J. (1978). The evaluation of therapeutic outcomes. In S. L. Garfield & A. E. Bergin (Eds.), *Handbook of psychotherapy and behavior change: An empirical analysis* (2nd ed., pp.139-189). New York: Wiley.

Beyebach, M., Morejon, A. R., Palenzuela, D. L., & Rodriguez-Arias, J. L. (1996). Research on the process of solution-focused therapy. In S. D. Miller, M. A. Hubble, & B. L. Duncan (Eds.), *Handbook of solution-focused brief therapy* (pp.299-335). San Francisco: Jossey-Bass.

Beyebach, M., Rodriguez-Sanchez, M. S., Arribas de Miguel, J., Herrero de Vega, M., Hernandez, C., & Rodriguez-Morejon, A. (2000). Outcome of solution-focused therapy at the University Family Therapy Center. *Journal of Systemic Therapies, 19*(1), 116-129.

Bonjean, M. (1989). Solution-focused psychotherapy with families caring for an Alzheimer patient. In G. Hughston, V. Christopherson, & M. Bonjean (Eds.), *Aging and family therapy: Practitioners perspectives on Golden Pond* (pp.1-11). New York: Haworth Press.

Bonjean, M. J. (1996). Solution focused brief therapy with older adults and their families, In T. Hargrave & S. Hanna (Eds.), *Between generations* (pp.1-11). New York: Brunner/Mazel.

Booker, J., & Blymyer, D. (1994). Solution-oriented brief residential treatment with chronic mental patients. *Journal of Systemic Therapies, 13*(4), 53-69.

Bower, G. H. (1981). Mood and memory. *American Psychologist, 36*, 129-148.

Bradshaw, J. (1988) *Healing the shame that binds you.* Deerfield Beach, FL: Health Communications.

Brasher, B., Campbell, T. C., & Moen, D. (1993). Solution oriented recovery. *Journal of Systemic Therapies, 12*, 1-14.

Breunlin, D., & Cade, B. (1981). Intervening in family systems with observer messages. *Journal of Marital and Family Therapy, 7*, 7-46.

Brown-Standridge, M. D. (1989). A paradigm for construction of family therapy tasks. *Family Process, 28*(4), 471-489.

Cade, B., & O'Hanlon, W. H. (1993). A brief guide to brief therapy. New York: Norton. (宮田敬一・窪田文子監訳『ブリーフセラピーへの招待』亀田ブックス, 1998)

Cantwell, P., & Holmes, S. (1995). Cumulative process: A collaborative approach to systemic supervision. *Journal of Systemic Therapies, 14*(2), 35-47.

Caplan, G. (1964). *Principles of preventive psychiatry.* New York: Basic Books.

Cecchin, G. (1987). Hypothesizing, circularity, and neutrality revisited: An initiation to curiosity. *Family Process, 26*(3), 405-415.

Cecchin, G., Lane, G., & Ray, W. (1992). *Irreverence A strategy for therapists' survival.* London: Karnac Books.

Cecchin, G., Lane, G., & Ray, W. (1994). *The cybernetics of prejudices in the practice of psychotherapy.* London: Karnac Books.

Chapman, A. H. (1976). *Harry Stack Sullivan: The man and his work.* New York: Putnam's.

Cushman, P. (1995). *Constructing the self, constructing America.* Reading, MA: Addison-Wesley.

Dahl, R., Bathel, D., & Carreon, C. (2000). The use of solution-focused therapy with an elderly population. *Journal of Systemic Therapies, 19*(4), 45-56.

Damasio, A. (1994). *Descartes' error: Emotion, reason, and the human brain.* New York: Putnam's.

Damasio, A. (1999). *The feeling of what happens: Body and emotion in the making of consciousness.* New York: Harcourt Brace.

DeJong, P., & Hopwood, L. E. (1996). Outcome research on treatment conducted at the Brief Family Therapy Center, 1992-1993. In S. D. Miller, M. A. Hubble, & B. L. Duncan (Eds.), *Handbook of solution-focused brief therapy* (pp.272-299). San Francisco: Jossey-Bass.

Dell, P. (1982). Family theory and the epistemology of Humberto Maturana. *Family Therapy Networker, 6*(4), 26, 39, 40, 41.

Dell, P. (1985). Understanding Bateson and Maturana: Toward a biological foundation for the social sciences. *Journal of Marital and Family Therapy, 11*, 1-20.

de Shazer, S. (1982). *Patterns of brief family therapy: An ecosystemic approach.* New York: Guilford Press.
de Shazer, S. (1984). The death of resistance. *Family Process, 23*, 79-93.
de Shazer, S. (1985). *Keys to solution in brief therapy.* New York: Norton.（小野直広訳『短期療法　解決の鍵』誠信書房, 1994）
de Shazer, S. (1988). *Clues: Investigating solutions in brief therapy.* New York: Norton.
de Shazer, S. (1991a). *Putting difference to work.* New York: Norton.（小森康永訳『ブリーフセラピーを読む』金剛出版, 1994）
de Shazer, S. (1991b). Muddles, bewilderment, and practice theory. *Family Process, 30*(4), 453-459.
de Shazer, S. (1994). *Words were originally magic.* New York: Norton.（長谷川啓三訳『解決志向の言語学──言葉はもともと魔法だった』法政大学出版局, 2000）
de Shazer, S., & Molnar, A. (1984). Four useful interventions in brief family therapy. *Journal of Marital and Family Therapy, 10*(3), 297-304.
Dolan, Y. M. (1991). *Resolving sexual abuse: Solution-focused therapy and Ericksonian hypnosis for adult survivors.* New York: Norton.
Donovan, J. M. (1999). Short-term couple therapy and the principles of brief treatment. In J. M. Donovan (Ed.), *Short-term couple therapy* (pp.1-12). New York: Guilford Press.
Durrant, M. (1995). *Creative strategies for school problems: Solutions for psychologists and teachers.* New York: Norton.
Efran, J. S., & Lukens, M. D. (1985) The world according to Humberto Maturana. *Family Therapy Networker, 9*(3), 22-29.
Efran, J. S., Lukens, M. D., & Lukens, R. J. (1990). *Language, structure and change: Frameworks for meaning in psychotherapy.* New York: Norton.
Efron, D., & Veenendaal, K. (1993, Spring). Suppose a miracle doesn't happen: The non-miracle option. *Journal of Systemic Therapies,* 11-19.
Ekman, P. (1992). Facial expressions of emotion: New findings, new questions. *Psychological Science, 3*, 34-38.
Elmer-Dewitt, P. (1989, September 25). Time for some fuzzy thinking. *Time,* p.79.
Erickson, M. (1977). Hypnotic approaches to therapy. *American Journal of Clinical Hypnosis, 20*, 20-35.
Erickson, M. H., & Rossi, E. (1979). *Hypnotherapy: An exploratory casebook.* New York: Irvington.
Erickson, M. H., Rossi, E., & Rossi, E. (1976). *Hypnotic realities.* New York: Irvington.
Everstine, D. S., & Everstine, L. (1983). *People in crisis: Strategic therapeutic interventions.* New York: Brunner/Mazel.
Fisch, R., Weakland, J. H., & Segal, L. (1982). *Tactics of change: Doing therapy briefly.* San Francisco: Jossey-Bass.（鈴木浩二・鈴木和子監訳『変化の技法──MRI短期集中療法』金剛出版, 1986）
Fish, J. M. (1997). Paradox for complainants? Strategic thoughts about solution-focused therapy. *Journal of Systemic Therapies, 16*(3), 266-274.
Fisher, L., Anderson, A., & Jones, J. E. (1981). Types of paradoxical intervention and indications: Contraindications for use in clinical practice. *Family Process, 20*(1), 25-37.
Fontes, L. A. (1991). Constructing crises and crisis intervention theory. *Journal of Strategic and Systemic Therapies, 10*(2), 59-69.
Frankel, A. J., & Gelman, S. R. (1998). *Case management: An introduction to concepts and skills.* Chicago: Lyceum Books.
Frankl, V. E. (1957). *The doctor and the soul: An introduction to logotherapy.* New York: Knopf.
Frankl, V. E. (1960). Paradoxical intention. *American Journal of Psychotherapy, 14*, 520-535.
Fraser, J. S. (1995). Process, problems, and solutions in brief therapy. *Journal of Marital and Family Therapy, 21*(3), 265-281.

Freedman, J., & Combs, G. (1996). *Narrative therapy.* New York: Norton.

Friedlander, M. L., Ellis, M. V., Raymond, L., Siegel, S. M., & Milford, D. (1987). Convergence and divergence in the process of interviewing families. *Psychotherapy, 24*, 570-583.

Friedman, S. (1993, Spring). Does the "miracle question" always create a miracle? *Journal of Systemic Therapies, 75.*

Friedman, S., & Lipchik, E. (1997). A time-effective, solution-focused approach to couple therapy. In J. M. Donovan (Ed.), *Short-term couple therapy* (pp.325-360). New York: Guilford Press.

Gergen, K. (1982). *Toward transformation in social knowledge.* New York: Springer-Verlag.

Gergen, K. (1991). *The saturated self.* New York: Basic Books.

Gergen, K. (1994). *Realities and relationships: Soundings in social construction.* Cambridge, MA: Harvard University Press.（永田素彦・深尾　誠訳『社会構成主義の理論と実践――関係性が現実をつくる』ナカニシヤ出版, 2004）

Gilligan, S. (1997). *The courage to love: Principles and practices of self-relations psychotherapy.* New York/London: Norton.（崎尾英子訳『愛という勇気――自己間関係理論による精神療法の原理と実践』言叢社, 1999）

Gingerich, W. J., de Shazer, S., & Weiner-Davis, M. (1988). Constructing change: A research view of interviewing. In E. Lipchik (Ed.), *Interviewing* (pp.21-33). Rockville, MD: Aspen.

Gingerich, W. J., & Eisengart, S. (2000). Solution focused brief therapy: A review of the outcome research. *Family Process, 39*(4), 477-498.

Golan, N. (1978). *Treatment in crisis situations.* New York: Free Press.

Goodman, H. (1986). *BRIEFER: An expert system for brief family therapy.* Unpublished master's thesis, University of Wisconsin-Milwaukee.

Goodman, H., Gingerich, W. J., & de Shazer, S. (1989). BRIEFER: An expert system for clinical practice. *Computers in Human Services, 5*, 53-67.

Gottman, J. M., & Levenson, R. W. (1986). Assessing the role of emotion in marriage. *Behavioral Assessment, 8*, 31-48.

Griffith, J. L., & Griffith, M. E. (1994). *The body speaks: Therapeutic dialogues for mind-body problems.* New York: Basic Books.

Haley, J. (1973). *Uncommon therapy: The psychiatric techniques of Milton H. Erickson, M.D.* New York: Grune & Stratton.（高石　昇・宮田敬一監訳『アンコモンセラピー――ミルトン・エリクソンのひらいた世界』二瓶社, 2000）

Haley, J. (1976). *Problem-solving therapy: New strategies for effective family therapy.* San Francisco: Jossey-Bass.（佐藤悦子訳『家族療法――問題解決の戦略と実際』川島書店, 1985）

Harlow, H. F., & Harlow, M. K. (1962). Social deprivation in monkeys. *Scientific American, 207*, 136-146.

Held, B. S. (1996). Solution-focused therapy and the postmodern: A critical analysis. In S. D. Milled M. A. Hubble, & B. L. Duncan (Eds.), *Handbook of solution-focused brief therapy* (pp.27-44). San Francisco: Jossey-Bass.

Held, B. S. (2000). To be or not be theoretical: This is the question. *Journal of Systemic Therapies, 19*(1), 35-50.

Hoffman, L. (1981). *Foundations of family therapy: A conceptual framework for systems change.* New York: Basic Books.（亀口憲治訳『システムと進化――家族療法の基礎理論』朝日出版社, 1986／『家族療法の基礎理論――創始者と主要なアプローチ』朝日出版社, 2006）

Hoffman, L. (1985). Beyond power and control: Toward a "second order" family systems therapy. *Family Systems Medicine, 3*, 381-396.

Hoffman, L. (1990). Constructing realities: An art of lenses. *Family Process, 29*(1), 1-13.

Hoffman, L. (1998). Setting aside the model in family therapy. In M. F. Hoyt (Ed.), *The handbook of constructive therapies: Innovative approaches from leading practitioners* (pp.100-116). San Francisco: Jossey-Bass. (伊藤順一郎, 他訳「家族療法の理論モデルをわきに置いて」児島達美監訳『構成主義的心理療法ハンドブック』金剛出版, 2006)

Horvath, A. O., & Symonds, B. D. (1991). Relation between working alliance and outcome in psychotherapy: A meta-analysis. *Journal of Counseling Psychology, 38*, 139-149.

Hoyt, M., & Friedman, S. (1998) Dilemmas of postmodern practice under managed care and some pragmatics for increasing the likelihood of treatment authorization. *Journal of Systemic Therapies, 17*(5), 12-23.

Hoyt, M. F., & Berg, I. K. (1998). Solution-focused couple therapy: Helping clients construct self-fulfilling realities. In M. F. Hoyt (Ed.), *The handbook of constructive therapies: Innovative approaches from leading practitioners* (pp.314-341). San Francisco: Jossey-Bass. (日下伴子訳「ソリューション・フォーカスト夫婦セラピー：クライエントが自己を満たす現実を構築するのを援助する」児島達美監訳『構成主義的心理療法ハンドブック』金剛出版, 2006)

Rubble, M. A., Duncan, B. L., & Miller, S. D. (1999) Directing attention to what works. In M. A. Rubble, B. L. Duncan, & S. D. Miller (Eds.), *The heart and soul of change: What works in therapy* (pp.407-447). Washington, DC: American Psychological Association.

Jackson, D. (1959). Family interaction, family homeostasis, and some implications for conjoint family psychotherapy. In J. Masserman (Ed.), *Individual and familial dynamics* (pp.122-141). New York: Grune & Stratton.

Jackson, D. (1963). *The sick, the sad, the savage, and the sane.* Unpublished manuscript presented at the annual lecture to the Society of Medical Psychoanalysis and Department of Psychiatry, New York Medical College.

Johnson, M. (1987). *The body in the mind*. Chicago: University of Chicago Press.

Johnson, S. M., & Greenberg, L. S. (1994). Emotion in intimate interactions: A synthesis. In J. S. Johnson & L. S. Greenberg (Eds.), *The heart of the matter: Perspectives on emotion in marital therapy* (pp.297-323). New York: Brunner/Mazel.

Kanter, J. (1989). Clinical case management: Definitions, principles, components. *Hospital and Community Psychiatry, 40*, 361-368.

Keeney, B. P. (1979). Ecosystemic epistemology: An alternative paradigm for diagnosis. *Family Process, 18*, 117-129.

King, E. (1998). Roles of affect and emotional context in solution-focused therapy. *Journal of Systemic Therapies, 17*(2), 51-65.

Kiser, D. (1988). *A follow-up study conducted at the Brief Family Therapy Center.* Unpublished manuscript.

Kiser, D., & Nunnally, E. (1990). *The relationship between treatment length and goal achievement in solution-focused therapy*. Unpublished manuscript.

Kiser, D. J., Piercy, F. P., & Lipchik, E. (1993). The integration of emotions in solution-focused therapy. *Journal of Marital and Family Therapy, 19*(3), 233-242.

Kleckner, T., Frank, L., Bland, C., Amendt, J., & Bryant, R. du Ree. (1992). The myth of the unfeeling strategic therapist. *Journal of Marital and Family Therapy, 18*(1), 41-51.

Kowalski, K. (1987). Overcoming the impact of sexual abuse: A mother's story. *Family Therapy Case Studies, 2*(2), 13-18.

Kowalski, K., & Kral, R. (1989). The geometry of solution: Using the scaling technique. *Family Therapy Case Studies, 4*(1), 59-66.

Kral, R. (1992). Solution-focused brief therapy: Applications in the schools. In M. J. Fine & C. Carlson (Eds.), The handbook of family-school intervention: Systems perspective (pp.330-

346). Boston: Allyn & Bacon.

Kreider, J. W. (1998). Solution-focused ideas for briefer therapy for longer-term clients. In M. F. Hoyt (Ed.), *The handbook of constructive therapies: Innovative approaches from leading practitioners* (pp.341-358). San Francisco: Jossey-Bass. (白木孝二訳「長期間のクライエントとのよりブリーフなセラピーについての, ソリューション・フォーカスト的なアイデア」児島達美監訳『構成主義的心理療法ハンドブック』金剛出版, 2006)

Lambert, M. J. (1992). Implications of outcome research for psychotherapy integration. In J. C. Norcross & M. R. Goldstein (Eds.), *Handbook of psychotherapy integration* (pp.94-129). New York: Basic Books.

Lazarus, R. S. (1982). Thoughts on the relations between emotion and cognition. *American Psychologist, 37*, 1010-1019.

LeDoux, J. (1996). *The emotional brain: The mysterious underpinnings of emotional life*. New York: Touchstone.

Lipchik, E. (1988a). Purposeful sequences for beginning the solution-focused interview. In E. Lipchik (Ed.), *Interviewing* (pp.105-117). Rockville, MD: Aspen.

Lipchik, E. (1988b). Interviewing with a constructive ear. *Dulwich Center Newsletter*, pp.3-7.

Lipchik, E. (1991). Spouse abuse: Challenging the party line. *Family Therapy Networker, 15*, 59-63.

Lipchik, E. (1993). "Both/and" solutions. In S. Friedman (Ed.), *The new language of change: Constructive collaboration in psychotherapy* (pp.25-49). New York: Guilford Press.

Lipchik, E. (1994). The rush to be brief. *Family Therapy Networker, 18*, 34-40.

Lipchik, E. (1997). My story about solution-focused brief therapist/client relationships. *Journal of Systemic Therapies, 16*(2), 159-172.

Lipchik, E. (1999). Theoretical and practical thoughts about expanding the solution-focused approach to include emotions. In W. A. Ray & S. de Shazer (Eds.), *Evolving brief therapies: In honor of John H. Weakland* (pp.157-158). Galena, IL: Geist & Russell.

Lipchik, E., & de Shazer, S. (1986). The purposeful interview. *Journal of Strategic and Systemic Therapies, 5*(1&2), 88-99.

Lipchik, E., & Kubicki, A. D. (1996). Solution-focused domestic violence views: Bridges toward a new reality in couples therapy. In S. D. Miller, M. A. Hubble, & B. L. Duncan (Eds.), *Handbook of solution-focused brief therapy* (pp: 65-98). San Francisco: Jossey-Bass.

Lipchik, E., Sirles, E. A., & Kubicki, A. D. (1997). Multifaceted approaches in spouse abuse treatment. In R. Geffner, S. B. Sorenson, & P. K. Lundberg-Love (Eds.), *Violence and sexual abuse at home: Current issues in spousal battering and child mal-treatment* (pp.131-149). New York/London: Haworth Press.

Lipchik, E., & Vega, D. (1984). A case study from two perspectives. *Journal of Strategic and Systemic Therapies, 4*, 27-41.

Ludewig, K. (1992). *Systemische Therapie*. Stuttgart, Germany: Klett-Cotta.

Mandler, G. (1984). *Mind and body: Psychology of emotion and stress*. New York: Norton.

Maturana, H. R. (1988). Reality: The search for objectivity or the question for a compelling argument. *Irish Journal of Psychology, 9*, 25-82.

Maturana, H. R., & Varela, F. J. (Eds.). (1980). *Autopoiesis and cognition: The realization of the living*. Boston: Reidel.

Maturana, H. R., & Varela, F. J. (1987). *The tree of knowledge: The biological roots of human understanding (Rev. ed.)*. Boston: Shambhala. (管啓次郎訳『知恵の樹』筑摩書房, 1997)

McKeel, A. J. (1996). A clinician's guide to research on solution-focused brief therapy. In S. D. Miller, M. A. Hubble, & B. L. Duncan (Eds.), *Handbook of solution-focused brief therapy* (pp.251-272). San Francisco: Jossey-Bass.

Metcalf, L. (1995). *Counseling toward solutions: A practical solution-focused program for working with students, teachers and parents.* Englewood Cliffs, NJ: Simon & Schuster.

Metcalf, L., Thomas, F. N., Duncan, B. L., Miller, S. D., & Hubble, M. A. (1996). What works in solution-focused brief therapy: A qualitative analysis of client and therapist perceptions. In S. D. Miller, M. A. Hubble, & B. L. Duncan (Eds.), *Handbook of solution-focused brief therapy* (pp.335-351). San Francisco: Jossey-Bass.

Meyerson, A. T., & Glick, R. A. (1976). Introduction. In R. A. Glick, A. T. Meyerson, E. Robbins, & J. A. Talbott (Eds.), *Psychiatric emergencies* (pp.3-7). New York: Grune & Stratton.

Miller, G., & de Shazer, S. (1998). Have you heard the latest rumor about . . . ? Solution-focused therapy as a rumor. *Family Process, 37*(3), 383-379.

Miller, S. D. (1994). The solution conspiracy: A mystery in three installments. *Journal of Systemic Therapies, 13*(1), 18-38.

Minuchin, S. (1974). *Families and family therapy.* Cambridge, MA: Harvard University Press. (山根常男訳『家族と家族療法』誠信書房, 1984)

Molnar, A., & de Shazer, S. (1987). Solution focused therapy: Toward the identification of therapeutic tasks. *Journal of Marital and Family Therapy, 13*(4), 349-358.

Molnar, A., & Lindquist, B. (1989). *Changing problem behavior in schools.* San Francisco: Jossey-Bass.

Moxley, D. P. (1989). *The practice of case management.* Newbury Park, CA: Sage.

Murphy, J. J. (1996). Solution-focused brief therapy in the school. In S. D. Miller, M. A. Hubble, & B. L. Duncan (Eds.), *Handbook of solution-focused brief therapy* (pp.185-204). San Francisco: Jossey-Bass.

Nau, D. S., & Shilts, L. (2000). When to use the miracle question: Clues from a qualitative study of four SFBT practitioners. *Journal of Systemic Therapies, 19*(1), 129-135.

Nichols, M. P., & Schwartz, R. C. (1995). *Family therapy (3rd ed.).* Boston: Allyn & Bacon.

Norum, D. (2000). The family has the solution. *Journal of Systemic Therapies, 19*(1), 3-16.

Normally, E., de Shazer, S., Lipchik, E., & Berg, I. (1986). A study of change: Therapeutic theory in process. In D. E. Efron (Ed.), *Journeys: Expansion of the strategic-systemic therapies* (pp.77-97). New York: Brunner/Mazel.

Nylund, D., & Corsiglia, V. (1994). Becoming solution-forced in brief therapy: Remembering something important we already knew. *Journal of Systemic Therapies, 13*(1), 5-12.

O'Hanlon, W. H., & Weiner-Davis, M. (1989). *In search of solutions.* New York: Norton.

Onnis, L. (1990). A systemic approach to the concept of crisis. *Journal of Strategic and Systemic Therapies, 9*(2), 43-54.

Orlinsky, D., Grawe, K., & Parks, B. (1994). Process and outcome in psychotherapy. In A. E. Bergin & S. E. Garfield (Eds.), *Handbook of psychotherapy and behavior change* (4th ed., pp.270-375). New York: Wiley.

Panksepp, J. (1998). *Affective neuroscience: The foundation of human and animal emotion.* New York: Oxford University Press.

Papp, P. (1980). The Greek chorus and other techniques of paradoxical therapy. *Family Process, 19*, 45-57.

Parry, A. (1984). Maturanation in Milan. *Journal of Systemic and Strategic Therapies, 3*(1), 35-43.

Patterson, C. H. (1984). Empathy, warmth, and genuineness in psychotherapy: A review of reviews. *Psychotherapy, 21*, 431-438.

Penn, P. (1982). Circular questioning. *Family Process, 21*(3), 267-280.

Penn, P. (1985). Feed-forward: Future questions, future maps. *Family Process, 24*(3), 299-311.

Pinsof, W. M. (1995). *Integrative problem centered therapy.* New York: Basic Books.

Raiff, N. R., & Shore, B. K. (1993). *Advanced case management: New strategies for the nineties.* Newbury

Park, CA: Sage.
Rapaport, L. (1962). The state of crisis: Some theoretical considerations. *Social Service Review, 36*, 112-117.
Ray, W. (2000). Don D. Jackson-A re-introduction. *Journal of Systemic Therapies, 19*(2), 1-7.
Rober, P. (1999). The therapist's inner conversation in family therapy practice: Some ideas about the self of the therapist, therapeutic impasse, and the process of reflection. *Family Process, 38*(2), 209-229.
Rohrbaugh, M., Tennen, H., Press, S., & White, L. (1981). Compliance, defiance, and therapeutic paradox: Guidelines for strategic use of paradoxical interventions. *American Journal of Orthopsychiatry, 51*(3), 454-467.
Rosenberg, B. (2000). Mandated clients and solution-focused therapy: "It's not my miracle." *Journal of Systemic Therapies 19*(1), 90-100.
Sachs, V. K. (1968). Crisis intervention. *Public Welfare, 26*, 112-117.
Schmidt, G., & Trenkle, B. (1985). An integration of Ericksonian techniques with concepts of family therapy. In J. K. Zeig (Ed.), *Ericksonian psychotherapy: Vol. II. Clinical applications* (pp.132-155). New York: Brunner/Mazel.
Selekman, M. D. (1997). *Solution-focused therapy with children: Harnessing family strengths for systemic change.* New York: Guilford Press.
Selvini Palazzoli, M., Cecchin, G., Prata, G., & Boscolo, L. (1978). *Paradox and counterparadox: A new model in the therapy of the family in schizophrenic transaction.* New York: Jason Aronson.
Shaffer, J., & Lindstrom, C. (1989) *How to raise an adopted child.* New York: Crown.
Shields, C. G., Sprenkle, D. H., & Constantine, J. A. (1991). Anatomy of an initial interview: The importance of joining and structuring skills. *American Journal of Family Therapy, 19*, 3-18.
Simon, D. (1996). Crafting consciousness through form: Solution-focused therapy as a spiritual path. In S. D. Miller, M. A. Hubble, & B. L. Duncan (Eds.), *Handbook of solution-focused brief therapy* (pp.44-65). San Francisco: Jossey-Bass.
Simon, R. (1985). Structure is destiny: An interview with Humberto Maturana. *Family Therapy Networker, 9*(3), 32-46.
Smith, L. L. (1978). A review of crisis intervention theory. *Social Casework, 2*, 396-405.
Spitz, R. A. (1951). Hospitalism: An inquiry into the genesis of psychiatric conditions in early childhood. In *The psychoanalytic study of the child* (Vol. 6, pp.255-278). New York: International Universities Press.
Sprenkle, D. H., Blow, A. J., & Dickey, M. H. (1999). Common factors and other nontechnique variables in marriage and family therapy. In M. A. Hubble, B. L. Duncan, & S. D. Miller (Eds.), *The heart and soul of change: What works in therapy* (pp.329-361). Washington, DC: American Psychological Association.
Stanton, M., Duncan, B., & Todd, T. C. (1981). Engaging resistant families in treatment. *Family Process, 20*(3), 261.
Sullivan, H. S. (1953a). *The collected works of Harry Stack Sullivan: Vol. 1. Book 2. Conceptions of modern psychiatry.* New York: Norton.
Sullivan, H. S. (1953b). *The collected works of Harry Stack Sullivan: Vol. 1. Book 1. The interpersonal theory of psychiatry.* New York: Norton.
Sullivan, H. S. (1953c). *The interpersonal theory of psychiatry.* New York: Norton. (中井久夫訳『精神医学は対人関係論である』みすず書房, 2002)
Sullivan, H. S. (1953d). *The psychiatric interview.* New York: Norton. (中井久夫訳『精神医学的面接』みすず書房, 1986)
Sullivan, H. S. (1956). *Clinical studies in psychiatry.* New York: Norton. (中井久夫・山口直彦訳『精神

医学の臨床研究』みすず書房, 1983)
Todd, T. C. (1981). Paradoxical prescriptions: Applications of consistent paradox using a strategic team. *Journal of Strategic and Systemic Therapies, 1*(1), 28-44.
Tohn, S. L., & Oshlag, J. A. (1996). Solution-focused therapy with mandated clients: Cooperating with the uncooperative. In S. D. Miller, M. A. Hubble, & B. L. Duncan (Eds.), *Handbook of solution-focused brief therapy* (pp.152-184). San Francisco: Jossey-Bass.
Tomm, K. (1984). One perspective on the Milan systemic approach: Part 1. Overview of development, theory and practice. *Journal of Marital and Family Therapy, 10*(2), 113-127.
Tomm, K. (1987a). Interventive interviewing: Part I. Strategizing as a fourth guideline for the therapist. *Family Process, 26*, 3-13.
Tomm, K. (1987b). Interventive interviewing: Part II. Reflexive questioning as a means to enable self-healing. *Family Process, 26*, 167-184.
Tucker, N. L., Stith, S. M., Howell, L. W., McCollum, E. E., & Rosen, K. H. (2000). Meta-dialogues in domestic violence-focused couples treatment. *Journal of Systemic Therapies, 19*(4), 45-56.
Turnell, A., & Edwards, S. (1999). *Signs of safety: A solution and safety oriented approach to child protection casework.* New York: Norton. (白木孝二・井上薫・井上直美監訳『安全のサインを求めて——子ども虐待防止のためのサインズ・オブ・セイフティ・アプローチ』金剛出版, 2004)
Turnell, A., & Lipchik, E. (1999). The role of empathy in brief therapy: The overlooked but vital context. *Australian and New Zealand Journal of Family Therapy, 20*(4), 177-182.
Varela, F. J. (1989). Reflections on the circulation of concepts between a biology of cognition and systemic family therapy. *Family Process, 28*(1), 15-25.
von Foerster, H. (1991). *Observing systems.* Seaside, CA: Intersystems.
Walter, J. L., & Peller, J. E. (1992). *Becoming solution-focused in brief therapy.* New York: Brunner/Mazel.
Walter, J. L., & Peller, J. E. (1994). "On track" in solution-focused brief therapy. In M. F. Hoyt (Ed.), *Constructive therapies* (pp.111-126). New York: Guilford Press.
Walter, J. L., & Peller, J. E. (1996). Rethinking our assumptions: Assuming anew in a postmodern world. In S. D. Miller, M. A. Hubble, & B. L. Duncan (Eds.), *Handbook of solution-focused brief therapy* (pp.9-27). San Francisco: Jossey-Bass.
Watzlawick, P. (Ed.). (1984). *The invented reality.* New York: Norton.
Watzlawick, P., & Weakland, J. (1977). *The interactional view.* New York: Norton.
Watzlawick, P., Weakland, J., & Fisch, R. (1974). *Change: Principals of problem formation and problem resolution.* New York: Norton. (長谷川啓三訳『変化の原理——問題の形成と解決』法政大学出版局, 1992)
Weiner-Davis, M., de Shazer, S., & Gingerich, W. J. (1987). Building on pretreatment change to construct the therapeutic solution: An exploratory study. *Journal of Marital and Family Therapy, 13*, 359-363.
White, M. (1995). *Re-authoring lives: Interviews and essays.* Adelaide, South Australia: Dulwich Centre. (小森康永・土岐篤史訳『人生の再著述——マイケル, ナラティヴ・セラピーを語る』IFF出版部, 2000)
White, M., & Epston, D. (1990). *Narrative means to therapeutic ends.* New York: Norton. (小森康永訳『物語としての家族』金剛出版, 1992)
Wynn, L. C., McDaniel, S. H., & Weber, T. T. (1986). *Systems consultation: A new perspective for family therapy.* New York: Guilford Press.
Zajonc, R. B. (1984). On the primacy of affect. *American Psychologist, 39*, 117-123.

索　引

事項索引

かな

あ
アドバンテージ・クエスチョン（advantage question）106
アルコール依存（症）57, 180, 188, 190, 198, 203
アルコール乱用 20
イエスセット 95, 124, 136
移行トーク 65
エコシステム 24, 205
オートポイエーシス 27

か
解決志向 10, 17, 25, 28, 29, 31, 32, 37, 40, 44, 79
解決志向セラピー（SFT）3, 4, 7-12, 17, 19-22, 24-26, 28, 29, 31, 33-35, 37-40, 57, 59, 61, 63-65, 67-69, 79, 80, 82, 83, 89, 96-98, 100, 101, 119, 136-138, 153, 159, 184, 207, 214, 215, 220, 241, 245-247
解決志向モデル 35, 206
解決トーク 64, 65, 69, 70, 74, 91, 216
解離 20, 50
解離性同一性障害 20
家族を基本とするサービス 20
学校問題 20
カップルセラピー 92, 151, 153, 154, 156, 157, 171, 202-205
加齢 20

関与しながらの観察 26
逆説的介入 82, 136
協働的言語システム 63
クライエントのポジション 41
好奇心 29, 119, 120
構造的カップリング 27, 30, 40, 151, 231
構築主義 4, 8, 24-26, 28, 29, 33, 172, 232
コーピング・クエスチョン 20, 21, 31
ゴーリング（goaling）98
子どもの問題 20
コンサルテーション 9, 11, 121, 123, 128, 178, 196, 198, 200, 203, 204, 210, 211

さ
サイバネティクス 4
催眠療法 24
サメーション・メッセージ 10, 49, 57, 60, 95, 107, 110, 111, 114, 116, 120, 126, 130-133, 136, 138, 139, 141, 145-147, 154, 169, 185, 232, 235
自殺念慮 49, 52, 198, 236
システミックセラピー 82
児童保護サービス 20
社会構築主義 4, 24, 25, 231
従業員支援プログラム（EAP）186, 232, 242
循環的質問 68, 156, 176
ジョイニング 35, 69
情動中心の解決志向ブリーフセラピー 3
情動的風土 32, 33, 35, 41, 45, 46, 48, 49, 51, 55, 59, 61, 62, 65, 70, 91, 92, 99, 102, 111, 124, 128, 130, 133, 134, 137, 148, 159, 160, 163, 189, 216, 226

情動の一致 91
「わからないという姿勢（not knowing）」44
心身二元論 4
身体的虐待 34, 45, 193, 195
身体に障害のあるクライエント 20
スケーリング・クエスチョン 19-21, 51, 84, 100, 127, 229, 235
ストラテジック・モデル 67
スピリチュアリティ 20
性的虐待 20, 34, 193
セラピスト－クライエント関係 8, 10, 24, 29, 39-41, 45, 49, 99, 191, 192, 209, 215, 246
セラピストのポジション 44

た
直線的因果論 29
直交する相互作用 31
治療関係 26, 40, 180, 183, 184
治療同盟 21
統合失調症 215, 223
ドメスティック・バイオレンス 20

な
ナラティヴセラピー 63
二重軌道（思考） 47-49, 51, 85, 104, 154, 157, 230, 240
ノーマライズ 44, 209, 213

は
ファミリーセラピー 24, 27, 32, 170-172, 174, 185, 206
ブリーフ・ファミリーセラピー 3, 7, 24, 25, 136

ポジティブ・リフレーミング 48
ポストモダニズム 21
ポストモダン 7, 24, 31, 167

ま
マネージド・ケア 7, 38, 208
ミニマリズム 8, 20, 21
未来志向 25, 61, 97, 228, 243, 244
未来トーク 65
ミラクル・クエスチョン 18, 20, 52, 72, 73, 85, 100, 105, 106, 118, 195, 217, 234
目標の明確化（clarifying goals）97-102, 119
問題トーク 64, 65, 69, 91, 93, 97

や
養子縁組 20

ら
リソース 19, 29, 30, 35, 36, 43, 54, 64, 81, 133, 135, 137, 140, 141, 151, 152, 156, 169, 171, 179, 185, 192, 206, 212, 214, 222, 225, 226, 230, 232, 239, 241, 245
リフレーミング 48, 82, 91, 135
療養施設 20
例外 19, 25, 29, 30, 64, 68, 70, 91, 239, 241
例外の質問 18, 20, 184, 194, 234

アルファベット
BFTC（Brief Family Therapy Center）3, 7-9, 10, 21, 24, 26, 34, 64, 121, 136, 143
MRI 4, 8, 9, 24, 33, 35, 82, 136, 143, 207

人名索引

アンダーソン　Anderson, H.　198
ベイトソン　Bateson, G.　3, 7, 24
バーグ　Berg, I.K.　3, 7
ブロウ　Blow, A.J.　159
ボンジャン　Bonjean, M.　7, 12, 26, 39
キャプラン　Caplan, G.　231
チェキン　Cecchin, G.　4
コンスタンチン　Constantine, J.A.　64
ディ・シェイザー　de Shazer, S.　3, 7, 64
ダークス　Derks, J.　7, 11, 241, 243, 245
デカルト　Descartes, R.　4
ディッキー　Dicjey, M.H.　159
ドラン　Dolan, Y.M.　47
ダナバン　Donovan, J.M.　158
エドワーズ　Edwards, S.　11, 190, 193, 194
エルマードウイット　Elmer-Dewitt, P.　231
エリクソン　Erickson, M.H.　3, 5, 7, 24, 41, 123
フィッシュ　Fisch, R.　4
フォンツ　Fontes, L.A.　231
ギリガン　Gilligan, S.　96
ギングリッチ　Gingerich, W.J.　7, 64
ゴットマン　Gottman, J.M.　158
ヘイリー　Haley, J.　3, 7, 143
ジャクソン　Jackson, D.D.　3-5, 7
カンター　Kanter, J.　196
カイザー　Kiser, D.　8, 91
コワルスキー　Kowalski, K.　7, 11

ラコート　LaCourt, M.　7, 11, 65, 192
レベンソン　Levenson, R.W.　158
リプチック　Lipchik, E.　3-5, 91, 102
マトゥラナ　Maturana, H.R.　4, 8, 10, 25-28, 30, 31, 33
ミラー　Miller, G.　7, 232
ミニューチン　Minuchin, S.　143, 167
モルナー　Molnar, A.　7
ニコルス　Nichols, M.　12, 66
ナナリー　Nunnally, E.　7
オニス　Onnis, L.　231
ペラー　Peller, J.　7, 98
パーシー　Piercy, F.P.　91
ピンソフ　Pinsof, W.M.　159
ライフ　Raiff, N.R.　196
シールズ　Shields, C.G.　64
ショア　Shore, B.K.　196
スプレンクル　Sprenkle, D.H.　64, 159, 167
サリヴァン　Sullivan, H.S.　3-5, 8, 26, 28, 247
ターネル　Turnell, A.　11, 190, 193, 194
ヴァレラ　Varela, F.J.　4, 8, 26, 27, 28, 30
グラッサーフェルト　von Glasserfield, E.　25
ウォルター　Walter, J.　7, 98
ワツラウィック　Watzlawick, P.　4, 7, 25
ウィークランド　Weakland, J.　4, 7, 9
ワイナー-デイビス　Weiner-Davis, M.　7, 64
ウィタカー　Whitaker, C.　167
ウィルソン　Wilson, M.　11

監訳者

宮田敬一（みやた・けいいち）
大阪大学大学院教授

窪田文子（くぼた・のりこ）
いわき明星大学文学部教授

河野梨香（こうの・りか）
早稲田大学研究センター研究員

訳者および翻訳分担

金山　健一（函館大学専任講師）序文，はじめに，第6章，第10章
谷口由利子（函館大学専任講師）著者紹介
梅景　政子（滋賀県子ども家庭相談センター）序文
水野由佳子（大阪市家庭児童相談室）はじめに，第10章
射場　優子（東京少年鑑別所）謝辞
鈴木　義也（東洋学園大学教授）第1章，第2章
肥沼　奈美（豊橋技術科学大学カウンセラー）第3章，第4章
古谷　智美（晃華学園中等高等学校スクールカウンセラー）第5章
河野　梨香（早稲田大学研究センター研究員）第5章，おわりに
中島　園美（大阪大学大学院博士課程）第6章
海老名悠希（常盤短期大学助教）第7章
山田　秀世（大通りメンタルクリニック院長）第8章，第9章
伊藤　拓（安田女子大学准教授）第11章
吉崎亜里香（大阪大学大学院医学系研究科　特任研究員）第12章

ブリーフセラピーの技法を越えて
情動と治療関係を活用する解決志向アプローチ

2010年7月30日　印刷
2010年8月10日　発行

著　者　イブ・リプチック
監訳者　宮田敬一
　　　　窪田文子
　　　　河野梨香
発行者　立石正信

印刷・平河工業社　製本・誠製本

発行所　株式会社　金剛出版

〒112-0005　東京都文京区水道1-5-16
電話03-3815-6661　振替00120-6-34848

ISBN978-4-7724-1155-4 C3011　　©2010, Printed in Japan

軽度発達障害へのブリーフセラピー
宮田敬一編　子どもたちの能力を引き出し、変化と解決を喚起するブリーフセラピーの考え方と技法は、すぐにでも実践できる数々のヒントを与える。　3,360円

心理療法がうまくいくための工夫
乾　吉佑・宮田敬一編　さまざまな理論的立場に立つ著者たちが、流派固有の技法や技法を越えて共有できる『工夫』を模索した画期的な一冊。　3,570円

解決のための面接技法〈第3版〉
P・ディヤング，I・K・バーグ著　桐田弘江他訳　解決構築の技法をどう使用し、どんな言葉で面接するのかを詳述。大幅改定と増補がなされた第3版！　5,040円

解決志向アプローチ再入門
T・ピショー，Y・M・ドラン著　三島徳雄訳　初心者にもわかりやすく、経験者にも数々のヒントが得られる、SFTの入門書にして実践の手引き書。　3,990円

解決の物語
I・K・バーグ，Y・ドラン著　長谷川啓三監訳　病いや障害、嗜癖、DV、いじめ問題など31の事例をまとめた、希望がふくらむ臨床事例集。　3,570円

解決へのステップ
バーグ，ロイス著　磯貝希久子監訳　アルコール・薬物依存症に対しソリューション・フォーカスト・セラピーを用いて解決を構築する方法を詳述。　3,990円

ソリューション－フォーカスト・アプローチ
S・D・ミラー，I・K・バーグ著　白木孝二監訳　問題をどうやって解決するかという考え方を確実に揺り動かす、ミラクル・メソッドの入門ガイド。　2,940円

飲酒問題とその解決
バーグ他著　斎藤学監訳　白木孝二他訳　新しいアルコール臨床の可能性を提示するソリューション・フォーカスト・アプローチの実践マニュアル。　6,090円

家族支援ハンドブック
I・K・バーグ著　磯貝希久子監訳　「家族」という視点から面接の進め方とそのハウ・ツー、アイデアや注意事項を事細かに紹介したマニュアル。　4,620円

ブリーフ・セラピーを読む
ドゥ・シェイザー著　小森康永訳　従来の精神療法に過激な挑戦を挑み、解決志向型精神療法の根本的な考え方と魅力的な技法の数々を提示する。　4,410円

精神科医のための解決構築アプローチ
藤岡耕太郎著　多忙をきわめる精神科臨床を効率的で人間的なものに変える、解決構築アプローチ（SBA）導入の手引き。　2,940円

解決指向フォーカシング療法
B・ジェイソン著　日笠摩子監訳　「フォーカシング指向心理療法に解決指向アプローチ」を統合。時代が求める、短く、そして深いセラピーを提示する。　3,570円

変化の第一歩
ビル・オハンロン著　串崎真志監訳　人に"変化"がもたらされる過程を鮮やかに描きだす本書は、"変化の感触"を学ぶ絶好の入門書。　2,730円

まずい面接
J・A・コトラー，J・カールソン編／中村伸一監訳／モーガン亮子訳　22名の錚々たるマスター・セラピストたちの「生の声」が率直に語られる。　3,780円

認知行動療法100のポイント
マイケル・ニーナン＋ウィンディ・ドライデン著　石垣琢磨・丹野義彦監訳　100のポイントとテクニックで認知行動療法を理解するためのクイック・リファレンス。　3,045円

SSTの技法と理論
西園昌久編著　SSTを理論、技法、トレーニング、効果、EBM、各領域での展開といった視点から多角的にとらえたこれまでの実践と研究の集大成。　2,940円

価格は消費税込み（5%）です